少数民族山区农户专业化生产与反贫困路径研究

蒙永亨 著

中国财经出版传媒集团
经济科学出版社
Economic Science Press

图书在版编目（CIP）数据

少数民族山区农户专业化生产与反贫困路径研究/蒙永亨著．
—北京：经济科学出版社，2020.10
ISBN 978－7－5218－1973－1

Ⅰ.①少… Ⅱ.①蒙… Ⅲ.①山区－民族地区－农村专业户－扶贫－研究－中国 Ⅳ.①F323.8

中国版本图书馆 CIP 数据核字（2020）第 198300 号

责任编辑：李晓杰
责任校对：蒋子明
责任印制：李 鹏 范 艳

少数民族山区农户专业化生产与反贫困路径研究

蒙永亨 著

经济科学出版社出版、发行 新华书店经销
社址：北京市海淀区阜成路甲 28 号 邮编：100142
总编部电话：010－88191217 发行部电话：010－88191522
网址：www.esp.com.cn
电子邮箱：esp@esp.com.cn
天猫网店：经济科学出版社旗舰店
网址：http://jjkxcbs.tmall.com
北京密兴印刷有限公司印装
710×1000 16 开 12.25 印张 230000 字
2020 年 12 月第 1 版 2020 年 12 月第 1 次印刷
ISBN 978－7－5218－1973－1 定价：48.00 元
（图书出现印装问题，本社负责调换。电话：010－88191510）
（版权所有 侵权必究 打击盗版 举报热线：010－88191661
QQ：2242791300 营销中心电话：010－88191537
电子邮箱：dbts@esp.com.cn）

序 言

桂林理工大学蒙永亨教授的新著《少数民族山区农户专业化生产与反贫困路径研究》即将由经济科学出版社出版。他请我作序。作为他当年的博士生导师，我欣然答应。

贫困与反贫困是世界各国经济社会发展共同面临的一个重大课题。在波澜壮阔的人类社会发展进程中，贫困与战争一直是困扰人类社会进步及人民幸福生活的主要挑战。摆脱贫困，是人类几千年的梦想与期盼。自工业革命以来，从世界范围来看，各国经济都取得了大幅度的增长，人民生活水平不断提高。然而，伴随着国民经济的持续增长，各国经济发展的不平衡也日益加剧，区际间经济发展不平衡进一步扩大了地区间的贫富差距，导致贫富两极分化日益严重，欠发达地区的贫困问题日益凸显。由贫困及其衍生出来的饥饿、疾病、社会冲突等一系列难题依然困扰着许多国家，消除贫困依然是当今世界面临的最大的全球性难题和挑战之一。

消除贫困一直是人类梦寐以求的理想。长期以来，各国政府、社会机构和学术界一直致力于探索可持续的反贫困战略。我国政府历来重视贫困与反贫困问题，一直将减贫及脱贫作为国家发展的重要目标和首要任务。改革开放以来，中国政府开展了有计划、有组织、大规模地农村扶贫工作，先后制定并实施了《国家八七扶贫攻坚计划（1994~2000年）》《中国农村扶贫开发纲要（2001~2010年）》《中国农村扶贫开发纲要（2011~2020年）》等扶贫规划。扶贫开发工作不断取得进步，农村贫困人口大幅减少。党的十八大以来，党中央、国务院围绕打赢脱贫攻坚战做出了一系列重大决策部署，出台了一系列政策举措，脱贫攻坚取得了决定性进展和重大历史性成就。截至目前，中国现行标准下农村贫困人口已经全部实现脱贫，贫困县全部脱贫摘帽，基本消除了绝对贫困和区域性整体贫困。中国脱贫攻坚任务的如期完成，不仅为实现第一个百年奋斗目标奠定了基础，也使中国提前十年实现了联合国 2030 可持续发展议程所确定的减贫目标。中国成为世界上减贫人口最多和减贫成效最为突出的国家。

长期稳定地脱贫离不开地区经济的发展。在探讨如何促进贫困地区经济发展的过程中，新古典经济学主要强调要素积累（特别是资本积累）、技术进步等对经济增长的作用，而古典经济学、新兴古典经济学则主要强调分工发展对经济增长的作用。从实践来看，经济发展不仅表现为要素积累增多、产业结构升级或在技术上取得突破，同时也表现为分工的演进和专业化生产水平的提高。因此，除了从要素积累、产业结构升级或人力资本投入等方面探讨贫困地区经济发展及反贫困问题以外，把分工视为长期经济增长的源泉，从专业化生产方面探讨贫困地区如何通过"干中学"形成竞争力，以及如何通过提高专业化水平来促进贫困地区经济发展，降低贫困水平，对我国农村贫困人口实现脱贫亦具有重要的意义。

《少数民族山区农户专业化生产与反贫困路径研究》主要围绕民族地区山区农户如何更好地脱贫致富展开研究，探索在城镇化背景下，如何提高山区农户的自我发展能力，最终达到反贫困的目的。全书共分八个部分，按照理论研究——实地调查——定量分析及案例分析——提出政策建议展开。首先，依照新兴古典经济学的理论——专业化可以提高生产效率，提出了研究假设，建立理论模型；其次，通过收集数据进行计量分析，考察山区农户专业化生产的制约因素；再次，收集案例对模型进行验证，以广西恭城的生态农业发展作为案例，探索了少数民族山区农户专业化生产动因及演进机理；最后，针对实证分析及案例分析的结果，提出了民族地区山区农户反贫困的对策和实施路径。

《少数民族山区农户专业化生产与反贫困路径研究》重拾古典经济学的分工思想，把分工视为长期经济增长的源泉，探讨专业化对贫困地区经济发展促进作用的机理，以及如何通过提高专业化程度来促进欠发达地区经济发展，从而降低贫困水平，这对我国农村贫困人口的可持续反贫困能力建设具有一定的理论价值和现实意义。在理论层面，本书基于专业化生产视角研究民族地区山区贫困人口的贫困与反贫困问题，认为在资源可流动的情况下，一个人（或一个地区）陷入贫困，可归因于其缺乏竞争力（绝对或相对地）所致。因此，民族地区山区贫困人口要摆脱贫困，就需要提高其竞争能力。依照新兴古典经济学的观点，专业化生产可以提高生产效率，但由于当地交易效率低下，阻碍了农户进行专业化生产。因此，提高当地交易效率，因地制宜地开展专业化生产，增强自我发展能力，是贫困地区农户脱贫的关键。本书的结论有利于多元化、多角度地研究民族地区农户贫困的形成机理。在实践层面，本书为民族地区山区贫困人口反贫困提出了建议，即：因地制宜地开展专业化生产，增强自我发展能力，是贫困地区农户脱贫的关键；同时，本书也明确了政府在扶贫工作中的角色定位。由于山区农户陷入贫困的主要原因是当地交易效率低下，导致无法进行专业化生产，因此，在反贫困的过程中，政府的主要工作应该是改善市场环境，提高当地交易效率，引导农户进行专业化生产。

蒙永亨教授是我的博士生，他是较早运用新兴古典经济学分工理论研究山区贫困人口的贫困与反贫困问题的学者之一。他不仅学养深厚，有诸多理论建树和学术贡献，而且学以致用，将知识和研究与现实需要联系起来，为中国的反贫困尤其是党的十八大以后的精准扶贫，提供了学者应有的智慧和贡献。他一直专注于欠发达地区经济发展和反贫困问题的研究，奔走在反贫困第一线，经常深入农村与贫困户谈心，为贫困户反贫困献计献策。坚持学以致用，坚持服务社会，坚持理论联系实际，难能可贵。

期待《少数民族山区农户专业化生产与反贫困路径研究》的出版，既可为专家学者的学术交流提供一份文献，也可为有关政府部门制定和实施乡村振兴与精准扶贫政策提供参考。

是为序。

温思美

2020年12月6日

目　录

第一章　导言 ····· 1
第一节　选题背景与研究意义 ····· 1
第二节　对已有研究文献的评述 ····· 4
第三节　研究目标、思路及方法 ····· 11
第四节　研究内容和创新之处 ····· 13

第二章　山区农户专业化生产与反贫困的相关理论概述 ····· 16
第一节　专业化生产理论 ····· 16
第二节　交易成本与交易效率理论 ····· 20
第三节　贫困与反贫困理论 ····· 23

第三章　专业化生产对反贫困作用的内在机理 ····· 31
第一节　分工、专业化是反贫困的源泉 ····· 31
第二节　专业化与反贫困：一个简化模型 ····· 33
第三节　分工、专业化和经济发展演变机制 ····· 39

第四章　桂滇黔少数民族山区农户贫困状况及经济特征分析 ····· 49
第一节　桂滇黔少数民族山区贫困人口分布与农村贫困现状 ····· 49
第二节　桂滇黔少数民族山区经济与全国的差异 ····· 50
第三节　桂滇黔少数民族山区农户的多元贫困状况 ····· 53
第四节　桂滇黔少数民族山区农村经济特征
　　　　——基于专业化生产视角 ····· 56
第五节　本章小结 ····· 63

第五章 专业化生产效应的实证分析 …… 64

第一节 专业化生产对贫困地区经济发展效应的实证分析 …… 64

第二节 农户专业化生产对收入效应的实证分析 …… 76

第三节 本章小结 …… 85

第六章 桂滇黔少数民族山区交易效率低下的原因分析 …… 87

第一节 交易效率的思想渊源 …… 87

第二节 交易效率的影响因素 …… 88

第三节 交易效率的模型化处理 …… 90

第四节 桂滇黔少数民族山区交易效率低下的原因 …… 92

第五节 本章小结 …… 101

第七章 贫困地区专业化生产的动因及演进
——恭城县经验研究 …… 103

第一节 恭城县经济发展概况 …… 103

第二节 恭城县经济发展原因探析 …… 111

第三节 恭城县经济专业化生产的动因及演进 …… 125

第四节 本章小结 …… 134

第八章 少数民族山区农户反贫困的对策及实施路径 …… 136

第一节 发挥少数民族山区的比较优势 …… 136

第二节 明确政府在扶贫脱贫工作中的角色定位 …… 144

第三节 基于专业化生产的少数民族山区农户反贫困路径选择 …… 149

附录：样本原始数据表 …… 160

参考文献 …… 172

第一章

导　　言

第一节　选题背景与研究意义

一、选题背景

贫困与反贫困是世界各国在经济社会发展过程中共同面临的一个重大课题。自工业革命以来，从全世界范围来看，各国经济都取得了大幅度的增长，人民生活水平不断得到提高。然而，伴随着国民经济的高速增长，各国经济发展不平衡的现象也日益加剧，区际间的经济发展差距表现为"扩散"而并非"收敛"的特征。区际间经济发展不平衡进一步扩大了地区间的贫富差距，导致贫富两极分化日益严重，贫困地区的贫困问题日益凸显。在这种背景下，如何更好地对贫困地区进行扶贫，打好反贫困战争，实现共同富裕，引起了世界各国人们的普遍关注。

我国政府历来重视贫困与反贫困问题。新中国成立以来，一直将减贫及脱贫作为国家发展的重要目标和首要任务。改革开放后，我国政府开展了有计划、有组织、大规模的农村扶贫工作，先后制定并实施了《国家八七扶贫攻坚计划（1994～2000年）》《中国农村扶贫开发纲要（2001～2010年）》《中国农村扶贫开发纲要（2011～2020年）》等扶贫规划，扶贫开发工作不断取得进步[①]。几十年来，我国实施反贫困政策成效显著，农村贫困人口大幅度减少，近五年来，全国农村累计脱贫人口就达到5564万人，脱贫工作成效显著，年均减贫1391万

[①] 赵双成，于凌云. 关于我国农村反贫困的研究：一个文献回顾 [J]. 农业经济，2018（2）：75-77.

人。与前几轮扶贫相比,党的十八大以来的脱贫攻坚在加大减贫规模的同时,还扭转了以往新标准实施后减贫规模逐年大幅递减的趋势。中国山区农村的扶贫开发工作不但让村民在共建共享发展中拥有了更多的获得感,还同时促进了社会的公平正义及和谐稳定。

党的十九大明确了今后一段时期内我国反贫困工作的主要任务,即"确保到2020年现行标准下农村贫困人口全部脱贫,消除绝对贫困;确保贫困县全部摘帽,解决区域性整体贫困问题"。然而,由于我国是世界上人口最多的发展中国家,经济基础薄弱,发展不平衡现象突出,特别是当前山区农村的减贫及脱贫工作难度依然很大。据国务院扶贫办统计,截至2015年底,我国仍有14个集中连片特殊困难地区、832个贫困县、12.8万个建档立卡贫困村、5575万贫困人口(刘永富,2016)。我国贫困人口不仅规模大、分布广,而且致贫原因复杂,脱贫难度大,是"难啃的硬骨头"。依照党中央提出的"确保贫困人口到2020年如期脱贫"目标要求,当前我国扶贫任务艰巨,扶贫工作已进入了"啃硬骨头"的攻坚阶段(俞文扬、周代娣,2018)。

二、研究意义

党的十八届五中全会报告中提出,到2020年,我国现行标准下农村贫困人口实现脱贫,贫困县全部摘帽,解决区域性整体贫困。在当前扶贫攻坚战中,解决集中连片特殊困难地区的区域性整体贫困问题是我国打赢精准扶贫攻坚战的重中之重,也是我国全面建成小康社会的关键。滇桂黔石漠化区作为我国11个集中连片特殊困难地区之一,是我国少数民族贫困人口主要聚集区,这里资源匮乏、山区面积巨大、少数民族人口众多,扶贫任务尤为艰巨。

自古以来,在大多数年份,滇桂黔少数民族山区人口都饱受粮食和生产资料极度匮乏,交通不便、基础设施薄弱等困扰。改革开放以来,滇桂黔少数民族山区人口生活水平有了较大的提高,基础设施建设有所改善,但文化教育水平依然较低,贫困人口收入水平较全国平均水平仍有较大差距。

要想解决滇桂黔少数民族山区人口的长期贫困问题,就必须先知道贫困产生的原因。众所周知,一个地区长期陷入贫困,肯定是该地区经济发展相对滞后所致,但与发达地区相比,滇桂黔少数民族山区人口在经济发展过程中,还受到了更多因素的制约:首先,恶劣的自然条件,居民居住分散,基础设施落后,交通不便等因素使该地区的交易成本增加;其次,要素在区域间流动(劳动力转移、资本外逃等)产生的回波效应,也不利于这些贫困地区的经济发展。因此,在非完全竞争市场条件下，一些适用于市场经济高度发达地区的经济学原理，并不适用于这些贫困地区。

在探讨如何促进贫困地区经济发展的过程中，新古典经济学主要强调要素积累（特别是资本积累）、技术进步等对经济增长的作用，而古典经济学、新兴古典经济学则主要强调分工发展对经济增长的作用。早在1776年，古典经济学家亚当·斯密就对劳动分工与经济增长的关系进行了系统研究，他认为日益深化和持续演进的分工是助推经济增长的最根本性的原因，同时也是财富增加的主要原因，一个地区或是国家所拥有财富的数量以及彼此之间拥有财富量的差异均由其生产的分工水平、专业水平所决定。从实践经验来看，经济发展的原因不仅表现为要素积累增多、产业结构升级加快或在技术上取得突破，同时也表现为分工的演进，专业化生产水平的提高。从已有文献来看，对于山区少数民族如何摆脱贫困的问题，中外学者进行了大量的研究，其研究基本上遵从"贫困现状—贫困原因—解决贫困对策"的框架脉络。吴官林（1986）作为国内研究少数民族山区贫困问题的先驱者，他将湘西少数民族贫困山区作为一个研究特例，提出要解决山区的贫困问题，就要大力发展贫困山区的商品经济的主张，具体的应用对策体现在大力调动农民生产积极性、积极调整产业结构和开拓商品流通渠道等方面；丁晓良（1994）针对西南少数民族山区的贫困现状，提出要发展生物、矿物和劳动力资源等具有地域特色的支柱性产业，同时应该构建"企业+政府+农户"发展模式的想法，充分发挥政府作为宏观调控者的导向作用和企业作为初级产品加工者的带动作用，为解决山区贫困问题提供新思路；贾银忠（2006）在社会主义新农村的建设浪潮下，对我国西部高海拔少数民族地区的贫困现状进行了研究，提出要在新农村建设中做到"以人为本"，体现民族和民主意愿，打造一批龙头企业和特色产业支持新农村建设的想法，使民族地区最终达到摆脱贫困的目的；林福美等（2014）重点研究了少数民族山区的贫困代际传递问题，以鄂西地区的宣恩县作为调查对象，将产生贫困代际传递问题的原因归结为自然条件、人力资本和创收产业方面，认为加强道路等基础设施建设和加大教育等基础产业投入是解决山区贫困代际传递问题的根本途径。

从现有文献来看，当前学者主要从要素积累、产业结构升级及人力资本投入等方面探讨贫困地区经济发展及反贫困问题，而鲜有从专业化生产方面探讨贫困地区民众如何通过干中学形成竞争力来促进当地经济发展，从而最终摆脱贫困的方法。根据古典经济学的经济思想，专业化生产可以提高生产者的劳动熟练程度，分工是经济增长的源泉。本书重新拾起古典经济学的分工思想，把分工视为长期经济增长的源泉，探讨专业化生产对贫困地区经济发展促进作用的机理以及政府如何通过提高专业化程度来促进贫困地区经济发展，降低贫困水平，对我国农村贫困人口实现脱贫具有重要的意义。

第二节　对已有研究文献的评述

国内外有关贫困与反贫困的研究可谓视角广阔并且成果丰富。从以往的研究来看，学者们关注的焦点主要集中在贫困的内涵、成因、度量及反贫困的政策上。

一、关于贫困与反贫困内涵的研究

国内外学者从不同的角度对贫困的内涵进行了界定，对贫困概念的界定和度量方法在不断地深化：①从贫困状态层面对贫困进行界定，即从生理、经济、文化、社会及自然等方面对贫困者的整个生存状态进行静态描述。斯皮克（Spicker，2013）和明奥尼（Mingione，2012）指出贫困是对人们一系列生活条件进行描述，是一种持续面临经济困难而不能满足基本需求的状态，是特定收入水平所导致的一种生活水平明显低于其他社会成员的生活状态（陈薇，1999），原因在于贫困者可支配的资源总量在特定的历史条件下不能为其提供一个社会可接受的生活条件。贫困一方面反映的是贫困者的物质经济状态，另一方面也指贫困者的社会文化状态，即贫困者因不能合法获得基本物质生活条件和参与社会活动的机会以至于个人的生理状况和文化水平不能维持在社会可接受的水准（康晓光，1995）。②从资源缺乏层面对贫困进行界定，即从贫困现象产生的因素对贫困进行动态分析。巴拉兹和格里格斯比（Baratz & Grigsby，1971）、森（Sen，1985）和汤森（Townsend，1993）均指出贫困是指人们因身体健康状况不佳、缺乏福利及相应的安全保障等因素而陷入的一种生活状态，是对人们所拥有的并且能够有效满足自身基本需求的那部分资源不足的反映，是人们必要的满足生活条件的某种物品（如衣服、食品及住房等）或资源（如医疗、教育及娱乐等）处于被"剥夺"的状态。③从机会和能力不足层面对贫困进行界定，即从社会和个人能力不足方面对贫困问题进行分析，如从收入角度来看，贫困就是缺乏达到最低生活水平的能力（世界银行，2000）。能力很难量化，但是可以由一个人能够获取各种社会功能的总和以及选择不同生活方式的自由程度体现出来（森，1992）。

据此可知以上三个层面的贫困界定存在内在的联系。因此，从整体来看贫困就是某些社会成员因自然、社会、历史、文化等环境因素使其不具备获取资源最低限度的能力，导致其因为缺乏维持基本生存和发展的资源而被排斥在社会可接受的最低限度的生活方式之外的状态。由于贫困是一个由多元划分标准所决定的多层次的概念，也可以说其是一个由多种相关因素构成的多方面社会问题的总称，因此学者们对贫困概念外延划分的理论研究也具有不同的观点。按照贫困程度的差别，将贫困划分为仅能维持生存的绝对贫困、能满足基本需求的基本贫困以及存在相对缺憾的相对贫困三个层次（莫泰基，1993）。绝对贫困的概念最早是由英国学者朗特里和布什提出的，是一种收入难以维持最低限度生活水准的贫困状态；基本贫困是一种生活在社会最低层，其物质条件能基本满足生理需要，但日常生活捉襟见肘的状态；相对贫困是动态的，具有主观性的特点，其描述的是社会不同成员在收入上的差距和分配上的不平等的情况。根据其他划分标准，又可将贫困分为个体贫困和群体贫困、资源约束型贫困和能力约束型贫困、生产性贫困和社会性贫困等类型。

"反贫困"概念最早由经济学家冈纳·缪尔达尔提出。目前国内外对反贫困概念有以下几种表述：一是 Poverty Reduction，指减少贫困现象，强调反贫困的过程性；二是 Poverty Alleviation，指减缓贫困程度，强调的是一种减轻、缓和贫困的手段；三是 Support Poverty，指扶持贫困人群，简称扶贫，主要是从政策实践的角度研究和落实政府及民间的反贫困计划与项目，这在解决中国山区农户贫困问题上得到广泛应用；四是 Poverty Eradication，指根除、消灭贫困问题，强调反贫困的目的性[①]。以上几种概念一方面体现了人们对反贫困的不同理解，另一方面也体现出反贫困具有阶段性、时序性的特点，即由最初的减少贫困因素、减缓贫困程度一直到最终的消灭贫困，这个思维逻辑同时也反映了贫困者脱贫的一般渐进过程和逻辑顺序。在反贫困的过程中，更多使用"缓解贫困"，而慎用"消除贫困"，原因在于暂时性、绝对性的贫困可能被消除，但同时又会产生相对贫困，即脱贫与返贫在不断交替中进行，把贫困完全从人类社会中消除的可能性较低。

学者们对反贫困外延也进行了较多的研究。从扶贫角度来看，赵武、王姣玥（2015）认为"可以利用包容性创新挖掘金字塔底层民众的自身需求、动力、创造力，通过体制机制创新减少社会排斥现象，向贫困者提供公开参与、公平享受经济、科技发展成果的机会"，通过"精准识别、精准帮扶、精准管理的包容性

[①] 黄承伟. 中国反贫困理论、方法、战略 [M]. 北京：中国财政经济出版社，2002：85－97.

创新机制形成一种可持续的扶贫长效机制，实现公平和效率的统一"①。从社会救助角度来看，社会救助是社会保障安全网的最后一道屏障，对保障贫困人口和遭受意外事件者的生活发挥着至关重要的兜底作用，可从打破户籍、省份限制等方面入手，实现社会救助制度的区域统筹发展，推进发展型社会救助，发挥政府、市场与社会等不同社会救助主体的作用（王延中，王俊霞，2015）。从慈善事业角度来看，慈善行为是一种人们对弱者和贫困者表达同情的善良意志的体现，也是整个社会文明程度的体现，因此需要将中西方慈善伦理有机结合，推进贫困救助主体的多元化，形成"家庭—社区—社会机构—政府"协同负担的全面救助体系，全面落实分类救助（林卡、吴昊，2012；陈云，2015）。从社会保险角度来看，我国目前的养老社会保险存在覆盖面窄、门槛水平偏高、受益水平差异偏大、不同的受益类型设计缺乏等问题。为推动多层次养老保障体系建设，我国养老社会保险制度改革的政策取向可从以上问题着手让更多低收入者受益，以增强社会保险制度的反贫困效果（姚建平，2008）。从社会福利角度来看，处于贫困状态的人群一直是社会福利政策服务的重要对象之一，因而贫困问题的恶化要求进一步完善社会福利制度，但社会福利制度在推行的过程中又引起了新的贫困（陈银娥，2008）。

二、关于贫困成因的研究

对于贫困的成因，国外学者从不同的层面进行了分析：①要素层面。罗斯托（Rostow W. W.，1960）、罗森斯坦·罗丹（Rosenstein Rodan，1942）、纳克斯（R. Nurkse，1953）、纳尔逊（Nelson R. R.，1956）、（Leibenstein Harvey，1957）认为贫困的原因在于缺乏经济发展所必需的要素，包括必要的自然条件、资本和技术等。如美国经济学家纳克斯（1953）的"贫困恶性循环"理论指出：资本的缺乏是"贫困恶性循环"产生的根本原因；冈纳·缪尔达尔（Karl Gunnar Myrdal，1957）认为发展中国家人均收入水平偏低是导致贫困的原因，生活水平低下导致衣食不佳，医疗、文化教育等较为落后，这样就会致使人口素质偏低，进而出现劳动力素质和劳动生产效率降低的现象，最终导致整体产出出现停滞或衰退。低产出引起低收入，低收入又导致贫困，进而国家陷入低收入和贫困所构成的恶性循环之中，贫困也就会越演越烈，形成"循环积累因果关系"；雅兰和拉瓦利昂（Jalan and Ravallion，2001）验证了世界上国家的不同贫困类型与自然

---

① 赵武，王姣玥. 新常态下"精准扶贫"的包容性创新机制研究［J］. 中国人口·资源与环境，2015（S2）：170 – 173.

地理环境这一因素的关系，结果表明恶劣的自然地理环境是导致各国贫困人口分布集中的空间贫困陷阱。②制度层面。马克思（Karl Marx，1867）、米达尔（Myrdal G.，1957）、汤森（Townsend，1993）等认为制度安排不合理或缺损是贫困产生的根源。如马克思指出资本主义社会城市贫困问题产生的根源在于其社会与经济制度的不合理性，失业以及贫困都与资本主义制度有关。③人口层面，此种观点包括人口数量贫困论和人口素质贫困论。罗伯特·马尔萨斯（Robert Malthus，1878）认为人口数量相对过多是造成贫困的根源；弗里德曼（Milton Friedman，1962）和舒尔茨（W. Schultz，1964）认为贫困的根源在于人口素质的低下。20 世纪 60 年代中期，以西奥多·舒尔茨为代表的发展经济学家们开始关注人力资本和经济发展的关系，舒尔茨认为空间、能源和耕地等生产要素并不是改善穷人福利的决定性因素，人口素质的改进和所拥有知识的增长才是决定性要素。贫穷国家经济落后的根本原因在于人力资本的匮乏以及人们对人力资本投资的忽视。④社会层面，此种观点包括贫困文化论和贫困功能论。奥斯卡·刘易斯（Osacr Lewis，1959）认为穷人之所以贫困与其所拥有的文化——贫困文化有关，他指出有"贫困亚文化"的存在，即穷人具有的规范和价值观使贫困者及其家庭陷入贫困的恶性循环中。赫伯特（Herbert J. Gans，1972）认为贫困长期存在的原因是因为其满足了社会的某种需要。⑤能力和权利的缺乏。20 世纪 90 年代末，印度籍经济学家阿玛蒂亚·森（Amartya Sen，1999）提出贫困的实质是能力的缺乏，即基本能力的剥夺和机会的丧失，而不仅仅是低收入。他提出通过能力和收入来衡量贫困，在此基础上通过重建个人能力来增加收入并避免和消除贫困，其拓宽了研究贫困的视角。

国内学者在研究贫困的成因时，很多都借鉴了国外的研究成果（王雨林，2008），对贫困的成因可概括为自然环境决定论（费孝通，1946；汪三贵，1994；国务院扶贫办，2006）、人力资本缺乏论（李小云，2007；王小鲁，2007；王飞跃，2011）和制度不利论（靳涛，2004；刘明宇，2008；杨颖，2011）等等。

贫困成因问题涉及经济、社会及环境等多个方面，现有学者的研究多侧重于单因素，从多因素、多学科方面进行综合分析致贫成因的文献相对较少，这在一定程度上影响了人们对反贫困实现路径的选择。

三、关于贫困与反贫困评估的研究

关于贫困评估的研究，大致可分为三部分：一是贫困的识别；二是贫困的度量；三是贫困的解决，即反贫困。以上三部分是一个完整的且环环相扣的研究过程。其中，对贫困问题的识别是研究的前提，对贫困进行度量是研究得以继续的基础，对贫困问题加以解决是研究的最终目的。

贫困的识别是指对贫困线进行正确合理的确定，而最关键的一点就是计算方法的确定。由于贫困的内涵较为模糊，因而对贫困线无法给出确切的定义及计算方法，因此，在实际研究的过程中，学者们通常是用一个或多个与贫困相关的、可获取的、可测量的且可比较的经济或社会指标来衡量贫困线。现阶段界定贫困线的方法有直接法和收入法两大种类，具体的计算方法如恩格尔系数法、收入比例法、热量支出法、市场菜篮法和唐钧综合法（唐钧，1997）等。贫困标准是贫困测量的重要基础，准确测量和反映中国农村贫困状况也需要对国家农村贫困标准测算方法及其代表的实际生活水平有一个清晰准确的判断（鲜祖德、王萍萍，2016）。

在贫困问题被识别之后，为了研究贫困发生的广度及深度、贫困的变化趋势及在地区间的分布特点，学者们构建了一系列不同的测量指标对贫困问题进行度量。在早期研究中，以基础性贫困指标、Sen贫困指数、FGT贫困指数、社会福利函数贫困指数及多维度的贫困度量指标等作为度量贫困的主要指标。然而，从单一角度研究贫困问题，存在研究广度不足、解释能力较差及实际运用存在一定局限等诸多问题。基于此，之后学者对度量贫困的指标进行了完善，普遍认为要用多维方法对贫困的复杂性及渗透性进行全面综合的衡量，在多维视角下，研究对象——人不再是简单的经济人假设，而是具有多重追求的社会人假设，即除了追求经济目标，还追求教育、健康、自由迁徙、不受他人压迫、自由表达及自我实现等重要目标（姚洋，2001）。阿尔基尔和福斯特（Alkire & Foster，2011）对贫困问题进行"双重识别"，运用基于包括农户收入、教育、健康、住房和社会关系等因素在内的多维度贫困测量框架对贫困问题进行分析（李飞，2012），有利于将扶贫工作落到实处。同时，王春超等（2014）利用Heckman两步法分别估计农民工和城市劳动者的教育对收入回报的截面变动趋势，观察农民工多维贫困内部各维度的变化，发现市场化是农民工多维贫困状况改善的重要原因。农户脆弱性能够更为全面反映贫困地区农户的福利状态（杨龙、汪三贵，2015），进而预期贫困的脆弱性测量方法也成为学者在测量贫困时关注的重点。

现有学者对反贫困的研究主要集中在反贫困的政策措施方面。如张秀艳和潘云（2017）认为通过不同维度测量瞄准贫困人口，基于多维贫困理论采取的反贫困措施对实施既定的反贫困政策具有重要的作用；林卡和范晓光（2006）认为任何一种反贫困战略都包含了对各福利主体所应扮演的角色、它们间的权利义务关系及相互之间的互动关系的界定,贫困问题的解决必须与制度建设相联系[①];孙志祥(2007)则提出通过采取更加积极的福利政策,坚持以最低生活保障为主体的"补救型"的社会救助政策,加大教育和就业培训力度,建立以工作为本的社会福利和社会救助制度可以解决贫困问题;胡鞍钢和常志霄(2000)认为,就中国城镇而言,反贫困可从就业、财政、货币及区域发展等方面的宏观政策着手,即反贫困政策应当是"一揽子"宏观政策体系等等。由此可见,当前学术界尚未形成一套可靠的反贫困指标体系,现有的指标体系仅以贫困发生率及人均纯收入等指标来衡量,但这些指标缺乏系统性和全面性,不能很好地客观描述反贫困的变化趋势及特征。

四、关于山区反贫困政策的研究

从长远及规范的层面来看,对于我国是否存在相对完整的山区反贫困制度,学术界尚未达成一致的观点。

一种观点认为我国反贫困制度存在较为严重的缺位现象,虽然扶贫政策在改善贫困人口收入方面具有一定的贡献力,但制度建设存在明显的滞后性,同时反贫困政策已经陷入了某种瓶颈之中,具体表现在城乡之间扶贫政策存在明显差别、非农就业的沉重压力、现有开发式扶贫有局限性、失地农民的贫困、极端贫瘠地区扶贫行动低效等(赵慧珠,2007)。一直以来,在我国反贫困政策领域里存在着两类不同的政策体系——社会救助与扶贫开发。虽然这两类政策在针对的目标人群、政策产生的基础、政策所要解决的问题及政策本身运行机制等诸多方面均存在差异,但随着政策的持续推进,尤其是目前农村最低生活保障制度的推行,两类政策覆盖的人群出现重叠,且在分割运行的状态方面带来了一些问题,以至于对反贫困政策效果的实现产生了不利影响(刘宝臣、韩克庆,2016)。尤其是近年来,中央专项扶贫资金投入逐渐增加,但扶贫资金的使用却与贫困农户实际需求存在较大偏离(许汉泽,2015),这是多重因素综合作用的结果,从宏观层面来看是管理与制度存在漏洞和不足(唐睿、肖唐镖,2009);从微观层面来看是精英俘获的出现导致了财政扶贫项目目标发生了偏离(邢成举、李小云,2013)。

另一种观点则认为我国一直以来就存在山区反贫困的制度,但这一制度需逐步加以完善。近几年,我国在减贫方面取得了举世瞩目的成就,并成为全球减贫事业的主要推动者之一,但中国仍然面临长期的反贫困任务,需进一步完善扶贫

---

① 林卡,范晓光. 贫困和反贫困——对中国贫困类型变迁及反贫困政策的研究[J]. 社会科学战线,2006(1):187-194.

体制和政策以适应环境的变化（汪三贵，2010）。可从以下几方面完善政府在反贫困治理结构中的功能，一是界定好政府在反贫困治理结构中的职能；二是建立公正客观的贫困监测系统和组织机构；三是建立健全独立的传递系统和扶贫运作系统；四是建立严格规范的对扶贫项目的检查、监督和评估制度①（张凤凉、蒲海燕，2001）。针对农村贫困人口的脱贫行动，一方面形成制度—能力整合的反贫困模式至关重要（王思斌，2016）。另一方面，不但需要加强资源部门间互动以提高政府主导能力，调动经济主体间互动性以提升市场带动能力，还需要加强政府与农户间互动从而达到有效治理山区贫困的目的（周爱萍，2013）。基于上述分析可知，贫困是一个多元且复杂的问题，需要一系列反贫困政策来解决。

五、国内外研究现状简要评价

针对贫困的内涵界定。学者们基于不同的视角研究贫困问题，对贫困内涵尚未形成统一观点，目前有"缺乏说""排斥说""能力说"等不同的概念。这不但对人们正确认识及理解贫困造成了一定的阻碍，也不利于有关贫困理论的形成与发展。据此，厘清贫困的概念是研究贫困问题的前提。在此基础上，需清楚地认识反贫困的本质及要求，避免将"反贫困"与"扶贫"和"脱贫"等概念交替使用的现象发生。

针对贫困的影响评估。贫困的影响因素涉及经济、社会、人文及环境等诸多方面，但目前学者们对贫困的研究较侧重于单因素，而忽视了多因素影响下的贫困发展趋势。这在一定程度上影响人们对贫困的正确认识，进而也会对正确合理地选择度量贫困的方法产生影响。贫困的测量指标界定是进行贫困评估的重要一环，其对反贫困的方向和方法的选择有着直接的参考价值，然而，国内的贫困度量指标是基于国外的研究成果而制定，因此还需结合我国的国情对其进行完善，才能更好地为我国反贫困方向和政策的选择提供理论参考和现实借鉴的依据。

基于上述问题，本书在研究过程中将明确贫困与反贫困的内涵，多维度分析山区农户贫困的原因，针对山区农户贫困的特点，构建符合山区农户实际的贫困与反贫困评估指标体系和评估模型，做到全面、客观且系统地评估山区农户的贫困程度和反贫困效果，从而在丰富和完善贫困与反贫困评估理论的同时，为山区反贫困事业的推进提供理论参考和现实借鉴。

---

① 张凤凉，蒲海燕. 反贫困治理结构中政府功能的缺陷及完善对策［J］. 理论探讨，2001（6）：40-42.

第三节 研究目标、思路及方法

一、研究目标

(1) 旨在从专业化生产的角度,探讨桂滇黔少数民族山区人口贫困的原因。首先从理论上探讨农户专业化生产对反贫困作用的机理,然后通过文献分析与小样本调查相结合,剖析桂滇黔少数民族山区人口贫困状况及原因,为分析农户贫困提供一个新的视角。

(2) 分析出桂滇黔少数民族山区农户专业化生产不足的深层次原因。设计农户专业化生产的计量指标及调查问卷,通过大规模的实地调研,收集桂滇黔少数民族山区农户专业化生产数据,再从交易成本角度出发,探索当地农户专业化生产不足的原因,为更好地理解山区农户贫困提供实践依据。

(3) 旨在从专业化生产的角度,提出反贫困对策。在分析农户专业化生产的影响因素及实现机制的基础上,从专业化生产的角度,为桂滇黔少数民族山区农户提出反贫困对策,同时为我国其他贫困地区反贫困提供理论支撑和实践借鉴。

二、研究思路

在资源可以流动的情况下,一个人或一个地区的贫困可归因于其绝对或相对地缺乏竞争力所致。依照新兴古典经济学的观点,专业化生产可以提高生产效率,提高竞争力。因此,因地制宜地开展专业化生产,增强自我发展能力,是贫困地区农户脱贫的关键。遵循这个逻辑思路,本书将通过理论研究、实地调查、定量研究及案例分析的办法,首先构建一个专业化生产与少数民族山区农户反贫困关系的分析框架,然后收集实证数据对两者之间的关系进行定量分析,以增强结论的可信度和研究质量,在此基础上,再进一步探讨在政府职能范围内,应如何采取措施以促进民族地区农户进行专业化生产,提高自我发展能力,最终达到反贫困的目的。

研究思路具体的技术路线图如图1-1所示。

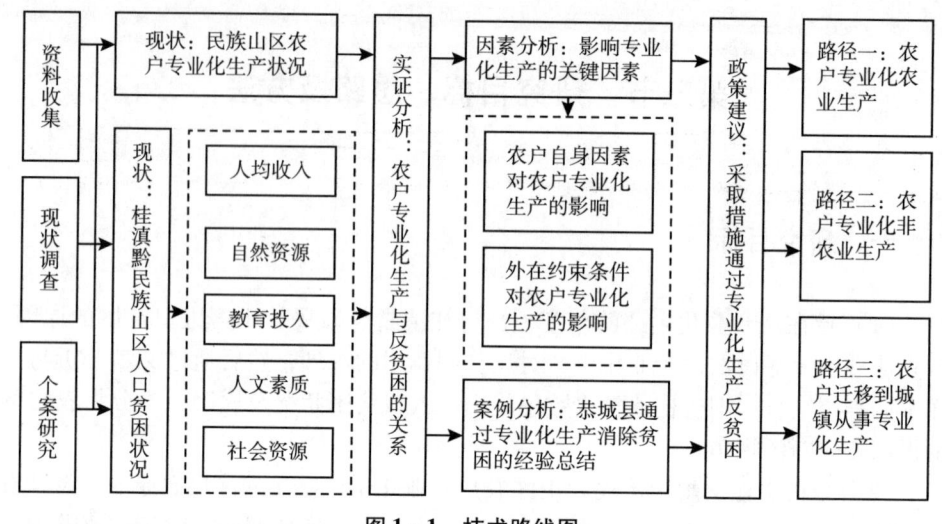

图 1-1 技术路线图

三、研究方法

本书主要采用了理论研究、田野调查、定量分析及案例研究相结合的研究方法对农户专业化生产与农户反贫困的关系进行研究。具体如下：

（1）理论研究：在结合古典经济学、新制度经济学和新兴古典经济学分工理论的基础上，通过文献查阅、网络检索等手段综合分析、归纳总结国内外相关反贫困的理论及对策，在比较各种理论及对策的优劣的基础上，确定本书的研究视角。

（2）田野调查：根据专业化生产的计量指标，设计调查问卷，通过田野调查，如问卷调查、个别访谈、观察法等，收集桂滇黔少数民族山区农户专业化生产数据，为下一步的实证研究奠定基础。

（3）定量分析：构造相关模型，再利用收集到的数据及相关统计软件对农户专业化生产与农户反贫困之间的关系进行定量分析，以增加观点的科学性和精确性。

（4）案例分析：对调查区内一些通过发展专业化生产从而脱贫的农户进行重点考察，总结这些农户专业化生产的起因及演进过程的影响因素，以增强理论分析及实证分析部分的说服力。

第四节 研究内容和创新之处

一、研究内容

本书主要围绕少数民族山区农户如何更好地脱贫致富展开研究，探索在城镇化背景下，该如何提高山区农户的自我发展能力，从而最终达到反贫困的目的。依照新兴古典经济学的理论：专业化生产可以提高生产效率，从而提出本书的研究假设，建立理论模型；然后通过收集数据进行回归分析，收集案例进行实证分析对模型进行验证，考察山区农户进行专业化生产的制约因素，总结农户专业化生产的起因及演进过程的影响因素；最后根据实证分析及案例分析的结果，提出民族山区农户反贫困的对策和实施路径。全书按照理论研究——实地调查&定量研究&案例分析——提出政策建议的思路展开，可以分为八章内容，其具体内容如下：

第一章导言。首先提出本书的背景及意义，然后对已有研究进行简要回顾，确定本书的研究目的、研究思路、研究方法及技术路线等内容。研究背景及意义指出：目前，我国扶贫工作进入了攻坚阶段，解决集中连片特殊困难地区的区域性整体贫困问题是当前我国打赢精准扶贫攻坚战的重中之重，也是我国全面建成小康社会的关键。自古以来，在大多数年份，滇桂黔少数民族山区人口都处于贫困之中。虽然学者们从各个方面（如要素积累、产业结构或技术进步等）对其贫困的原因进行了探讨，政府部门也采取了各种各样的措施进行扶贫，但该地区的大面积贫困现象依然存在。在对相关文献进行综述的基础上，认为需要重新拾起古典经济学的分工思想，把分工视为长期经济增长的源泉，基于专业化生产视角探讨桂滇黔少数民族山区农户贫困的形成机理，以及建议政府如何通过提高专业化程度来促进该地区经济发展，从而降低贫困水平。

第二章山区农户专业化生产与反贫困的相关理论概述。主要从理论上阐述专业化生产对反贫困的作用的内在机理。首先，对几个容易混淆的概念，如分工、专业化生产、交易成本、交易效率、贫困、反贫困等进行界定；接着，对专业化生产理论、交易成本与交易效率理论、贫困与反贫困理论进行了评述。

第三章专业化生产对反贫困作用的内在机理。首先分析了专业化生产的经济性；其次用一个简单模型分析交易成本对分工的影响；然后用杨小凯—博兰德的分工演进模型分析分工所具有的自我强化、自我循环的"路径依赖",从理论上说明经济发展的实质就是分工的发展深化和专业化水平的提高过程,在这一过程中,分工与专业化的发展促进了生产力水平的提高,生产力水平的提高又反过来促进分工与专业化的深化,从而使经济发展呈现出螺旋式的进步趋势;最后找出专业化生产能够促进反贫困的依据所在,指出杨小凯—博兰德的分工演进模型对少数民族山区农户反贫困的意义。

第四章桂滇黔少数民族山区农户贫困状况及经济特征分析。首先,分析了桂滇黔少数民族山区贫困人口的分布情况、农村贫困现状以及桂滇黔少数民族山区的贫困人口聚集现象等,在此基础上从农村居民家庭人均纯收入、城乡差距的比较、农村家庭恩格尔系数、农村固定资产投入的差异这四方面将桂滇黔少数民族山区与全国经济贫困差异进行了比较分析,发现桂滇黔少数民族山区农村平均纯收入呈逐年增长趋势,但增长速度大大低于全国平均水平;其次,调查发现桂滇黔少数民族山区农户的多元贫困现状主要集中在桂滇黔少数民族山区的交通与信息投入、人力资本、从业人员素质普遍偏低这几个方面。桂滇黔少数民族山区的农村家庭人均生活消费支出中人均交通与通信支出占比大大低于全国农村人均交通与通信支出占全国农村家庭人均生活消费支出的比重;最后,从专业化生产的角度分析了桂滇黔少数民族山区农村经济特点。桂滇黔少数民族山区农业投入结构转变受到有限资源供给的制约,较低的农业劳动生产率成为农业效益提升过程中的障碍。

第五章专业化生产效应的实证分析。在调查问卷设计和数据收集的基础上,对专业化生产的经济发展效应及收入效应进行了实证分析,结果发现:(1)在少数民族山区,劳动投入对经济发展的影响不大,而交易效率在很大程度上影响着贫困地区的专业化生产水平,专业化生产水平影响着贫困地区的经济发展,并且交易效率、专业化生产水平的提高与经济发展是相互促进的;(2)农户专业化程度对农民收入的影响是显著的,与非专业化农户相比,专业化农户的劳动收入高出28.2%。

第六章桂滇黔少数民族山区交易效率低下原因分析。从农户自身因素和外在约束条件两方面对少数民族山区农户专业化生产不足的原因进行分析。分析发现,农户自身条件是影响农户专业化生产的内部因素,思想观念守旧导致农户对外界信息的捕获能力较低,极大束缚山区农户开拓进取的精神;农户受教育程度低下使其对科技知识知之甚少,整体劳动技能水平不高,以致生产效率较低,很大程度上限制了科技应用及推广;外在约束条件包括恶劣的自然环境、落后的基础设施、不规范的市场秩序等都导致当地交易成本增加,影响了农户进行专业化生产。

第七章贫困地区专业化生产的动因及演进。以恭城县生态农业发展为例，对多年来恭城经济的跨越腾飞作了总结，得出了以下几个结论：①贫困地区在选择分工专业化生产的"切入点"时，一定要注意发挥原有的外生比较优势，即要因地制宜地选择产业分工，形成独特的发展模式。②分工专业化生产对经济发展的促进作用不仅表现在劳动生产率的提高而内生出的比较优势，而且还会使资源禀赋发生改变，从而产生新的比较优势和竞争优势，为当地经济科学发展提供持续动力。③在贫困地区，由于市场机制不健全，政府行为将对经济发展产生重大的影响，政府可以通过完善基础设施、健全市场经济体制和推动农业规模化及产业化经营等方面提高贫困地区的交易效率，从而促进贫困地区分工专业化生产的深化。

第八章少数民族山区农户反贫困的对策和实施路径。从专业化生产的视角来看，少数民族山区农户要摆脱贫困，必须进行专业化生产，以提高生产效率，这可从三个方面着手，一是倡导农户在农业方面进行专业化生产，二是引导农户在当地从事非农产业专业化生产，三是支持农户移到城镇从事专业化生产。在这个过程中，发挥当地的比较优势和提高当地的交易效率水平是关键，政府在扶贫的过程中可以在这两个方面发挥重大作用。

二、创新之处

本书在结合现代经济学前沿理论和方法的基础上，基于分工专业化的视角对桂滇黔少数民族山区农户贫困与反贫困作了实证研究，并提出了反贫困的政策建议。本书可能的贡献与创新有以下几点：

（1）在研究视角上。本书运用新兴古典经济学的分工理论，首次基于专业化生产视角研究少数民族山区贫困人口的贫困与反贫困问题。从研究视角来看，基于分工专业化的视角研究民族山区农户的贫困与反贫困，是一个创新点。

（2）在研究内容上。本书探讨了少数民族山区农户在进行专业化生产中，分析了如何选择分工切入点的问题，这对杨小凯新兴古典分工理论是一个重要的补充和完善。

（3）在研究实用性上。本书指出了政府在贫困地区反贫困过程中应该发挥的作用，即通过提高经济体的交易效率水平来促进专业化生产的演进，以创造当地比较优势和竞争优势，提高当地竞争力，从而促进贫困地区经济发展。这对贫困地区的政府行为具有一定的指导意义。

第二章

山区农户专业化生产与反贫困的相关理论概述

周婧（2011）对农户的定义是：以家庭为单位，以血缘关系为纽带，持有农村户籍，以本家庭成员为劳动力从事生产活动的个人或团体。覃守贵（2005）对山区的定义为：石灰岩地区，属岩溶地域，又称石山地区。综合农户与山区的定义，本书对山区农户的定义为：居住在石灰岩地区，以婚姻、血缘关系联系在一起，以农业生产为主要特征的家庭户。

为了项目研究的顺利展开，本节先对反复使用的几个基本概念及理论进行界定和阐述，杜绝产生理解上的偏差。

第一节 专业化生产理论

一、分工与专业化生产的概念界定

劳动分工和专业化一词不仅在经济地理学科、管理学科和社会学科的研究中频繁出现，而且在日常生活中也被广泛使用。分工一词在经济学中的解释是指整个社会中的每个个体通过生产不同的产品，并进行专业化的不同活动，形成社会化的分工。该概念是从个体和社会两个不同层面对专业化和分工进行阐述的。在整个社会的经济发展中，尤其是在工业革命之后，演化出三种不同的劳动分工形式，即比较利益、规模经济和专业化经济的分工。比较利益是由分工和其产生的专业化经济得到，在原始的小农思想社会中，社会中的每个个体自给自足，生产效率基本一致。而在后来的商品经济社会中，以交换为目的的生产者在生产同样的产品时，专业的生产者比普通的生产者效率要高得多。而规模经济的实施主体是对厂商而言的，一般来说，规模较大的厂商是通过内部具体分工获得规模经济，反之规模较小的厂商则是通过专业化的方式获得规模经济。

分工与专业化其实就是一个事物的两个不同组成部分。根据斯蒂格勒（Stigler，1951）的思想，他认为在众多职能中的生产职能是一个企业的重要组成部分，其分工和专业化的过程就是将企业众多职能进行分割、分散。具体来说，分工是指将社会经济活动独立化和分散化，使单个组织或个人的职能工作转变为多个实施主体分开进行；而专业化是指使单个组织或个人尽可能少地进行相关多种类的职能活动，以达到提升劳动效率的效果。虽然分工和专业化是两个不同方面，但是整个社会的生产活动离不开二者之一。

在以往的文献中，分工与专业化这两个概念经常交叉使用。本书使用了"专业化"而非"分工"，主要是因为本书考察的是少数民族山区微观经济主体专业化程度对反贫困的影响。

二、专业化生产理论

作为经济学研究的主要内容，分工理论占据着重要的地位，分工这个词由来已久，在亚当·斯密发表《国富论》之前，一些关于分工的思想就已经被经济学家提出。比如将商品质量和数量的优化归因到分工中去的古希腊学者色诺芬，他指出，分工能够使劳动得到简化，提升员工的工作技能以及商品的质量；柏拉图（Plato）阐述了分工专业化与社会福利之间的联系，指出市场和货币的基础就是分工，分工对产品质量的提高以及产品数量的增加有着非常重要的作用。假如一个人利用自己的才能，专心地只做一件事情，而不去涉猎别的事情，那么他可以做得更多、更容易、更出色；威廉·配第（William Petty，1690）于17世纪后期指出了生产力提升与专业化之间的关系，他将荷兰人较高的作业效率归因于专业化，即不同的货物通过不同的商船运输；古典经济学的代表人物亚当·斯密（Adam Smith，1776）是第一位对分工进行了系统经济分析的经济学家，他认为，经济发展和财富增长取决于劳动生产力增进，而劳动生产力增进的根本原因被归结为分工，"生产率的提升，以及在劳动的过程中对工作表现出的判断力与技巧，似乎都跟分工有关"。以针扣制造厂为研究对象，亚当·斯密发现分工能促使劳动生产率得到提升，之后他进一步指出，"农业劳动会随着季节的更替而巡回，一个人只做一种劳动的可能性是微乎其微的，因此，站在农业劳动这个层面上，其劳动生产力提升的幅度要远远低于制造业生产力提升的幅度，究其原因，就是因为农业没有通过完全的分工"。在亚当·斯密之后，分工和专业化问题不断地被国内外学者研究。大卫·李嘉图（David Ricardo，1817）通过不同的方法对专业化和分工进行了研究，着重强调了分工与外生比较优势之间的联系。黑格尔（Hegel，1821）通过研究发现，专业操作的简化得益于分工和专业化，机器被发明并得到普遍使用。查尔斯·巴贝奇（Charles Babbage，1835）发现，分工可以提高员工的学习能力，这种学习能力的提高是通过减少重复来实现的。马克思（Marx，1867）将协作划分为以不分工为基础的协作和分工的协作。杨小凯（2003）将分工分为四类：分工的商业化、分工的市场化，分工的生产化以及企业中的分工。

阿伦·扬格（Alan Young，1928）继承了古典经济学的分工思想，将亚当·斯密的分工思想作了进一步的发展，他指出，递增报酬源自专业化和分工。扬格关于分工与专业化的观点又被称为"扬格理论"，其内容包括：（1）劳动分工促进了收益递增的产生。扬格发现，现在的劳动分工最显著的特点就是迂回的或者是间接的方式。这种生产方式是指通过土地、劳动以及资本的服务间接进行生产的方式。所以，此种方式的最终表现结果就是人均资本的不断累积，而人均资本的不断累积不仅表现在技术进步、薪酬增加，而且还表现在演化的生产组织方式方面，也就是劳动分工的实现，采用迂回方式进行生产的主要原因是劳动分工。这说明，我们可以把经济发展看作是一个在原材料和最终商品之间加入越来越精细化、越来越复杂化的工具，以使分工变得越来越明确的过程。（2）收益递增的一个重要组成部分就是产业间的分工和专业化。扬格认为，与生产增长联系最为典型的因素就是产业的分化，这种联系存在于过去、现在以及将来。日益复杂化的生产工具以及日益多样化的消费品促使了分工不断发展，这里的分工通常涉及某种特定产品的分工、某组产品产业的分工以及中间商品的分工。他通过对印刷业历史进程的分析，发现在很多的工业领域中，在原材料和产成品之间加入了越来越复杂的专业化网络。（3）市场规模决定了劳动分工，劳动分工又影响着市场规模，也就是说，"分工一般地取决于分工"。扬格认为，市场容量的决定因素不单单是人口规模，更重要的是取决于购买力，而购买力取决于生产能力，生产能力又取决于劳动分工的水平。于是，斯密定理转化成了"劳动分工受劳动分工限制"。这不是一个简单的同义反复，它背后的观点是，在对市场概念进行研究时，应该将其作为所有消费者需求的总和，而不应该仅仅考虑特定产业，将其作为外在销售途径。在市场这个大的背景下，某个产业的需求就意味着其他产业的产出。在这种情况下，同一个事物的两方面就反映在供给与需求上，并且供给与需求被分工的水平所影响。

杨格定理说明了经济增长是一种非外生的因素。因为产业与产业之间是相互依赖的，对某种商品的供给会影响到对除此种商品外其他商品的需求，后者反过来又影响此种商品的供给。这种机制可以促使组织调整不断改善，甚至可以说，劳动分工是自己为自己创造条件。所以杨格认为，在人口规模不发生变动的条件下，就算没有新的科学发明，经济增长这种现象也会出现并进行下去。

此后，霍撒克（Houthakker，1956）、克鲁格曼（Krugman，1990）、舒尔茨（Schultz，2001）、贝克尔（Becker，1992）、罗森（Rosen，1978）、杨小凯（Yang，1998）、黄有光等人从不同角度对斯密的分工理论进行扩展或深化，致力于发展分工与报酬递增的理论。霍撒克（1956）认为，对分工与专业化的研究不是经济学理论众多分支中的一个，相反，它是涉及后有经济学分支的经济学之核心。克鲁格曼（1990）发现，很多国家（例如技术水平和资源水平相当的发达国家）之间产生的贸易比较频繁，贸易量很大，其原因在于国与国之间有了更细密的分工。舒尔茨（2001）认为，不管是古典微观经济学还是增长理论，都是不准确的。经济增长主要来源于报酬的增长以及劳动的分工。舒尔茨对以往文献进行了研究，发现以往对专业化的理解不够宽泛，每次讲到劳动分工，斯密针扣厂的案例就会被反复运用。分工更重要的方面还体现在专门的教育、专门的企业家上面，而人力资本之所以重要，主要体现在分工在不同领域的发展上。所以，他认为分工不仅与设备物资的规模经济相关，而且还能够促使知识的加速累积。加里贝克尔（1981）将劳动分工理论延伸进了家庭。他发现，在规模报酬没有减弱的情况下，要想提升效率，家庭成员需要实现专业化，也就是在时间与投资上完全专业化。贝克尔与墨菲（1992）的专著《劳动分工、协调成本和知识》强调，市场协调成本与知识水平能够对劳动分工产生一定的限制。知识与专业化能够相互促进，相互协调，知识的积累能够提高专业化水平，并且能够对最优劳动分工水平产生促进作用。而专业化的提升反过来可以增加知识产生的收益。所以，知识和人力资本的累积、专业化的提升以及对专业化知识的推动，形成了经济增长的长期内在机制。罗森（1978）在专著《替代与劳动分工》中提到报酬递增以及人力资本的积累能够促使专业化、比较优势以及贸易的出现，对投资产生较强的推动力，专业化体现在现代经济的多样性与复杂性方面。国家与国家之间技术上的不同，主要反映在专业化人员的知识方面，人力资本的外部效应具有很重要的地位，这些效应会从一个方面转移到另一个方面，进而对生产率的提升有一定的促进作用，所以，基于报酬递增的外部效应的人力资本成为经济增长的推动因素。

以杨小凯为代表的新兴古典经济学直接继承并发展了斯密和扬格关于劳动分

工思想，并用分工理论解释了经济组织演进、企业的出现、经济增长、贸易问题、货币及城市的出现等经济现象。他在其中文专著《经济学原理》的序言中将他的理论称为"新兴古典经济学"——"比新古典经济学更新，也比新古典经济学更古"（杨小凯，1998）。

杨小凯发现，分工和专业化是两个相辅相成的概念。专业化通常是针对个人而言，某个人致力于某项专门的工作，就会导致专业化经济的出现，而专业化生产者工作的效率远远高于非专业化工作的生产者，与专业化相呼应的分工则是一种组织结构安排，往往涉及不同劳动者之间的沟通与协作。个人与个人之间的专业化经济通常包含在社会的分工经济之中。分工的演化表现在个人专业化技能的提升上。专业化水平的选择是其重要的决策基础。做或不做某项工作体现在专业化水平上，因此它是一个不连续的过程，存在着跳跃点。随着专业化与分工的演进与积累，将会产生技术进步、组织与管理创新以及其他形式的创新性进步，从而带来经济运行与经济组织的结构性突变，并利用自身的内在机制带动专业化与分工到一个新的、更高的水平之上（杨小凯、黄有光，1999）。

综上所述，可以看出，经济发展的实质就是专业化水平的提升以及分工发展的过程，在此进程中，生产力的提高主要是由于分工的形成以及专业化的产生，反过来生产力的发展又使得分工和专业化得到进一步的深化，最终经济发展过程出现螺旋式的增长态势。分工和专业化的深化预示着生产力的提升，正如马克思曾经说过的，一个民族生产力的高低主要表现在其分工的程度。所以，在研究现代生产力发展的进程方面，分工以及专业化可以被视为一条主线，这条主线可以用以解释经济历史以及经济成长的推动因素。如果抛开分工和专业化，对经济发展的解释就是空谈，是没有内容的，这也说明，人力资本、报酬递增与专业化是相互促进的（舒尔茨，2001）。

第二节　交易成本与交易效率理论

一、交易成本

交易成本是制度经济学里的一个重要概念，其思想由科斯所创，其后经济学家从各个层面对它进行了阐述。

肯尼斯·阿罗（Arrow K. J., 1969）是最先使用"交易成本"这一术语的经济学家，他将交易成本定义为"经济制度的运行成本"，这是对交易成本的高度概括，使交易成本概念的外延得以迅速扩展①。

达尔曼（Dahlman C. J.，1979）从契约过程来说明交易成本，他认为交易成本包括决策成本、信息成本、谈判成本、执行和控制成本，交易双方在交易过程中进行信息的传递和获得是要耗费时间和资源的②。

威廉姆森从交易维度考察交易成本，他认为交易成本之所以存在是由于有限理性、机会主义和资产的专用性这三个因素。有限理性说明了不可能无须耗费地签订包含一切可能事项的详尽合同，资产专用性的存在使得事后机会主义行为具有潜在可能性③。

综合来说，交易成本（transaction cost）是指在市场交易过程中的人力、物力和财力等各类资源的消耗，也可以称为交易费用。英国经济学家科斯（Coase，1937）在其代表作《企业的性质》一文中首次提出了"交易费用"，用来解释企业之所以能够存在的原因。科斯认为由于交易机制的不同，市场在配置资源时倾向于价格机制，而企业在配置资源时则倾向于计划和命令机制，企业存在时所付出的代价就是交易成本，当缩小这种代价时，企业就代替了市场的角色。1960年，科斯在《社会成本问题》一文中具体化了交易成本的内涵，其可以分为几大类别，例如有利用价格机制的成本、发现相对价格的成本、获取市场交易信息的成本和谈判订立契约的成本等等。通过整理发现交易费用（成本）主要包括六个方面的内容，即（1）执行期间交易产生的费用；（2）度量、定义和保证产权的费用；（3）协商、起草和签订交易合约的费用；（4）运行与设定规制结构的费用；（5）甄别交易对象、价格和各种市场信息的费用；（6）交易偏离一致性时产生的费用。

本书将交易成本理解为交易过程中所发生的一切费用，包括由于市场化程度、官僚体制、交通通信、受教育程度等方面所引致的市场型交易费用、政治交易费用。为了研究少数民族山区反贫困，本书侧重考察少数民族山区经济发展中所面临的交易成本。

二、交易效率

交易效率（transaction efficiency）是与交易成本相对应的一个概念，由于经

---

① Arrow K. J.. The Analysis and Evaluation of Public Expenditure, Washington, D. S. US [J]. Government Printing Office, 1969: 59 – 73.
② Dahlman C. J.. The Problem of Externality [J]. Journal of Legal Studies, 1979 (22): 141 – 162.
③ Williamson O. E.. The Economic Institutions of Capitalism [M]. Free Press, New York, 1985: 80 – 135.

济学界对交易效率内涵的看法并不统一,因此交易效率并没有统一的定义。在市场经济时代,个人与个人、个人与组织及组织之间的交易活动构成整个人类社会的经济活动,从这个视角来看,本书中对交易活动的界定是在新制度经济学范畴下进行的,并引入"交易效率"作为一个重要的研究视角。关于对交易效率概念的解释,主要是从完成交易或业务活动的单位时间和频率两个方面来测量,第一,单位时间消耗和交易效率成反比,即交易或业务活动所花费的单位时间消耗越低,交易效率就越高;第二,交易频率或次数与交易效率成正比,即某一地区在某一时间段内所发生的交易频率越高或次数越多,交易效率就越高。除此之外,也可以从完成交易或业务活动的质量方面来测量交易效率的高低,但是需要在一定时间和一定业务活动数量的目标条件下进行,即当某一区域内完成交易或业务活动的质量高于另一区域时,其交易效率也高。

在本书中,将交易效率定义为在规定时间和规定地区内,其交易活动或业务活动的频率或效率的高低,也可以理解为商业活动或政治活动的效率高低。"交易效率"与"交易成本"相对应,"交易效率"主要是指在单位时间段内,某一国经济体中,进行交易活动的次数或完成业务活动的速度快慢。亚当·斯密(1776)在《国富论》中阐述了运输效率在劳动分工与市场交易中的重要性。杨小凯于1988年正式提出交易效率的概念,在其《发展经济学——超边际与边际分析》中提出,假设购买一单位值得的K单位,那么1-K就是这笔交易中的交易成本系数,K可称为交易效率系数①。这一著作使交易效率思想发生了质的飞跃。

三、交易成本与交易效率的内在联系

交易效率的涵义与交易成本密切相关,二者之间的联系表现为以下几个方面:

①交易成本的衡量侧重点在于成本大小,它涉及时间价值,主要涉及不同时期的价格与不同国家间的货币单位换算,其涉及的范围也比较广泛,包括制度、技术、教育等等。而交易效率的衡量侧重点在速度的快慢,并不需要衡量货币单位,交易效率与经济发展呈正向关系,单位交易成本低,交易效率就高。交易成本是一个绝对指标,是一个数值,而交易效率则是一个相对指标,不存在单位衡量。单位交易成本越高,交易效率就越低。②影响交易效率高低的因素主要包括

---

① 杨小凯. 发展经济学——超边际与边际分析 [M]. 北京:社会科学文献出版社,2003:34-35.

政府相关的制度、法律法规，社会科技的进步与发展，社会的教育水平以及参与交易的劳动力的文化水平等，这些因素也影响到交易费用的高低，提高交易效率，则必然会降低交易成本。

因此，交易效率与交易成本虽然在本质上是一致的。然而，用交易效率代替交易成本分析经济问题的好处还是显而易见，那就是它克服了交易成本在分析经济发展问题时难以量化、难以操作的缺陷，为交易成本经济学和新制度经济学赋予了新的意义。比如，新制度经济学家常说计划经济中的交易成本奇高，但高到哪里，比市场经济高出多少，他们难以回答。但如果用交易效率衡量这一问题则变得简单易行，例如，只要看看两个经济体各个部门或企业一定时间内的办事数量或者交易次数多寡、速度快慢就知分晓了，或者要判断到底农村的交易效率高还是城市的高，只要看看农村人和城里人平均完成一笔交易的时间就明白了①。

第三节 贫困与反贫困理论

一、贫困与反贫困的基本概念界定

（一）贫困

英国经济学家朗特里（Seebohm Rowntree，1899）是最早对贫困的内涵进行界定的学者，他认为从基于个人和家庭的生存要求来看，没有达到生存的最低要求就是贫困。其后，其他学者也给出了贫困的定义，例如郭熙保（2005）不仅将贫困局限于物质方面的贫困，还从能力贫困、权利贫困和社会排斥角度解释了贫困，从多维度视角丰富了贫困的内涵，促进了其概念的不断发展。

从物质或收入角度来理解贫困的内涵，是一种较为狭义的视角。世界银行（1975）认为"绝对贫困"是认定贫困最严重的一个级别，即徘徊在生存边缘生活的人；汤森（1979）对贫困的理解不仅体现在日常的生活层面，还认为日常社交的缺乏也是一种贫困；雷诺兹（1984）将个人可获得和分配收入不能满足最低的生活需求定义为贫困；国家统计局（1990）在《中国农村贫困标准》课题中指出，凡是物质生活困难的都可以被归为贫困。

---

① 赵红军. 交易效率、城市化与经济发展 [M]. 上海：上海人民出版社，2005：296.

从更为广义或多元的视角来看，贫困不仅同物质或收入有关，能力、权利及机会的缺失都可视为贫困现象。世界银行（1990）从能力贫困角度认为不能达到最低生活标准的能力，可以被认定为是贫困；奥本海默（Oppenheimer，1993）对贫困的解读是多方面的，既可以指物质、情感和心理上的缺乏，又可以归结为健康、教育和安全上的匮乏；阿玛蒂亚·森（Amartya Sen，1981）认为当人类最基本的生存权利被剥夺时称为贫困；欧洲共同体（1989）从资源有效假说出发，当物质、文化和社会中的资源缺乏至可接受的情况之外时，贫困就发生了；唐玉凤等（2008）基于不平等和社会分层理论，认为在政治、经济和社会等不平等因素和森严的等级制度下的最底层群众就是贫困人口或弱势群体。

也有从多视角来对贫困进行解读的。董辅礽（1996）主要是从生理、心理和社会的本能需求得不到满足角度出发来认定贫困；童星（1993）从多个方面和层面阐述贫困，例如经济和社会发展落后、文化影响力弱小，以及生活条件差、服务水平低下、发展机会少等等；唐均（2000）将贫困理解为落后、困难，即没有达到最低生活标准，也可以认为是能力、权力和机会等多重资源缺失。本书认为贫困首先表现为一种经济现象，陷入其中的人经常入不敷出，较长时间地陷入生活困境；更是一种社会现象，处于其中的人的多项社会权利严重缺失，但这也是人类社会向前演进进程中必然产生的现象。

（二）反贫困

作为贫困的对立面，反贫困一直是目前整个社会所立志达到的，但是由于贫困具有长期性、复杂性和广泛性等特点，反贫困之路并不一帆风顺。关于对反贫困的概念阐述，主要是从以下四个方面进行：一是减贫（poverty reduction），体现在贫困发生的区域、人口和程度等方面的减少；二是缓贫（poverty alleviate），例如可以从政府方面拨放资金缓和贫困程度；三是除贫（poverty eradication），即从根本上消除贫困，这是一个长期和最终的目标，需要从人力、财力和物力等多方面努力；四是扶贫（support poverty），主要是帮助贫困人口脱离贫困的过程。从上述来看，消除贫困是最难的，需要几代人甚至十几代人的共同努力。

以上论述表明，针对贫困问题，只能通过减贫、缓贫和扶贫来进行解决，完全消除贫困基本上是不可能的。王俊文（2007）从三个方面对反贫困的概念内涵进行了详细的论述，第一，从保障贫困人口最低生活标准角度出发，需要从制度和行动两个层面上进行反贫困的斗争，这是达到反贫困的基本措施；第二，从社会公平角度出发，反贫困就是要做到保障人民在收入分配上的公平合理性，逐步缩小地区城乡贫富差距，最终达到经济社会的和谐稳定和可持续发展；第三，从保障贫困人口其他基本权利角度出发，提高其社会生存和个人发展的能力，逐步消除对其的社会排斥和歧视，使其在就业、医疗、教育等方面享受均等化的权利，这是反贫困思想在人文关怀和生活权力上的直接体现。

杨智（2016）通过对贫困和反贫困的特点进行归纳，得出贫困人口和贫困地区是反贫困需要双向考虑的，绝对贫困和相对贫困需要进行全面考虑，地区扶贫和地域开发要进行互动、结合。所以，他也从三个方面阐述了反贫困的概念内涵，一是消除绝对贫困，主要的解决措施是针对绝对贫困人口进行精准救助和帮扶，维持其生活水平在基本的生存水准之上；二是向共同富裕的宏伟目标迈进，在相对贫困层面上对低收入人群实施定点帮扶，授予其生活发展的能力，使不同阶层的人民收入差距逐步缩小；三是从区域性经济和社会发展角度出发，在贫困地区集中连片区全面实施区域协调可持续发展政策，促进经济和社会的全面发展。当前，我国在消除绝对贫困方面的工作已经完成得非常好了，但是在解决重要区域或集中连片区的贫困问题上，还需要继续努力。

二、贫困理论

贫困理论主要是阐述贫困的成因。造成贫困的主要原因有：制度、经济、社会、文化、自然环境等。

（一）制度方面

1. 马克思的制度根源论

制度根源论最早起源于马克思，马克思发现无产阶级贫困的根源是资本主义制度。在剩余价值理论的基础上，他认为失业以及贫困都与资本主义制度有关。

在资本主义制度下，工人向企业出售自己的劳动力，资本家付给工人工资，此处的工资与劳动力的价值是相对应的，而资本家占有了工人产生的剩余价值。工人在为资本家积累资本的过程中，自身也成为了相对剩余人口。贫困是资本家无限追求剩余价值的结果。

2. 制度短缺论

制度短缺论认为制度的短缺是贫困出现的重要因素，贫困地区在制度方面的劣势主要表现在政治、经济等因素与市场之间的不协调。在贫困地区开发的过程中，如果有了一个公平、公正的制度条件，其他方面的短缺可以从别的渠道得到补充，但是若出现制度短缺，就会相应的出现资源浪费，在这种情况下，输入的资金、技术等资源就会出现继发性的短缺，贫困问题不会得到解决。

3. 政策不利论

政策不利论没有将贫困的原因归于个体自身，而是考虑到了社会环境对贫困的影响。此理论认为政策相对于贫困而言就如同鸡和蛋两者之间的关系，这种关系决定了在不同的社会阶层中贫困人员所处的位置，反映贫困的经济政策促使了贫困人员的出现。导致贫困出现还有以下几种原因：如政策本身的不平等、政策失误以及政策导向不当等。在对"贫困人员"设定标签时，可能会出现因为政策导致结果汇总不当而产生的贫困再造。

（二）经济层面

此种解释认为经济增长要素的缺失促进了贫困的产生。

1. 恶性循环理论

纳克斯（Ragnar Narksen，1953）提出了恶性循环理论，"一国穷是因为它穷"。他从供给和需求两个方面对恶性循环做了研究：低收入——低银行储蓄——无法形成有效的资本累积——低的生产力水平——低的产出率——低收入，这个循环图体现在供给方面；低收入——低消费水平——低对内投资——低的生产力水平——低的产出率——低收入，这个循环图体现在需求方面。这两种恶性循环最终使欠发达国家长期处于贫困中。

2. 低水平均衡陷阱理论

美国经济学家纳尔逊（Nelson R. R.，1956）在其论文《欠发达国家的一种低水平均衡陷阱理论》中利用数学模型分别考察了贫困国家人均资本、人口增长、产出增长与人均收入增长的关系，并综合研究了在人均收入和人口按不同速率增长的情况下人均资本的增长和资本形成问题，从而形成了"低水平均衡陷阱"（Low-level Equilibrium Trap）理论。纳尔逊认为，贫困国家或地区人口的过快增长是阻碍人均收入迅速提高的陷阱。只要人均收入处在很低水平上，资本形成和投资规模都显不足，国民收入的增长就会被更快的人口增长所抵消，使人均收入退回到维持生存的水平上。所以人均收入低下和资本稀缺是贫困地区经济发展的主要障碍和关键，要开发贫困地区，必须进行大规模的资本投资，使投资和产出的增长超过人口增长，才能冲出陷阱，实现人均收入的大幅度提高和经济增长[①]。

3. 临界最小努力理论

莱本施泰因（H. Leibenstein.，1957）提出了"临界最小努力"理论，他认

---

① 肖慈方．中外欠发达地区经济开发的比较研究［D］．四川大学，2003：25．

为,对于发展中国家来说,由于缺少经济推动力,即使收入不断增加,增加的幅度也远远低于人口增长的幅度,而且资本存量也远远达不到能使经济快速发展的临界值,在这种情况下,经济长期处于低水平的循环过程中,在经济发展的过程中,应加大规模投资以应对这种恶性循环,使投资量超过临界最小值,使经济增长的幅度高于人口增长的幅度,只有这样,经济才能迅速发展。

(三)社会层面

1. 权力贫困理论

权力贫困理论由印度经济学家阿玛蒂亚·森(1981)提出,他认为贫困的原因在于能力的缺失。个体福利少不会导致贫困,导致贫困的原因是追求福利的能力的缺失,基本能力的被剥夺以及机会的丧失等。当然,获得基本能力的方式是增加收入,而增加收入又是能力提升的基础条件。

2. 人口数量挤压贫困理论

马尔萨斯(Malthus,1789)在其著作《人口论》中提出了人口数量挤压理论。他认为要想生存下去,食物是一种必需品,同时情欲又是一种必然品,并将其作为两条公理。基于这两条公理,他发现人口的繁殖能力相比于土地生产粮食的能力更为强大,而且,在没有任何妨碍物的条件下,人口的数量会呈级数状增长,远远高于食物按照算数级增长的速度,结果就是人的生存维持在一个很低的水平上。由于马尔萨斯的人口数量挤压理论没有考虑技术以及资本等其他重要的影响生活质量的因素的作用,因此受到了很多学者的质疑。但基于马尔萨斯的理论,后期的学者提出了资本积累速度远低于人口增长速度的理念。

3. 贫困而有效率理论

舒尔茨(Theodore W. Schultz,1964)在对传统农业改造进行分析研究时,提出贫困而有效率理论。他认为传统农业的配置是贫困而有效率的,但以传统农业为主的农村地区仍然陷入贫困之中,是因为他们受各种客观因素的限制而无法高效合理地运用现代化生产技术以获得更多产出来提高生活水平。

(四)文化层面

贫困文化理论认为,在贫困的环境下人们的生活方式也是比较独特的,这主要体现在非物质形式中,比如习俗、态度以及行为方式等。勒韦斯(Lweis,1959)发现,可以从四个角度诠释贫困文化,即贫穷的个体在孤立无援的情况下脱离了主流生活,这使他们更加贫困;贫困区域内的价值观和生活方式加剧了贫困文化的形成;贫困文化是一代代传承下去的;只注重当下利益和个人利益不利于贫困的摆脱。

（五）自然环境层面

麦卡（Mechael P. Todaro，1967）研究发现，第三世界的国家大多都处于热带以及亚热带的环境中，然而经济增长的国家大多位于温带，这不属于巧合，而是因为气候所引发的某种困难会加剧贫困的产生，而土地、森林以及水域等因素都跟人类活动密切相关，相对于发达国家，贫困地区的自然资源比较缺乏。以中国为例，贫困地区与自然环境恶劣的区域是高度重合的。

三、反贫困理论的发展和演进

在冈纳·萨缪尔提出"反贫困"的概念后，伴随着对贫困成因研究的不断深入以及反贫困实践的不断推进，反贫困理论也在不断演进和发展，减少贫困人口的数量、降低贫困的发生因素、减缓贫困的程度，从最初的简单地注重物质投入逐步向结构优化、非均衡增长等方面的研究转变，最终朝着以人力资本为核心的综合反贫困理论演进。现有的反贫困理论主要包括以发展经济学为基础的强调通过发展经济来减少贫困；以福利经济学为基础的强调政府财政再分配以提高资源配置效率来实现反贫困；以马克思主义贫困理论为基础的强调推翻资产阶级，消灭剥削，通过建立无产阶级社会主义来实现反贫困；等等。具体来说，可以分为促进资本形成的反贫困理论，如大推进理论、"涓滴效应"理论等；促进结构转变的反贫困理论，如二元经济模型、发展格局经营模型等；非均衡增长的反贫困理论，如非均衡增长理论、梯度转移理论等。

（一）促进资本形成的反贫困理论

促进资本形成的反贫困理论主要是针对发展中国家缺乏生产要素中的资本要素而提出的，其认为外部的大额投资对反贫困起决定性作用，获取大量资本才能打破贫困，促进经济增长。该理论的核心包括大推进理论、"涓滴效应"理论、成长理论等。

1. 大推进理论

大推进理论由经济学家罗森斯坦·罗丹（Panl. N. Rosensten - Rodan）于1943年提出。罗森斯坦·罗丹（1943）认为，欠发达地区经济落后的重要表现之一是企业规模过小，缺乏规模经济效益。这是由于投资规模太小造成的。如果要实现全面的、大规模的投资，可以大幅度提高工业生产规模，从而产生规模经济效益。规模效益的产生不仅使一个企业本身获得成本降低的好处，而且还能把外在经济效益的好处共享给其他企业或整个社会。因为厂商之间、行业之间存在着互相联系与依存的关系，一个行业生产规模的扩大，会促成一些厂商可共同使用的交通运输、货栈、通信、信息、原材料供给、产品销售等设施和服务部门的建立，这些设施及服务部门将给各厂商乃至整个社会生产活动带来种种便利，从而降低该地区整体的生产和销售成本。这样，不仅某一个企业提高了获利能力，而且整个工业部门、行业甚至社会的获利能力都能得到提高[①]。

2. "涓滴效应"理论

涓滴效应（trickle-down effect）是指在经济发展的过程中并不给予贫困阶层、弱势群体或贫困地区特别的优待，而是由优先发展起来的地区或群体或个人通过消费、就业等方式惠及贫困阶层或地区，带动其发展和富裕，最终使得贫困地区或贫困人群走向富裕。我国的"西部大开发战略"就是"涓滴效应"理论的一个具体实例，依靠东中部地区的经济发展来带动西部地区经济发展，实现西部地区走向富裕，实现全国经济协调发展。

（二）促进结构转变的反贫困理论

这一理论认为促使经济结构的转变才是反贫困工作的重中之重。其表现为发展中国家二元经济结构在从农业向工业转变过程中，随着工业部门的逐渐增加，所吸纳的剩余劳动力亦逐渐增加，而当经济活动的重心不断从传统农业部门向现代工业部门转移时，贫困现象就会减少。

1. 二元经济模型

亚瑟·刘易斯（Arthur Lewis，1954）在《劳动力无限供给下的经济发展》中提出了著名的二元经济模型。他指出在发展中国家，存在着技术落后的传统农业与技术先进的现代化工业同时并存的经济结构。传统农业部门存在大量剩余劳动力，当工业部门不断发展，会吸引剩余劳动力从农业部门流向工业部门，该自然流向趋势将一直持续到工农两部门工资水平相当的阶段。这种趋势有助于促进社会劳动力的提升，促进社会经济的发展。

2. 发展格局经营模型

霍利斯（Hollis B. Chenery，1986）根据1950～1970年100个发达与发展中国家（地区）的横截面数据，从包括生产、流通、消费、分配等各个方面的整个国民经济结构入手，分析了这些国家经济结构在经济发展过程中的变化趋势，发

---

① 肖慈方. 中外欠发达地区经济开发的比较研究 [D]. 四川大学，2003：28.

现农业生产总值和就业人数的比重在长期内是由高到低变化的,而制造品出口份额则刚好相反。

(三) 非均衡增长的反贫困理论

1. 非均衡增长理论

赫希曼(Hirschman A. U., 1955)认为并非所有地方都能同时产生经济增长,只有一些增长点或增长极上会首先出现不同强度的经济增长,然后通过不同渠道向增长点或增长极的周围扩散。美国经济学家鲍莫尔将国民经济部门划分为生产率不断提高和生产率提高缓慢两大类型,他们之间的差异主要在于技术和劳动力水平的差异。

2. 梯度转移理论

梯度转移理论认为主导产业在工业生命周期中所处的阶段决定了其产业结构的状况,继而又决定了区域经济的发展水平。梯度转移理论将创新活动视作决定区域发展梯度层次的决定性因素,主张发达地区应首先加快发展,然后通过将资本与产业等要素向落后地区转移的方式,以促进整个社会经济的发展。

第三章

专业化生产对反贫困作用的内在机理

从历史上看，人类经济社会发展史就是一部分工发展与深化的历史。以威廉·配第（William Petty）、亚当·斯密（Adam Smith）等为代表的古典经济学家关注的焦点是分工对经济发展的意义。他们认为，分工与专业化是一国经济增长和人民富裕的源泉。亚当·斯密（1776）是第一位对劳动分工与经济增长进行了系统研究与分析的经济学家。他认为，推动经济增长的最根本的原因是分工的日益深化和不断演进，即生产中的分工与专业化是财富增加的主要原因，一国财富的多少、国与国之间贫富的差异取决于其分工与专业化水平[①]。此后，大卫·李嘉图、阿伦·扬格、杨小凯等经济学家亦从不同侧面论述了分工专业化对经济发展的促进作用。

本章将试图从理论上探讨分工专业化生产促进贫困地区反贫困的内在机理，找出贫困地区经济发展的本质特征，以及分工专业化生产不断发展与深化的条件。

第一节 分工、专业化是反贫困的源泉

分工主要包括三个层面，首先是在社会层面，在整个的社会生产过程中不断交换生产，进行专业化的分工；其次是在微观的具体的工厂内部这个层面，每一个企业内部都可以进行分工与专业化生产；最后是整个社会根据自然特征来进行的分工，包括根据地域、性别、年龄、学历等来进行生产专业的划分。之所以进行分工能够提高工厂、企业、区域乃至整个社会的生产效率，主要原因就在于它具有受市场容量影响而又取决于市场容量的分工经济。分工与交换是社会生产力

---

① 亚当·斯密. 国民财富的性质和原因的研究（上、下卷）[M]. 北京：商务印书馆，1972：5.

的提高和国民财富增长的源泉,分工经济是一种专业化的经济,其特征主要表现在以下几个方面:

(1) 分工经济可以极大地简化工作,节约劳动转换时间和培训成本。专业化分工程度越高,每岗位工作的内容就越简单容易,这样就可以避免劳动者在不同的工作岗位上不断地转换工作,从而节约劳动转换时间和培训成本。因为"在转换的过程中,通常要损失不少时间,有了分工,就可以免除这种损失"(亚当·斯密,1776)。

(2) 分工经济提高生产者的劳动熟练程度。因"干中学"效应,当劳动者将其生产活动时间集中于较少的操作上时,意味着其在某个操作上累积的学习时间也会增加,从而提高劳动熟练程度。正如斯密(1776)所说,"分工实施的结果,各劳动者的业务,既然终身局限于一种单纯操作,当然能够提高自己的熟练程度",即"劳动者的技巧因业专而日进"。

(3) 劳动分工可以激发新型工具的发明和使用,极大地促进技术进步,提高资源的利用效率。分工经济使得新型工具的发明和创造成为可能,使得生产工具更加专业和简化,增强了技巧性,节省了时间,使得每种工序的劳动力的使用达到最优,同时也使得每种工序的生产规模达到最优,促进了资源的合理优化配置,提高了资源的利用效率。"有了分工,同数劳动者就能完成比过去多得多的工作量"(亚当·斯密,1776)。再者,分工、专业化促进了科学的发展,科学上的分工"象产业中的分工那样,增进了技巧,并节省了时间。各人擅长各人的特殊工作,不但增加全体的成就,而且大大增进科学的内容"(亚当·斯密,1776)。

(4) 劳动分工有助于把恰当的人安排到恰当的位置,通过发挥比较优势,形成集聚效应来不断提升技能,促进劳动生产效率。劳动分工其本身就具有一种自我繁殖的加成效应,通过分工可以发挥劳动者之间的比较优势,从而能提高整个经济体系的产出,使分工水平和市场大小相互促进,可以加快社会生产的专业化和一体化,实现社会化大生产。马歇尔(George Catlett Marshall,1890)认为对一个地区而言,这种比较优势存在于资源享赋、区位条件和人力资源等生产要素之中,这些优势的发挥将形成地区生产的专业化。"金属工业一般是在矿山附近或是在燃料便宜的地方。英国的炼铁工业最初寻求木炭丰富的区域,以后又迁到煤炭丰富的区域。斯塔福得郡生产各种陶器,一切原料都由远地输入;但该地有廉价的煤和制造重型的'火泥箱'——即烧制陶器用的箱子——所需的优良的乳土"[1]。在区位条件优越、可以形成交通枢纽的地区,各种经济活动

---

① 马歇尔. 经济学原理(上卷)[M]. 北京:商务印书馆,1981:282.

将集聚在一起,形成中心城镇;在土地、气候、水等自然因素适宜的地区,将形成专业化的农业区域。另外,社会分工需要有复杂的组织来协调,分工与专业化发展起到的另一个重要作用是可以不断优化经济组织,促进组织和制度方面的创新。

第二节 专业化与反贫困:一个简化模型

进行劳动分工与专业化生产有助于提高劳动生产率、推动经济发展乃至社会进步。蒙永亨等(2018)认为"少数民族山区经济发展之所以滞后,农户收入水平之所以偏低,可能是因为自然环境恶劣、资源匮乏、交通不便、资本形成不足、思想观念落后等。但归根结底是在于该地区的分工演进缓慢,专业化水平不高,生产接近于自给自足状态"①。如果少数民族山区生产的专业化水平得以提高,随着经济发展变快,农户的收入水平自然提高。以下将用一个简化的引入交易费用的李嘉图模型的超边际分析说明这个问题。

李嘉图(1817)是第一个注意到比较优势的经济学家,他认为只要存在着一种比较优势,则一个国家即使在生产任何商品都没有绝对优势时,它也可以通过分工进行专门生产从而从贸易中得利。比较优势理论由于存在着角点解的问题,传统的边际分析并不能应用于李嘉图模型,因而该模型没有得到发展经济学家的足够重视。直到超边际分析方法的出现,李嘉图模型才得到了重生。杨小凯在其著作的《新兴古典经济学与超边际分析》中对李嘉图模型和赫—俄模型的超边际分析进行了阐述,不但介绍了内生贸易政策的李嘉图模型,还对内生交易费用于分工的影响以及为什么市场可减少内生交易费用也进行了解释,这为研究少数民族山区反贫困问题提供了重要的研究思路和理论分析工具(杨小凯,2003)。

一、模型的基本假设

①整个经济系统只有两个地区:地区1和地区2,其中地区1较为贫困而地区2较为发达,这两个地区都只需要消费两种商品x和y;②发达地区相对贫困地区对于两种商品的生产都具有绝对优势,而发达地区具有生产商品y的比较优势,贫困地区具有生产商品x的比较优势;③假设两个地区为实现消费x,y两

---

① 蒙永亨,秦夏冰,叶存军.农户专业化生产对反贫困作用机理的研究[J].经济研究导刊,2018(16):26-27,37.

种商品的目的，既可以选择两种产品都自己生产，也可以选择专业化生产其中的一种，然后出售这种商品以换取另一种，同时还可以选择两种商品都生产但也进行部分交换的半分工状态[①]。

二、模型的基本框架

首先，从消费方面来看，假设地区 $i(i=1,2)$ 中每个人具有"柯布—道格拉斯"形式的效用函数，可以选择生产所需要的全部产品，也可以选择交易自己的产品去购买其他人的产品。但如果是从市场购入产品，则存在一个交易成本。假定个人交易存在着一个"冰山型"（Iceberg-typy）的交易成本，即假设在交易过程中有 $1-k$ 份额的物品消失了。则地区 $i(i=1,2)$ 中的每一个基本经济单元的效用函数可表达为：

$$U_i = (x_i + kx_i^d)(y_i + ky_i^d) \tag{3.1}$$

这里 x_i，y_i 表示商品 x 和 y 自给自足的量，x_i^d，y_i^d 为购买量，k 是交易效率系数，且 $0 \leq k \leq 1$，$1-k$ 即为交易费用。

其次，从生产方面来看，假定地区 $i(i=1,2)$ 中每个人都有个人特有的生产函数，所有产品都需要劳动作为投入，其生产函数如下：

$$x_i^p = x_i + kx_i^s = a_{ix}l_{ix}$$
$$y_i^p = y_i + ky_i^s = a_{iy}l_{iy} \tag{3.2}$$

这里，x_i^p 和 y_i^p 分别代表地区 i 中的一个经济单元 x 和 y 商品的产量，x_i^s 和 y_i^s 为 x 和 y 商品的售卖量，l_{ij} 代表地区 i 中的一个经济单元用于生产商品 j（j 为 x 或 y）的劳动投入量，它代表了生产这种商品的专业化水平，a_{ij} 是地区 i 中的个体在生产商品 j 时的劳动生产率[②]。

再次，从时间资源上来看，地区 i 中的一个经济单元的劳动禀赋约束为：

$$l_{ix} + l_{iy} = 1 \tag{3.3}$$

因为地区 1 在生产 x 商品上具有比较优势，因此有：

$$\frac{a_{1x}}{a_{1y}} > \frac{a_{2x}}{a_{2y}} \tag{3.4}$$

假定 $a_{1x}=2$，$a_{1y}=1$，$a_{2x}=3$，$a_{2y}=4$。则地区 i 中个体的生产可能性曲线如图 3-1 所示。

[①②] 杨小凯，张永生. 新兴古典经济学和超边际分析 [M]. 北京：社会科学文献出版社，2003：90-110.

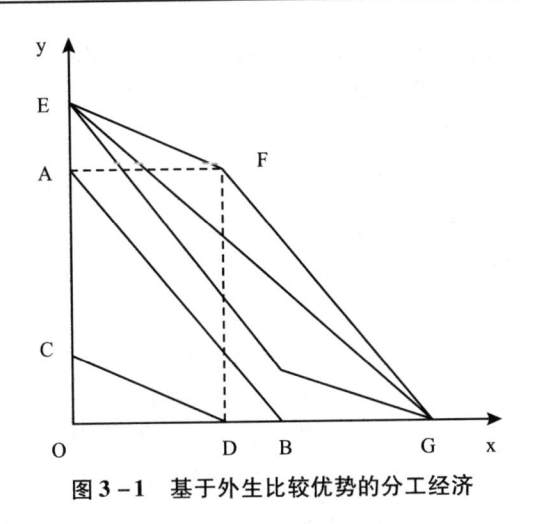

图 3-1 基于外生比较优势的分工经济

线段 AB 为发达地区的生产可能性曲线，线段 CD 为贫困地区生产可能性曲线，线段 EG 是两者综合的转换曲线，点 F 是两者利用各自的比较优势实现完全专业化生产后可以到达的生产力水平[①]；线段 EF 意味着发达地区完全专业化于生产 y，贫困地区则生产两种商品的生产可能性曲线；FG 意味着地区 1 中经济单元完全专业化于生产 x，地区 2 中的经济单元则生产两种商品的生产可能性曲线。

线段 EFG 表示在进行专业化分工以后可以达到的生产可能性曲线，三角形 EFG 的面积就是利用比较优势的专业化生产后相对自给自足经济带来的新增生产力[②]。由此可见，劳动分工利用比较优势可以极大地增加社会总体福利水平。

三、个人决策和模型的均衡

利用超边际方法分析求解模型中的 6 个变量 x_i，x_i^s，x_i^d，y_i，y_i^s，$y_i^d \geqslant 0$ 使它们之间在取零与非零值时会构成 $2^6 = 64$ 种组合。由于它们是非连续的，因此首先需要运用边际分析分别计算每种组合中的效用水平，再通过比较找到整体最优解。其中的绝大部分并不符合最优条件或在现实经济意义上不能成立，因此可以

[①] 王小龙，李斌. 经济发展、地区分工与地方贸易保护 [J]. 经济学（季刊），2002（4）：625-638.

[②] 李斌. 经济发展与贸易区域化：一个新兴古典理论框架及其启示 [D]. 西安：西北大学，2002：34-35.

将它们排除①。由于交易会产生不必要的交易费用，因此，x_i^s 和 x_i^d 不同为正，y_i^s 和 y_i^d 也不同为正。这样预算约束要么为 $p_x x_i^s = p_y y_i^s$，要么是 $p_x x_i^d = p_y y_i^d$，通过上述两个条件可以排除掉 52 种组合，效用函数（$U_i = (x_i + k x_i^d)(y_i + k y_i^d) > 0$）意味着多样化消费偏好，因此不能有 $x_i = x_i^d = 0$ 或 $y_i = y_i^d = 0$ 出现，这样又可以再排除 7 种组合，每个经济单元都不会去专业化生产具有比较劣势的商品，这样可再消除 2 种组合。最终会出现三种可能的分工结构：①自给自足，这时为 x_i，$y_i > 0$，$x_i^s = x_i^d = y_i^s = y_i^d = 0$，这里称为结构 A。②部分专业化的分工结构，即地区 i 中的一个经济单元处于半分工状态，x，y 两种商品都生产，同时出售其中一种而从市场上部分购买另外一种。这里将生产 x、y 两种商品的地区 1 中的经济单元向专业化生产 y 的地区 2 中的经济单元出售部分 x 购买部分 y 的经济称为结构 Ba，结构 Bb 则代表了与此相反的状态。③完全专业化的分工结构，即各自完全专业化生产具有比较优势的产品，在此基础上进行交换，记为结构 C。

在现实经济中，理性的经济主体会分别计算上述三种分工结构可能具有的效用水平，并选择其中效用水平最高的分工结构，这种结构就会成为社会经济中的一般均衡结构②。

下面分别分析结构 A、结构 C 中经济单元所得到的效用大小，进而说明地区分工演进过程中所受到的制约因素。

(1) 结构 A，即两个地区都采取自给自足生产方式。这时有：x_i，$y_i > 0$，$x_i^s = x_i^d = y_i^s = y_i^d = 0$，则个人的决策问题为：

$$\max U_i = x_i y_i$$
$$\text{s.t.} \quad x_i = \alpha_{ix} l_{ix} \quad y_i = \alpha_{iy} l_{iy} \quad (3.5)$$
$$l_{ix} + l_{iy} = 1$$

将约束条件代入效用函数有：

$$U_i = \alpha_{ix} l_{ix} \alpha_{iy}(1 - l_{ix}) \quad (3.6)$$

由 $\partial U_i / l_{ix} = 0$，得 $l_{ix} = 1/2$，又因为 $l_{ix} + l_{iy} = 1$，所以 $l_{iy} = 1/2$，此时：

$$U_i = \alpha_{ix} l_{ix} \alpha_{iy}(1 - l_{ix}) = \frac{1}{4} \alpha_{ix} \alpha_{iy} \quad (3.7)$$

由前边假定 $\alpha_{1x} = 2$，$\alpha_{1y} = 1$，$\alpha_{2x} = 3$，$\alpha_{2y} = 4$，所以 $U_1 = \frac{1}{2}$，$U_2 = 3$。

(2) 结构 C，即两个地区各自完全专业化生产具有比较优势的产品，在此基

---

① 王小龙，李斌. 经济发展、地区分工与地方贸易保护 [J]. 经济学（季刊），2002 (4)：625 - 638.
② 杨小凯，张永生. 新兴古典经济学和超边际分析 [M]. 北京：社会科学文献出版社，2003：90 - 110.

础上进行交换。这时对地区 1 的经济单元（生产具有比较优势的 x）有：$x_1 > 0$，$y_1 = 0$，$x_1^s > 0$，$y_1^s = 0$，$x_1^d = 0$，$y_1^d > 0$，则个人的决策问题为：

$$\max U_1 = x_1 k y_1^d$$
$$\text{s. t.} \quad x_1 + x_1^s = \alpha_{1x} l_{1x} \quad l_{1x} = 1 \quad (3.8)$$
$$y_1^d = p x_1^s$$

式（3.8）中 $p \equiv p_x/p_y$，表示 x 对 y 的相对价格。将约束条件代入效用函数有：

$$U_1 = x_1 k p x_1^s = x_1 k p (\alpha_{1x} - x_1) \quad (3.9)$$

由 $\partial U_1 / x_1 = 0$，得 $x_1 = \alpha_{1x}/2$，$y_1^d = p \alpha_{1x}/2$，此时：

$$U_1 = x_1 k y_1^d = k p \alpha_{1x}^2 / 4 \quad (3.10)$$

由前边假定 $a_{1x} = 2$，所以 $U_1 = kp$。

对地区 2 的经济单元（生产具有比较优势的 y）有：$y_2 > 0$，$x_2 = 0$，$y_2^s > 0$，$x_2^s = 0$，$y_2^d = 0$，$x_2^d > 0$，则个人的决策问题为：

$$\max U_2 = x_2 k y_2^d$$
$$\text{s. t.} \quad y_2 + y_2^s = \alpha_{2y} l_{2y} \quad l_{2y} = 1 \quad (3.11)$$
$$y_2^s = p x_2^d$$

将约束条件代入效用函数有：

$$U_2 = k x_2^d y_2 = k y_2^s y_2 / p = k(\alpha_{2y} - y_2) y_2 / p \quad (3.12)$$

由 $\partial U_2 / y_2 = 0$，得 $y_2 = \alpha_{2y}/2$，此时：

$$U_2 = k \alpha_{2y}^2 / 4p \quad (3.13)$$

由前边 $a_{2y} = 4$，所以 $U_2 = 4k/p$。

由以上分析可知，对地区 1 来说，采取自给自足生产方式的情况下，单个经济单元最优的效用为：$U_{1A} = \frac{1}{4} \alpha_{1x} \alpha_{1y}$，采取完全分工生产方式情况下，单个经济单元最优的效用为：$U_{1C} = kp\alpha_{1x}^2/4$。易知，当 $U_{1A} < U_{1C}$ 时，即，$p > \alpha_{1y}/k\alpha_{1x}$ 地区 1 选择完全分工生产方式。反之，当 $U_{1A} > U_{1C}$ 时，即，$p < \alpha_{1y}/k\alpha_{1x}$ 时，则选择自给自足生产方式情况。

（3）结构 Ba，表示部分专业化的分工结构，即地区 1 生产 x、y 两种商品并向专业化生产 y 的地区 2 中的经济单元出售部分 x 购买部分 y 的经济结构。只有在 $p = \alpha_{1y}/k\alpha_{1x}$ 时，地区 1 中的经济单元才会选择这种生产结构。这时对地区 1 的经济单元有：$x_1 > 0$，$y_1 > 0$，$x_1^s > 0$，$y_1^s = 0$，$x_1^d = 0$，$y_1^d > 0$ 则个人的决策问题为：

$$\max U_1 = x_1 (y_1 + k y_1^d)$$
$$\text{s. t.} \quad x_1 + x_1^s = \alpha_{1x} l_{1x} \quad y_1 = \alpha_{1y} l_{iy} \quad (3.14)$$

$$y_1^d = px_1^s \quad l_{1x} + l_{iy} = 1$$

将约束条件代入效用函数有：

$$U_1 = (\alpha_{1x}l_{1x} - x_1^s)[\alpha_{1y}(1 - l_{1x}) + kpx_1^s] \quad (3.15)$$

由 $\partial U_1/x_1 = 0$，且 $p = \alpha_{1y}/k\alpha_{1x}$，得 $x_1^s = \alpha_{1x}\left(l_{1x} - \frac{1}{2}\right)$，$x_1 = \alpha_{1x}/2$，$y_1 = \alpha_{1y}(1 - l_{1x})$，$y_1^d = \alpha_{1y}(l_{1x} - 1/2)/k$，由此得：

$$U_1 = x_1(y_1 + ky_1^d) = \frac{\alpha_{1x}}{2}(\alpha_{1y}(1 - l_{1x}) + \alpha_{1y}(l_{1x} - 1/2)) = \frac{1}{4}\alpha_{1x}\alpha_{1y} \quad (3.16)$$

由前边假定 $a_{1x} = 2$，$a_{1y} = 1$，所以 $U_1 = \frac{1}{2}$，与自给自足生产方式的效用相等。

由式（3.16）可知，在 $p > \alpha_{1y}/k\alpha_{1x}$ 时，地区 1 中的经济单元选择专业化生产，此时对任何的 l_{1x}，有 $\partial U_1/l_{1x} > 0$。这意味着，如果 $p > \alpha_{1y}/k\alpha_{1x}$，生产 x 的劳动投入量的增加会带来效用水平的上升，因此人们会选择专业化生产 x。

四、模型的基本结论

（1）在存在比较优势的情况下，贫困地区可以专业化生产具有比较优势的产品，从而取得"分工经济"。

（2）专业化生产不是在什么情况下都可以发生，贫困地区（地区 1）采取自给自足生产方式，半自给自足生产方式，还是完全专业化生产方式，取决于 x 商品对 y 商品的相对价格 p 及交易效率系数 k。

在 k 一定的情况下，当 $p > \alpha_{1y}/k\alpha_{1x}$ 时，地区 1 选择完全专业化生产方式；当 $p = \alpha_{1y}/k\alpha_{1x}$ 时，地区 1 选择半自给自足生产方式；当 $p < \alpha_{1y}/k\alpha_{1x}$ 时，地区 1 选择自给自足生产方式。

同理，在 p 一定的情况下，当 $k > \alpha_{1y}/p\alpha_{1x}$ 时，地区 1 选择完全专业化生产方式；当 $k = \alpha_{1y}/p\alpha_{1x}$ 时，地区 1 选择半自给自足生产方式；当 $k < \alpha_{1y}/p\alpha_{1x}$ 时，地区 1 选择自给自足生产方式。

（3）当 $k > \alpha_{1y}/p\alpha_{1x}$ 时，地区 1 选择完全专业化生产方式，这意味着给定 α_{1y} 值，若贫困地区的比较优势越大（α_{1x} 越大），均衡的分工结构就会越高。所以，一般均衡结构由两个地区的相对生产力和交易效率水平决定，给定生产力水平，交易效率的提高能使一般均衡结构从自给自足跳到局部分工，然后跳到完全分工状态；给定交易效率，则比较优势越大，均衡分工水平就会越高[1]。

---

[1] 杨小凯，张永生. 新兴古典经济学和超边际分析[M]. 北京：社会科学文献出版社，2003：90-110.

第三节 分工、专业化和经济发展演变机制

一、分工、专业化的内生演进

由上一节的简化模型可以看出,在存在比较优势的情况下,贫困地区可以专业化生产具有比较优势的产品,从而取得"分工经济"。其实,专业化生产还可以为刻画长期经济增长趋势提供一个途径。分工的自我强化功能特征集中体现在扬格定理,扬格(1928)注意到:"斯密定理"(分工水平取决于市场规模)虽然强调了市场规模对分工演进的积极作用,但这只说明了真实经济的一个方面,因为这没有回答"市场规模又取决于什么这个问题"。事实上,市场规模也受分工水平的影响,分工演进会产生两种带动效应:一是微观经济主体的专业化程度提高,对其他部门和微观经济主体的依赖范围扩展、依赖程度增加,它会产生对其他专业部门的各种不同需求,从而带动其他行业的分工程度;二是微观经济主体内部也存在分工演化的倾向,在市场竞争机制作用下,微观经济主体具有通过分工来满足市场需求、增强核心竞争力的动力和压力,促使部门或行业内部的生产不断细化[1]。

分工的内向发展和外向发展之间相互促进、交互作用,与此相关联的恰恰是市场扩展、产品增加、收入的增加以及经济发展。分工所具有的自我强化、自我循环的"路径依赖"意味着分工演进本身具有报酬递增的特征[2]。分工在动态上的报酬递增规律更加形象地刻画出了经济长期增长的基础。下面用杨小凯—博兰德的分工演进模型对这一原理进行具体说明。

二、杨小凯—博兰德的分工演进模型

杨格从概念上论证了市场规模与产业间分工相互作用、自我演进的机制,使斯密定理动态化,也在一定程度上解释了现实中经济持续增长的根源。但是由于

---

[1] Allyn A.. Young. Increasing Returns and Economic Progress [J]. The Economic Journal, 1928 (38): 527–542.

[2] 蒙永亨. 对促进欠发达地区经济发展的再思考——基于新兴古典经济学的启示 [J]. 特区经济, 2009 (11): 124–125.

分工在当时还难以进行定量数理描述,因而扬格无法对其分工思想模型化。直到20世纪80年代之后,一些经济学家才在这一领域取得了新的进展。这其中包括杨小凯—博兰德的分工演进模型、基姆—莫塔迪的劳动专业化内生增长模式、贝克尔—墨菲的专业化加深模型等等。其中由于杨小凯—博兰德的分工演进模型对贫困地区反贫困具有重要的意义,本部分将对这一模型作简要阐述。

杨小凯(1991)和博兰德(Borland, 1991)在美国《政治经济学》杂志上发表的《经济增长的微观机制》中指出经济增长的基础是劳动分工的不断完善和发展,从专业化分工的角度认为当交易双方效率和递增报酬充分小时,交易双方不会选择交易与分工生产的方式,而会选择自给自足;当交易效率和递增报酬足够大时,交易各方都选择分工专业化生产继而进行产品交易。杨小凯和博兰德提出的以劳动分工的发展演进来解释经济增长的动态一般均衡模型,清晰地刻画出了劳动分工的内生演进机制和经济增长的关系,也表明了正是随着劳动分工内生演进,才最终使得人均收入不断增加,人力资本不断积累,市场规模不断扩大,生产的专门化、集中化程度不断提高。

(一)模型的基本假设

假定每个行为人都是生产者兼消费者,因而劳动分工的深化表现为行为人买卖的产品在其生产和消费的产品中的份额的提高。首先,从消费方面来看,假定每个人具有"柯布—道格拉斯"形式的效用函数,每个人既可以自己生产自己消费,也可以通过卖出自己的产品来购买其他人的产品。但如果是从市场购入产品,则存在一个交易成本。假定个人交易存在着一个"冰山型"(iceberg-type)的交易成本,即假设在交易过程中有 $1-K$ 份额的物品消失了。例如,如果个人购买 z 单位消费品,就存在 $(1-K)z$ 的交易成本,结果个人只能从购买中获得 Kz,其中 K 是交易效率系数(transaction-efficiency coefficient)。再假设所有交易都是在 $t=0$ 时通过谈判订立,这样就不会出现道德风险问题。

其次,从生产方面来看,假定每个人都有个人特有的生产函数,所有产品都需要劳动作为投入。并且假定每个人在每一时期配置在各种生产活动中的劳动禀赋不变。这个劳动禀赋不能转换成他人的生产函数,且每一个生产活动中的劳动投入可解释为该生产活动的专业化水平,因而每个人的生产函数显示了任何产品生产中的专业化水平和劳动生产率之间的相关关系,它具有边干边学以及递增的专业化收益。

最后,假定所有的个人都没有外生的比较优势,并且每一产品的生产、偏好以及交易成本参数都相同。在生产生活中,行为人与他人进行贸易的动力来自多样化的消费偏好,每个人最"重要的决策是选择其专业化水平和多样化消费。从而个人决策的总体结果是经济体系内生决定的劳动分工和可获得产品的多样性"[①]。

(二) 模型的基本框架

假定存在 m 个经济主体和 n 种消费品,每个经济主体既是生产者又是消费者。[②] t 期自我供给的产品 i 的数量为 x_{it},销售和购买的产品 i 的数量分别为 x_{it}^s 和 x_{it}^d。假设交易技术是"冰山型"的,交易成本为 $1-K_t$,则消费者在购买第 i 种消费品 x_{it}^d 时实际能消费的数量仅为 $K_t x_{it}^d$(系数 K_t 是交易效率系数)。因此,消费者在 t 期的第 i 种消费品的实际消费量为 $x_{it}+K_t x_{it}$。基于各种消费品的消费量均为 $x_{it}+K_t x_{it}$。则 t 期个人效用函数为:

$$U_t = \prod_{i=1}^{m}(x_{it}+K_t x_{it}) \quad (3.17)$$

假定交易效率系数 K_t 依赖于一个人贸易伙伴的种类数,并且每个经济主体只销售一种产品而购买 n_t-1 种产品,如果所有的经济主体都位于连接成网格状的诸等边三角形的顶点上,那么任两个相邻者的距离就是常数,而一个人和其交易伙伴之间的平均距离就是其交易伙伴数目以及两个相邻交易者间距离的增函数(假定交易首先发生于最邻近者之间)。如果交易成本是一个人与其交易伙伴之间平均距离的增函数,那么 K_t 就是 n 的减函数,更确切地可假定[③]:

$$K_t = \frac{K}{n_t}, \quad 0<k<1 \quad (3.18)$$

其中,k 是反映交易效率的常数。假定所有的交易活动都通过在 t=0 时期所签订的契约来进行,并且契约一旦签订便不再存在更改可能性。如果个人具有无限生命,则个人决策的目标函数 U 就可以表示成以下形式:

$$U = \int_0^{\infty} u_t e^{-\rho t} d_t \quad (3.19)$$

其中 ρ 是主观贴现率。

假定经济体生产函数系统具有熟能生巧效应和专业化经济,并且生产过程中只使用唯一的生产要素——劳动,则有:

$$x_{it}+x_{it}^s=(L_{it})^a \quad a>1$$

若 $l_{it}>0$,则 $L_{it}=\int_0^l l_{it} d_t$;若 $l_{it}=0$,则 $L_{it}=0$

[①][②][③] 杨小凯,张永生. 新兴古典经济学和超边际分析[M]. 北京:社会科学文献出版社,2003:90–110.

$$\sum_{i=1}^{m} l_{it} = 1, \quad 0 \le l_{it} \le 1 \quad i = 1, \cdots, m \tag{3.20}$$

其中，$x_{it} + x_{it}^s$ 是经济体在 t 时期的产品 i 的产出水平，l_{it} 是 t 时用于生产产品 i 的劳动，代表了该产品的专业化水平，L_{it} 是到 t 时期为止用于生产产品 i 的总劳动量，因此，$L_{it} - l_{it}$ 代表了直到 t 时期为止在活动 i 中积累的经验、知识或人力资本水平。此模型中个人最重要的决策就是选择其专业化水平和多样化的消费，专业化水平提高，可以因为专业化获得更多产量，然而，专业化又会导致交易成本上升，这种成本上升会抵消专业化的收益，从而专业化经济与交易成本在交替中达到均衡。

（三）个人决策和动态均衡

假定在 t = 0 时，每一产品都有许多潜在的生产者，且 t = 0 时，人们都不具有任何生产活动的经验，结果对于未来某产品生产权力的竞争就是在相同的人间而不是在"专家"与"生手"之间进行。因为交易是以一次性签订的契约为媒介的，因此尽管生产者可从边干边学中获得垄断权力，但因契约已经签订，这种垄断权力便无法生存。由此，该模型证明，个人消费、生产和贸易的最优形式必须满足引理 1：一个人不能购买并销售或自我提供同样的消费品；不能销售多于一种消费品；不能自我供给一种中间品，除非它是用于消费品的生产①。

这样，对 t 时期（$1 < n_t < m$）卖出产品 i 和交易 n_t 种产品的每个人，有：

$$x_{it}, \quad x_{it}^s, \quad l_{it} > 0$$
$$x_{rt} = x_{rt}^s = l_{rt} = 0 \quad x_{rt}^d > 0 \quad r \in R \tag{3.21}$$
$$x_{jt}, \quad l_{jt} > 0 \quad x_{jt}^s = x_{jt}^d \quad j \in J$$

其中 R 是购买的 $n_t - 1$ 种产品的集合，J 是 $m - n_t$ 种非贸易品的集合。因为 $n_t = 1$ 或 $n_t - 1 = 0$ 意味着自给自足。式（3.21）中的条件集合意味着个人卖出和自给产品 i，买进 $n_t - 1$ 种其他的贸易品，和自给 $m - n_t$ 种非贸易品。设 u_t 和 U_t 分别表示卖产品 i 的个人的效用和他的目标函数，则这个人的决策问题为：

$$\max \int_0^\infty u_{it} e^{-pt} d_t$$
$$u_{it} = x_{it} \left[\sum_{r \in R} (K_t x_{rt}^d) \right] \left(\sum_{r \in R} x_{jt} \right) \quad (\text{t 时期的效用函数})$$
$$x_{it} + x_{it}^s = (L_{it})^a \quad x_{it} = (L_{jt})^a, \ j \in J \quad (\text{生产函数})$$

---

① 杨小凯，张永生. 新兴古典经济学和超边际分析 [M]. 北京：社会科学文献出版社，2003：90 - 110.

$$l_{it} + \sum_{j \in R} x_{jt} = 1 \quad (\text{禀赋约束}) \tag{3.22}$$

$$\text{s.t.} \quad K_t = \frac{K}{n_t} \quad (\text{交易技术})$$

$$p_{it}x_{it} = \sum_{r \in R} p_{rt} x_{rt}^d \quad (\text{预算约束})$$

$$n_t|_{t=0} = 1, \; L_{yt}|_{t=0} = 0, \; y = i, j, \; j \in J \quad (\text{边界条件})$$

$$l_{yt} = \frac{dL_{yt}}{d_t} \quad 0 \leq l_{yt} \leq 1 \quad (\text{状态方程})$$

其中 p_{yt} 是 t 时期产品 $y(y = i, r)$ 的价格。定义一个汉密尔顿（Hamiltonian）函数：

$$H = u_{it} + \lambda_t (1 - l_{it} - \sum_{j \in J} l_{jt}) + \sum_{j \in J} \gamma_{jt} l_{jt} + \gamma_{it} l_{it} \tag{3.23}$$

其中，λ_t 是 t 时期劳动禀赋的贴现影子价格，$\gamma_{yt}(y = i, j)$ 是 t 时消费品 y 的贴现影子价格。

一个动态均衡由一组市场出清条件和一组效用均等条件给出。令 M_i 为出售第 i 种消费品的人数，则人口规模 m 等于销售各种消费品的人数 M_i 总和。假设不存在消费品的库存，则 t 时期的市场出清条件为：

$$M_i x_{rt}^s = \sum_{i \neq j} M_t x_{irt}^d \quad r = 1, 2, \cdots, m \tag{3.24}$$

其中 M_i 为出售第 i 种消费品的人数，$M_i x_{rt}^s$ 是产品 r 的市场总供给量，x_{irt}^d 是 t 时期卖产品 i 的人对产品 r 的需求量，因此 $\sum_{i \neq j} M_t x_{irt}^d$ 是整个市场对产品 r 的需求。因总人口为 m，所以该方程式市场出清条件包含了 m 个方程，但只有 m−1 个方程是独立的。

个人的效用极大化行为确保出售不同产品的各个人的间接效用函数相等，于是，效用均等条件为：

$$U_1 = U_2 = \cdots = U_m \tag{3.25}$$

效用均等条件包含了 m−1 个等式。式（3.24）、式（3.25）和人口规模等式 $m = \sum M_i$ 一起，决定了相对价格和卖不同产品的人数，它们就是动态均衡。

（四）市场结构与劳动分工演进

一般情况下，在经济发展初期，各经济主体的交易商品数较少，但随着经济增长，各经济主体的交易商品数会逐步增加。因此在初始阶段，有很多可能的市场结构。假设有两种市场结构 A 与 P，市场结构 A 中，任何人都进行同样产品交易。当一个人的可交易品数目随时间增加时，先前交易的每一消费品的销售者数目就会减少,并且有些人会改变其"职业"去生产新的可交易品;在市场 P 中,每一消费品都有单个的销售者。人们交易不同的消费品,但每个人交易的产品种类数相同。当一个人的可交易品数目随时间变化增加时,他就会购买更多消费品并向更多的人出售更多的消费品,但却不会改变其职业①。

由于假定各经济主体的交易具有对称性,所以在经济增长初期,两种市场结构具有相同的社会福利,伴随着经济增长,由于专业化的生产才能实现人力资本积累,市场结构 P 相对于市场结构 A 是帕累托最优。

另一方面,可以知道市场 A 也不是均衡的市场结构。原因是:在市场 A 中存在未开发的贸易得益,因此总有人有偏离这一市场结构的刺激。所以,市场 A 不能构成一个动态均衡的市场结构。运用姚定理,可以得知其他所有的市场结构都没有市场 P 有效率,并且任何对市场结构 P 的偏离的动态均衡是无法存在的。这样,可得到引理 2:对 $n_t \geq 2$,均衡市场结构必然是 P,其中每一消费品只有唯一的出售者,市场中有 m 种可交易品②。

博兰德和杨小凯证明对于不同的 k 和 α 值,下列表达式成立:

$$\rho_n = \dot{n}_t/n_t = \alpha \rho_i (2 + 1/n) > 0, \quad m > n_t,\ \text{如果}\ k, \alpha\ \text{既不太大,也不太小}$$

(3.26)

$$\rho_i = l_{it}/L_{it} \tag{3.27}$$

$\partial H/\partial n_t < 0$,如果 k, α 充分小;$\partial H/\partial n_t > 0$,如果 k, α 充分大 (3.28)

式(3.26)、式(3.28)暗示,如果 k, α 充分小,则从 t = 0 开始就永远是自给自足($n_t = 0$);如果 k, α 充分大,则 n_t 就会在 t = 0 处跳跃到 m 并永远停在此处;如果 k, α 既不太大也不太小,分工会从低水平一直演进,直到 n_t 达到 m。式(3.26)、式(3.28)同时意味着,如果 k 较大,则 n_t 就增长较快,即交易效率越大,分工的演进就会越快。

如果 α 趋近于 1 而 k 趋近于 0,则意味着没有专业化的收益并且交易成本很大,所以动态均衡从 t = 0 开始就永远是自给自足。在另一种极端情况,假定 α 很大而 k 趋近于 1,则意味着专业化收益很大,而且交易成本很小,所以动态均衡从 t = 0 开始是极端的专业化。

对于中间值的 k 和 α,均衡就包含着分工的演进,其基本思想为:经济增长的微观基础在于劳动分工的演进。在早期,人们不愿意进行分业化生产,主要是因为整个社会的生产效率都很低,如果进行专业化生产,那用来交易的成本都高

---

①② 杨小凯,张永生. 新兴古典经济学和超边际分析 [M]. 北京:社会科学文献出版社,2003:90 – 110.

于进行专业化生产的费用。后来当人们逐渐提高了生产效率，发现进行专业化生产带来的效益大于之前的自给自足与交易费用两者之和，所以逐渐地开始在一定的范围内进行交换贸易，通过专业化水平的不断提高，人力资本的积累使得生产力水平得到提升，劳动分工过程也不断加速，直到达到完全专业化。

综上所述，可以得到以下命题：

命题 3.1：如果交易效率参数 k 和专业化经济的程度 α 足够小，则动态均衡从 t=0 开始就永远是自给自足；如果 k 和 α 足够大，则动态均衡从 t=0 开始就是极端专业化；如果 k 和 α 不是太大也不是太小，分工会从低水平一直演进，直到 n_t 达到 m，并且对这些中间值的 k 和 α，交易效率越大，分工的演进就会越快。

（五）劳动分工演进与经济增长

当模型的动态均衡为自给自足经济时，经济主体将劳动均等地分配在 m 种消费品的生产活动，劳动投入 l_i 和 L_i 分别为 1/m 和 t/m，t 期效用函数为：

$$u_t = \left(\frac{t}{m}\right)^{\alpha m} \tag{3.29}$$

根据效用函数（3.29）可以知道，自给自足状态的人均实际收入增长率 g_u 可表示成以下形式：

$$\rho_u = \dot{u}_t / u_t = \alpha m / t \tag{3.30}$$

可见，由于不存在劳动分工，尽管自给自足经济的人均实际收入增长率随时间推移而单调下降，但由于边干边学效应，经济仍然是缓慢增长。在劳动分工演进至完全分工状态（$n_t = m$）时，因为非交易商品集合 J 成为空集，第 i 种消费品生产的劳动投入 l_i 等于 1，在生产活动 i 中积累的劳动的 L_{it} 也随时间推移而增加，所以人均实际收入增率下降。于是可得到以下命题：

命题 3.2：劳动分工的演进导致人均实际收入增长；随着劳动分工演进到相当高的程度，人均实际收入增长率是递增的；在自给自足经济或不存在潜在劳动分工可能性的经济中，人均实际收入增长率是递减的[①]。

（六）分工的演进与市场容量、贸易依存度、内生比较优势和交易费用比率

分工演进除了能促进经济发展以外，还有更广泛的含义。事实上，分工演进可以提高市场容量、贸易依存度、内生比较优势和交易费用比率。

---

① 杨小凯，张永生. 新兴古典经济学和超边际分析 [M]. 北京：社会科学文献出版社，2003：90 - 110.

①购买的消费与总消费之比称为商业化程度,定义贸易依存度 R_t 为总贸易量除以总收入,其中总收入包括自给自足收入和商业化收入。则 $R_t = \dfrac{2(n_t-1)L_{it}^\alpha}{n_t}$,其中,$L_{it}^\alpha$ 表示经济主体为销售而生产的第 i 种消费品的数量,$(n_t-1)/n_t$ 表示进行销售的消费品比率。

t 时期的市场容量 E_t 是人口规模 M 和 $\dfrac{(n_t-1)L_{it}^\alpha}{n_t}$ 的乘积,所以:

$$E_t = \frac{M(n_t-1)L_{it}^\alpha}{n_t} \tag{3.31}$$

对市场容量 E_t 取对数求导后可得到市场容量的增长率:

$$\rho_E \equiv \frac{\dot{E}_t}{E_t} > 0 \ \text{当且仅当} \left(\frac{\rho_n}{n_t-1} + \alpha \frac{\dot{l}_{it}}{L_{it}} + \frac{\dot{M}}{M} > 0 \right) \tag{3.32}$$

式(3.32)中 $\dfrac{\rho_n}{n_t-1}$ 当 $\rho_n > 0$ 且 $n_t \in (1, m)$ 时为正,表示劳动分工的不断发展对于市场扩容的贡献度;$\dfrac{\alpha \dot{l}_{it}}{L_{it}}$ 表示人力资本增长对市场扩容的贡献,它总是正的;而 $\dfrac{\dot{M}}{M}$ 是人口增长率。假定人口增长率为零,如果进一步分工的潜力被耗尽($n_t = m$),则 $\dfrac{\rho_n}{n_t-1}$ 趋向于零,则相应的市场容量的增长率只依赖于边干边学的学习效应。市场容量也是总供给量和总需求量,因此,由式(3.32)可知总供给量和总需求量也会随着分工的演进而变化,因为贸易依存度 $R_t = \dfrac{2E}{M} = \dfrac{2(n_t-1)L_{it}^\alpha}{n_t}$,它也会随着分工的发展而不断发展。

②内生比较优势 D 可以通过每种消费品的销售者与购买者之间的生产效率差异来表示。由于购买某种消费品的经济主体不再生产该消费品,并且已停止该消费品的生产经验的积累,该消费品购买者的生产效率就为常数 $\overline{A}$。这样,同种消费品的销售者和购买者之间的生产效率差异 D_t 就等于 $L_{it}^\alpha/n_t - \overline{A}$。将这一差异 D_t 取对数求导,可得到以下关系式①:

$$\rho_d \equiv \frac{\dot{D}_t}{D_t} > 0 \quad \text{如果} \ \frac{\alpha \dot{l}_{it}}{L_{it}} > \rho_n \tag{3.33}$$

---

① 陶军锋. 劳动分工、专业化人力资本积累与收益递增——内生增长理论研究 [D]. 北京:中国社会科学院,2003:73.

根据式 (3.26) 可知,在交易效率参数 k 和专业化参数 α 取适当值时,代表劳动分工的 n_t 将处于 1 和 m 之间,条件 $\frac{l_{it}}{L_{it}} > \rho_n$ 得到满足,内生比较优势随分工的演进而不断增加。虽然在初始状态有可能不存在比较优势,但专业生产的比较优势随分工的演进而不断得到巩固[①]。

③将交易费用比率 s 定义成总交易费用与消费品的购买总额之比。由于属于交易商品集合 r 的各消费品的购买额 $p_{rt}x_{rt}^d$ 都相同,所以总交易费用为 $(1-K_t)(n_t-1)p_{rt}x_{rt}^d$,消费品购买总额等于 $(n_t-1)p_{rt}x_{rt}^d$。因此,交易费用比率 s 就可以表示成以下形式:

$$s \equiv \frac{(1-K_t)(n_t-1)p_{rt}x_{rt}^d}{(n_t-1)p_{rt}x_{rt}^d} = 1 - K_t = 1 - \frac{k}{n_t} \qquad (3.34)$$

进而可得:

$$\frac{\partial s}{\partial n_t} > 0, \quad \frac{ds}{dk} = \left(\frac{k}{n_t} \cdot \frac{dn_t}{dk} - 1\right)\frac{1}{n_t} \quad n_t < m \qquad (3.35)$$

式 (3.35) 说明,在交易效率不变时,随着劳动分工的不断演进,交易费用比率将不断上升。若劳动分工对交易效率具有弹性,交易费用比率也将随交易效率提高而上升。由于交易费用被看成非生产性成本或迂回生产成本,式 (3.35) 就意味着迂回部门的收入份额将随劳动分工的演进而增加[②]。综合以上的讨论,可得以下命题:

命题 3.3:市场容量、贸易依存度、内生比较优势和交易费用比率都将随着劳动分工的演进而提高。

杨小凯—博兰德模型展示出了经济发展是如何从自给自足到专业化分工的进程。早期,人们不愿意进行分业化生产,主要是因为整个社会的生产效率都很低,如果进行专业化生产,那用来交易的成本都高于进行专业化生产的费用。后来当人们逐渐提高了生产效率,发现进行专业化生产带来的效益大于之前的自给自足与交易费用两者之和,所以逐渐地开始在一定的范围内进行交换贸易,通过专业化水平的不断提高,人力资本的积累使生产力水平得到提升,劳动分工过程也不断加速,直到达到完全专业化,只要劳动分工不断发展且保持高水平,那么人均收入的增长率就会长期增长。

[①] 陶军锋. 劳动分工、专业化人力资本积累与收益递增——内生增长理论研究 [D]. 北京:中国社会科学院,2003:75.
[②] 杨小凯,张永生. 新兴古典经济学和超边际分析 [M]. 北京:社会科学文献出版社,2003:110.

三、杨小凯—博兰德模型对少数民族山区农户反贫困的意义

杨小凯—博兰德模型从劳动分工和专业化作为研究视角，论证了经济增长和收入增加的源头。只有当劳动分工达到一定的程度时，经济增长才能提高，而分工的演进程度则与交易效率有关，交易效率越大，分工的演进就会越快。这样杨小凯—博兰德模型就证明了交易效率对劳动分工、经济增长、市场容量、贸易依存度以及人力资本积累的重要作用。实际上，政府的政策、社会制度等对劳动分工进程以及经济增长的影响也是至关紧要的，因此该模型也把制度因素引入经济增长的动态分析之中。

杨小凯—博兰德模型证明劳动分工是一个不断自发演进的过程，其进程受交易效率的制约，这对少数民族山区经济发展及反贫困来说，具有重要的指导意义。模型中有三种经济模式：停留在自给自足、分工演进和迅速过渡到完全分工。当专业化水平保持在一定的程度上时，通过提高交易的效率就可以加速劳动分工进程，随着交易效率的提升，自给自足的经济模式就会逐渐地过渡到完全分工。"由于少数民族山区从事每次交易所需的交易费用较高，进入市场成本高，导致其交易效率低，从而形成一种自给自足或半自足的封闭经济。当地农户为了生存，需要掌握相关所有生存技能，从而劳动生产率很低。"[1]

为了推动少数民族山区农户反贫困，政府工作的关键在于设法提高当地的交易效率。建立健全完善的交易制度，从而大力推进分工演进速度。决定交易效率的因素主要有交通条件、分工组织、政府政策、制度安排等方面。对于少数民族山区来说，为了改进交易效率，除了需要加强基础设施方面投入以改善交通条件以外，还可以通过模仿经济发达地区、收入较高地区的分工组织和制度安排、市场经济体制改革的具体措施、方法，跳过一些分工的中间过程，实现山区农户收入的跨越式增长，从而为反贫困提供重要支撑。

---

[1] 毛学峰，辛贤. 贫困形成机制——分工理论视角的经济学解释 [J]. 农业经济问题，2004（2）：34－39.

第四章

桂滇黔少数民族山区农户贫困状况及经济特征分析

第一节 桂滇黔少数民族山区贫困人口分布与农村贫困现状

一、桂滇黔三省区山区概况

广西壮族自治区少数民族人口占人口总数的40%左右，由于地理、自然、历史和社会等多方面的原因，广西经济发展一直比较落后，目前贫困人口高达500多万人，约占全区人口10.7%左右，而且这一部分贫困人口中的90%是居住在山区的少数民族群众。广西的少数民族山区主要分布在广西境内的桂西、桂西北和桂东南的一部分县、乡（镇），这些地方都有着相似的特点：人口比较稀少，地域广阔，少数民族聚居，虽有着丰富的自然资源，但经济都比较落后，许多地区仍没有解决温饱问题，大部分人处于贫困线以下。

云南省是我国一个地处山区的多民族边疆省份，区域内94%为山区，山区农业人口达总人口的67%。由于历史原因以及各区域之间资源禀赋、经济发展政策等方面的差异，云南省地区之间、民族之间在社会和经济发展上存在极大的差异。时至今日，地处山区的少数民族聚集地的生产力水平依然十分低下，民族内部、区域之间的社会分工程度依然很低，仅仅停留在自然经济或是半自然经济状态，与经济发展程度较高的地区差距也在逐步拉大。但，这些特点却为当地发展产业分工提供了有利的基础条件。

贵州省是我国碳酸盐岩分布面积最广的省份,它处于世界喀斯特地貌类型最齐全、发育最复杂、最集中分布的东亚喀斯特区域中心,其喀斯特化的碳酸盐岩出露面积高达13万平方千米,在全省总面积中占比达73%。贵州省也是一个多民族省份,在贵州长期定居的少数民族数量达17个,这些少数民族中大部分人口分布在喀斯特山区。由于喀斯特山区存在生态环境恶劣、开发极其困难、可耕面积少、地面岩石裸露等劣势,当地经济发展非常落后,因此,贵州省也成为扶贫攻坚战的主战场之一。

二、桂滇黔少数民族山区贫困人口聚集状况

从统计数据来看,桂滇黔三省(区)人口占全国总人口的9%,但是贫困人口却占全国总贫困人口的28.8%,贫困村的数量占全国总贫困村的13.5%,贫困发生率大大超出全国平均水平。可以说,全国大多数的贫困农户很大部分都集中于桂滇黔少数民族山区。这些贫困人口所在地基本上都有一个共同特征,那就是居住地多以丘陵、土山、石山为主,人口分布比较复杂,少数民族人口交错分布,大杂居、小聚居,不利于规模化开发。表4-1列出了2015年广西、云南、贵州三省(区)少数民族山区农村贫困人口情况。

表4-1 2015年桂滇黔少数民族山区农村贫困人口比较

地区	总人口/万	贫困人口/万	贫困村/个	贫困发生率/%
全国	137500	5575	128000	5.7
广西	5350.0	538	4060	10.0
云南	4742.0	574	4277	15.5
贵州	3592.5	493	9000	14.0

资料来源:由《中国统计年鉴》整理得到。

第二节 桂滇黔少数民族山区经济与全国的差异

一、农村居民家庭人均纯收入的差异

从统计数据来看,桂滇黔少数民族山区农村家庭人均纯收入明显低于全国平

均水平,且差距不断扩大。从表4-2中可以看出:在2013~2015年间,桂滇黔三省(区)农村人均收入虽然也是逐年提升,但与全国农村人均纯收入相比仍有较大差距;2013~2015年间,桂滇黔三省(区)农村人均收入增长速度为9%,同期全国农村人均收入增速为11.2%;该区域与全国农村人均收入的差距逐年增大,人均收入由2013年的2624.8元增加至2015年的3056.5元;全国农村人均收入为该区域农村人均收入的1.37倍。由此可见,虽然桂滇黔少数民族山区农村人均收入呈逐年增长趋势,但由于增长速度大大低于全国平均水平,因此造成差距不断扩大。

表4-2　　2013~2015年桂滇黔少数民族山区农村人均收入与全国比较　　单位:元

年份	全国	广西	云南	贵州	桂滇黔	桂滇黔与全国差距
2013	9429.6	7793.1	6723.6	5897.8	6804.8	2624.8
2014	10488.9	8683.2	7456.1	6671.2	7603.5	2885.4
2015	11421.7	9466.6	8242.1	7386.9	8365.5	3056.5

资料来源:由《中国统计年鉴》整理得到。

二、城乡差距的比较

从城乡收入差距来看,2013~2015年,不论是全国还是广西、云南、贵州,城乡居民收入比都在不断下降,城乡收入差距逐年减小。相比较于全国平均水平,桂滇黔城乡居民年均收入比大于全国水平。桂滇黔三省(区)相互比较的话,广西城乡收入比最小,云南次之,贵州最大,如表4-3所示。

表4-3　　　　2013~2015年桂滇黔及全国城乡居民收入差距　　　　单位:%

年份	全国	广西	云南	贵州	桂滇黔
2013	3.10	2.91	3.34	3.49	3.22
2014	3.03	2.84	3.26	3.38	3.14
2015	2.95	2.79	3.20	3.33	3.08

资料来源:由《中国统计年鉴》整理得到。

从城乡居民消费支出来看,2013~2015年间,桂滇黔三省(区)历年城乡消费比均大于全国平均水平,并且三年来桂滇黔三省(区)的城乡居民消费支出差距逐渐缩小，逐渐趋近于全国平均水平，如表4-4所示。结合表4-3和表4-4来看，桂滇黔三省（区）无论是城乡居民收入差距还是消费支出差距均高于全国平均水平，说明桂滇黔三省（区）的城乡二元结构十分显著，相对于全国平均水平来说，桂滇黔少数民族的农村更落后于城镇，落后于全国平均水平。

表4-4　　　　2013~2015年桂滇黔及全国城乡居民消费支出差距　　　　单位：%

年份	全国	广西	云南	贵州	桂滇黔
2013	2.47	2.40	2.83	2.60	2.60
2014	2.38	2.25	2.70	2.56	2.49
2015	2.32	2.15	2.59	2.54	2.41

资料来源：由《中国统计年鉴》整理得到。

三、农村家庭恩格尔系数的差异

表4-5为2013~2015年桂滇黔及全国农村家庭恩格尔系数统计数据，2013~2015年广西、云南、贵州三省（区）农村家庭的恩格尔系数均高于全国农村平均水平，三年间全国农村平均水平均达到富裕水准（即30%~40%），但是，桂滇黔少数民族山区只有2015年处于30%~40%之间，与全国平均水平相比还有较大差距。

表4-5　　　　2013~2015年桂滇黔及全国农村家庭恩格尔系数　　　　单位：%

年份	全国	广西	云南	贵州	桂滇黔
2013	37.7	40.05	44.22	42.96	42.41
2014	37.8	36.90	43.25	41.70	40.61
2015	37.1	35.40	40.63	39.80	38.61

资料来源：由《中国统计年鉴》整理得到。

四、农村固定资产投入的差异

农村固定资产投资是农村地区资本形成的主要形式，由表4-6可知：桂滇黔少数民族山区农村固定资产投资占全社会固定资产投资比重很小，在2015年，广西只有0.15%，云南只有0.14%，贵州只有0.06%，虽然各地比重每年均有所增加，但依然大大低于全国平均水平；2015年桂滇黔三省（区）总的农业固定资产投资占全社会固定资产投资比重中有 0.13%，与全国的平均水平 3.74% 有着非常大的差距，这使得山区农业可持续发展动力严重不足；从全国范围来看，农业固定资产投资比重虽然也较小，2013~2015 年间均未超过 4%，但增幅逐渐加大，表明全国农业固定资产投资在逐年增加。

表 4-6　　　　2013~2015 年桂滇黔及全国农业固定资产投资
占全社会固定资产投资比重　　　　　　　单位：%

年份	全国	广西	云南	贵州	桂滇黔
2013	3.02	0.12	0.07	0.02	0.08
2014	3.24	0.12	0.10	0.03	0.09
2015	3.74	0.15	0.14	0.06	0.13

资料来源：由《中国统计年鉴》整理得到。

在农林牧渔业总产值方面，由表 4-7 可知，桂滇黔少数民族山区农林牧渔总产值逐年增加，但各省（区）产值较低，且在历年农业单位固定资产投资产生的农林牧渔产值也不高。计算一下，2015 年桂滇黔农林牧渔业产值只占全国农林牧渔业总产值的 9.64%。总体来看，全国农林牧渔总产值逐年增高，指数上下波动，但桂滇黔少数民族山区农村固定资产投资的效益明显低于全国水平。

表 4-7　　　　2013~2015 年桂滇黔及全国农林牧渔总产值及指数　　　单位：亿元

年份	全国	指数	广西	云南	贵州	桂滇黔
2013	96995.3	104.0	3755.2	3056.0	1663.0	8474.2
2014	102226.1	104.2	3947.7	3263.3	2118.5	9329.5
2015	107056.4	103.9	4197.1	3383.1	2738.7	10318.9

资料来源：由《中国统计年鉴》整理得到。

第三节　桂滇黔少数民族山区农户的多元贫困状况

一、桂滇黔少数民族山区的交通与信息投入低

表 4-8 列出了 2013~2015 年桂滇黔及全国农村家庭生活消费支出中交通与

通信支出情况。从表中可以看出，2013~2015年桂滇黔少数民族山区农村人均交通与通信支出的绝对数值都不高，三省（区）平均人均交通与通信支出不到900元，占农村人均消费支出的12.31%，低于全国农村人均交通与通信支出占全国农村人均消费支出的比重。从纵向时间序列来看，不论是全国还是桂滇黔少数民族地区，农村人均交通与通信支出的绝对值和所占人均消费支出比重都有所提高，增长率约为8.84%。总体来看，桂滇黔少数民族地区农村交通与通信支出占农村人均消费支出的比重逐渐接近于全国平均水平，绝对数量仍显著低于全国平均水平。2015年，全国农村交通与通信支出是桂滇黔三省（区）农村交通与通信支出的1.35倍左右。

表4-8　　　2013~2015年桂滇黔及全国农村家庭生活消费支出中交通与通信支出

年份	全国农村人均消费支出/元	全国农村交通与通信支出/元	比重/%	桂滇黔农村人均消费支出/元	桂滇黔农村交通与通信支出/元	比重/%
2013	6625.5	796.0	12.01	4896.46	531.97	10.86
2014	8382.6	1012.6	12.08	6225.23	734.33	11.80
2015	9222.6	1163.1	12.61	7019.00	864.27	12.31

资料来源：由《中国统计年鉴》整理得到。

二、桂滇黔少数民族山区的人力资本投入低

人力资本是指劳动者通过接受教育而获得的相关知识和技能的积累。由于知识与技能可以为所有者带来工资等收益，因此人力资本的衡量具有十分重要的作用。美国经济学家舒尔茨在1960年美国经济学年会上的演说中系统地阐述了人力资本理论。由于人力资本更具有创新性和创造力，因此人力资本比物质、货币等资本有着更大的增值空间。本书通过医疗保健支出以及教育文化娱乐支出作为指标来衡量人力资本投入水平。由图4-1可知，全国农村居民家庭人均教育文化娱乐支出和人均医疗保健支出逐年增加，由2013年的485.9元、614.2元增加到2015年的969.3元、846元，其中后者增幅较大；2015年，桂滇黔三省（区）农村居民人均教育文化娱乐支出分别达到841.7元、782.3元、872.7元，均接近于全国平均水平，而在医疗保健方面，全国农村

居民家庭人均支出为 846 元，桂滇黔三省（区）分别为 709.7 元、577.6 元、449.5 元，大幅低于全国水平。

农村居民人均教育文化娱乐支出

农村居民人均医疗保健支出

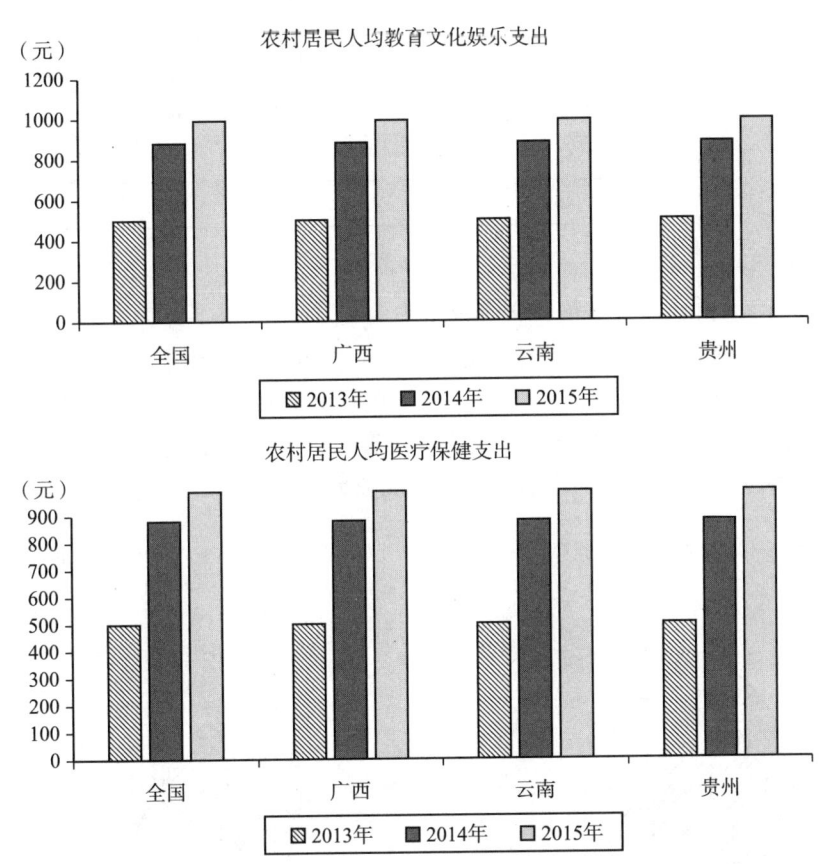

图 4-1　2013~2015 年桂滇黔及全国农村居民家庭人均人力资本支出

资料来源：由《中国统计年鉴》整理得到。

表 4-9 为桂滇黔三省（区）农村居民家庭人均人力资本支出占消费总支出的比重情况。由表 4-9 可知，桂滇黔三省（区）农村居民家庭人均人力资本投入都偏低。虽然 2013~2015 年期间，桂滇黔三省（区）农村居民家庭人均生活消费支出中人力资本支出比重增幅较大，但数据分别仅为 20.46%、19.91% 和 19.90%，这严重削弱了山区农村人力资本存量的积累。

表4-9　　2013~2015年桂滇黔农村居民家庭人均人力资本投入

年份	广西农村人均人力资本支出/元	广西生活消费支出中人力资本支出比重/%	云南农村人均人力资本投入/元	云南生活消费支出中人力资本比重/%	贵州农村人均人力资本投入/元	贵州生活消费支出中人力资本支出比重/%
2013	689.6	13.25	594.0	12.52	603.7	12.74
2014	1236.0	18.52	1178.9	19.55	1119.4	18.75
2015	1551.4	20.46	1359.9	19.91	1322.2	19.90

资料来源：由《中国统计年鉴》整理得到。

由图4-2可知，桂滇黔三省（区）乡村从业人员的受教育水平以小学及以下的为主，而高中及以上的受教育水平者偏少。2000~2010年平均值显示，桂滇黔三省（区）乡村仍有42.7%的从业人员的受教育程度未达到初中水平，高于全国约5.5%。总体来看，全国及桂滇黔三省（区）乡村从业人员受教育水平集中于初中水平，表明桂滇黔少数民族山区从业人员文化素质普遍偏低。

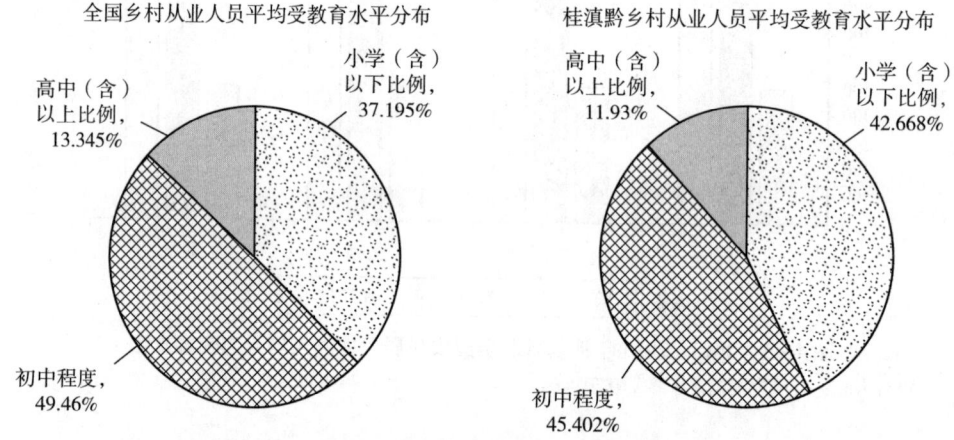

图4-2　2000~2010年桂滇黔及全国乡村从业人员受教育水平分布饼状图

资料来源：由《中国统计年鉴》整理得到。

第四节　桂滇黔少数民族山区农村经济特征
——基于专业化生产视角

美国诺贝尔经济学奖获得者舒尔茨指出经济发展的实质是报酬递增，在农业中也存在报酬递增的现象。递增的报酬源于劳动分工和专业化，以及据此形成的专业化人力资本。20世纪五六十年代，舒尔茨就已发现各国在农业劳动生产率方面存在较大差异，而土地等自然因素并不能解释这种差异，但农业现代化最成功的国家会存在如下特征，即农业劳动生产率的提升速度比工业快得多。舒尔茨在《投资专业人力资本以获取递增报酬》一文中又进一步提出农业劳动生产率的增长是源于劳动分工与专业化，且农业科学家的专业人力资本和农民的基础教育是影响农业报酬递增的重要原因，即技术水平是影响专业化生产的关键因素。随着时间的推移，专业化程度往往被忽视，但这并不代表农业生产中没有分工和专业化。基于此，本节结合桂滇黔少数民族山区农村的现实状况，从专业化生产的角度深入分析山区的经济特点。

一、农业技术水平

技术及技术进步已成为现代农业发展中决定性的生产要素。一方面，技术水平的提升是促进农业劳动生产率和土地生产率不断提升、打破土地等自然资源限制的唯一途径。从农户应用现有技术层面来看，由表4-10可知，桂滇黔地区整体上运用农业机械的比重较低，虽广西相较于其他两省在农用机械推广使用方面的力度更大，但这仍然说明桂滇黔地区对现有技术的应用及推广力度还有待提升；从农业生产层面的机械投入情况来看，由表4-11可知，桂滇黔地区在农田基本建设方面投入的机械与全国相比存在巨大的差距，这说明少数民族地区的技术推广体系亟须完善。另一方面，农业专业化的进一步深化，也会促进杂交种子、动植物化学保护剂以及抗生素等技术的发展，为农业的稳产、高产提供保障。由此可知，农业专业化发展的重要动力源于农业技术水平的提升。因此，农户对技术需求程度较低，亦限制了农业生产中的专业化发展。

近年来，技术进步及分工的演化对促进农业专业化生产的影响日益显现，但相较于发达国家，我国农业技术水平提升速度较慢，技术含量也较低，通过加快农业技术进步以促进我国农业专业化发展，是我国走向农业现代化道路的重要举措。美国早在18世纪中后期就开始对农业技术进行研究，并将已获取的成果推广到实际生产工作中，到20世纪初期，农业已经形成一个庞大稳定的研究、教育及推广体系。而我国的农业则是在改革开放后才转移到以技术进步为基础的发展道路上来的，同时，由于农业投入水平相对较低、科研及推广人员少等因素，农业技术水平还很落后，尤其是少数民族山区此类问题更为突出。

农业技术水平低是制约山区农户专业化生产的重要原因，一方面体现在山区农户对技术的应用及推广能力不足。农业技术水平的提升与农业专业化发展是紧密相连的关系，二者相互影响和促进。一方面，农户利用最新的科技成果从事农业生产，这在刺激农业部门和非农业部门技术进步的同时，为农业专业化发展提供了契机。随着农业生产、化学和生物等技术水平的提升，推动了农产品运输等机器和设备的专业化以及化学药剂、肥料和加工业等专业化发展。另一方面，结合目前现状从长期发展来看，桂滇黔少数民族山区农户自身存在的许多不利因素制约着农业技术水平的提升，使以技术进步促进农业专业化发展的能力受限。这些不利因素包括：农业生产及农户的组织化程度较低；家庭经营规模较小；农户应用新技术的风险大，且使用先进技术的机会成本高；农户受教育程度较低导致其选择、接纳和应用现有技术的能力有限；等等。

表 4-10　　　　　桂滇黔地区农业机械总动力占全国的比重　　　　　单位：%

年份	广西	云南	贵州	桂滇黔平均比例
2013	3.26	2.95	2.16	2.79
2014	3.30	2.98	2.28	2.85
2015	3.33	2.92	2.25	2.83

资料来源：由《中国农业年鉴》整理得到。

表 4-11　　　　　桂滇黔地区及全国农田基本建设机械　　　　　单位：万台

年份	全国	广西	云南	贵州
2013	44.74	1.12	0.61	0.82
2014	46.31	1.25	0.71	0.94
2015	49.64	1.41	0.75	1.10

资料来源：由《中国农业年鉴》整理得到。

二、农业经营结构

农业经营作为发展农业产业化和微观经济的基础，其经营结构的专业化在农业生产中占据重要的地位和作用。对于农业生产经营结构的专业化情况，可从三个层面加以理解：首先，宏观层面上，农业经营结构的专业化即农业区域的专业化。不同地区在自然资源和经济条件方面都存在差异，各地区可根据现有条件专门从事某种或某几种农产品的生产及加工，再在当地优势产业或主导产业的基础上,进行农产品的区域分工及专业化生产,将会促进具有地方特色的专业化基地的形成。典型案例如山东省寿光市——北方最大的蔬菜集散地。其次,中观层面上,农业经营结构的专业化即农、工、商等经营部门的专业化。农产品数量增加和市场规模扩大,进一步促进农业劳动分工深化,带动农产品加工业及流通业等新兴行业出现,促进农产品专业化生产,从而形成具有自身反馈特点的良性循环机制的过程即为农业产业化过程。目前,随着农业专业化生产的发展,社会分工的细化程度在不断提升,农业经济逐渐由自然经济向商品经济转变,该过程在促进农药、化肥及农用机械等农业产前部门发展的同时,也带动了农产品加工、运输及销售等农业产后部门的发展。可以说,农业的产业化经营是农业生产、农产品加工、运输和销售等部门通过专业化分工实现的结果。最后,微观层面上,农业经营结构的专业化即经营单位和生产阶段的专业化,是指农业生产单位的生产经营品种需进行由多到少、由少到精的精减,少数优势产品的产量需要逐渐增加,甚至形成专门或主要生产某类产品的部门。农业经营结构的专业化是农业产前、产中及产后不同环节专业化的过程,基于山区农户生产经营的特征,本节进一步从微观层面分析农业经营结构。由表4-12可知,桂滇黔地区人均农业经营规模普遍低于全国平均经营规模水平,这种小规模经营结构在很大程度上限制了农业专业化生产,不利于商业性农业的发展。商业性生产模式要求农户具备较大的经营规模,较多的生产投入,因农业资产存在较强的专业性,非农方面的用途有限,进而机会成本相对较低,一旦投入就不会轻易撤资。因此,商业性农业的发展有助于推进农业专业化生产。

表4-12　　　　桂滇黔地区及全国乡村平均每人经营耕地面积　　　　单位:公顷

年份	全国	广西	云南	贵州	桂滇黔
2013	0.285	0.246	0.276	0.281	0.268
2014	0.283	0.246	0.275	0.279	0.266
2015	0.282	0.244	0.273	0.279	0.264

资料来源:由《中国农村统计年鉴》整理得到。

现阶段,桂滇黔山区农户主要是通过家庭联产承包责任制来确定自身的经营规模,该制度是在确保土地所有关系以及集体经济形式不变的情况下,明确家庭经营的主体地位,通过对农业用地的使用权与所有权进行适当分离,从而形成以承包为纽带,以家庭经营为基础的统分相结合的农业双层经营结构。由于这种经营结构存在特定的转换方式,容易造成小农经营结构的出现而形成不了规模经济。桂滇黔少数民族山区的小农经营模式对市场的驾驭能力较为薄弱，很难进行较大规模的投入，不利于技术水平的提升，导致农户在收入方面与从事其他产业的生产者相比存在一定的差距。小农经营结构无法吸引商业性的农业生产者，相应地，生产的农产品的商品化程度较低，即农户生产的首要目的是为了满足自身需求或对收入进行有限的补充，而不是将生产的农产品主要用于销售。这种农地的产权结构在很大程度上限制了农业用地的流转性，制约着农业用地的效率，不利于专业化生产的推行。

三、农业投入结构

桂滇黔少数民族地区拥有丰富的自然资源，是当地农户发展农业生产所依赖的重要基础。然而，山区又具有经济发展落后、生产力水平低下的特点，与其他地区特别是中、东部地区的差距非常大，丰富的自然资源基础与落后的经济发展形成的矛盾产生了"富饶的贫困"的现象。基于专业化视角，这种现象产生的重要原因就是经济基础和农业投入结构的不合理制约了山区经济发展的潜力。与发达地区乃至全国相比，少数民族地区的农业仍处于不发达状态，[①] 尤其对自然资源的依赖性较大。由于少数民族地区的农业发展模式是自然形成的过程，存在生产力水平、技术装备水平及科技含量都较低的特点，与农业相关联的产业发展程度较低，资源的利用效率有待提升。

农业投入一般包括土地、劳动、资金及技术等生产要素的投入。传统农业生产向现代农业生产转变的主要特征是从土地、劳动力投入增长型向资本、技术投入增长型转变，农业发展更多体现出资本集约经营的特点。少数民族山区农业投入结构转变受到资源供给有限的制约，同时，较低的农业劳动生产率也成为农业效益提升过程中的障碍。由表 4-13 和表 4-14 可知，2013~2015 年桂滇黔地区的农村人口数在逐年递减，但乡村就业人员比重高于全国平均水平，这说明桂滇黔少数民族地区存在农业劳动力供给过剩的现象，转变农业投入结构有助于非农产业对山区农村剩余劳动力的吸收，进而提高农户的劳动生产效率，促进专业化生产的发展。

---

① 主要依靠人力及畜力等落后的生产方式从事耕作，专业化生产效率低下，管理粗放，农业发展模式完全处于依靠自然资源和外界环境的状态。

表 4-13　　　　　2013~2015 年桂滇黔及全国乡村人口数　　　　单位：万人

年份	全国	广西	云南	贵州	桂滇黔
2013	62961	2604	2789	2177	7570
2014	61866	2567	2747	2104	7418
2015	60346	2539	2687	2047	7273

资料来源：《中国农村统计年鉴》。

表 4-14　　　2013~2015 年桂滇黔及全国乡村就业人员占总人口比重　　　单位：%

年份	全国	广西	云南	贵州	桂滇黔平均比例
2013	46.3	55.2	59.5	62.2	59.0
2014	45.2	54.0	58.3	60.0	57.4
2015	43.9	52.9	56.7	58.0	55.9

资料来源：《中国农村统计年鉴》。

四、农业交通运输

古典经济学家很早就注意到交通运输条件对经济发展的影响，指出如果一个地方交通运输费用太高，这些地区会发展自给自足经济，而不会开展区域贸易活动，其中，货物的运输成本就是最重要的运转费用。波蒂尔·俄林（Ohlin B.，1933）曾提及，因交易主体处于不同的地理空间，交易活动的展开伴随着人和商品的空间流动或转移，使得交通基础设施成为人和物空间转移的先决条件。交通基础设施的便利程度直接影响交易活动展开的难易度，进而会影响交易效率，最终对山区专业化生产模式的形成产生一定的影响。

交通基础设施主要通过以下途径作用于交易效率：一是交通基础设施的完善减少了货物的运输时间，在很大程度上降低农产品在运输过程中的损耗，进而提升交易效率。随着高速公路、铁路及航空运输业的发展，交通基础设施逐渐完善，货物运输时间大幅度缩减，运输过程中的损耗逐渐降低，使得交易效率得到提升。二是基础设施的完善促进了人和货物的集聚，缩减了货物的运输距离，降低了货物运输成本，进而节省了交易费用，提升了交易效率。因山区农户生产生活的分散性，使得人们集中交易时需要通过各种交通工具在有限的时间内实现较大的空间位移，在运输过程中需要消耗各种人力和物力，运输成本相对较高。基础设施的改善在一定程度上减少了货物的运输成本，为山区专业化生产提供良好的外部环境。

通过上述的梳理可以发现,交通基础设施的完善是山区农户提升交易效率,从事专业化生产的重要保障。而桂滇黔少数民族山区农户因自然地理条件的限制,其交通基础设施建设明显滞后,这增加了货物的运输距离,延长了货物的运输时间,提高了交易费用,从而降低了山区农户的交易效率。

少数民族山区交通基础设施建设滞后主要体现在以下方面:一是地区公路网密度低的情况下,也存在高等级公路缺乏的现象。由表4-15和表4-16可知,桂滇黔少数民族地区的公路网密度较低,且广西和云南的公路网密度普遍低于桂滇黔地区的平均水平,低公路网密度对少数民族山区交易活动的集中造成了限制。同时,桂滇黔地区在高等级公路运输方面也不具有优势,这延长了货物的运输时间和运输距离,进而导致交易费用的增加,对交易效率形成了制约,不利于地区专业化生产的推进。二是桂滇黔地区铁路运输设施欠缺。由表4-17可知,桂滇黔地区的铁路里程占全国铁路里程的比例很低,这对服务于专业化农业的运输有着极大的限制,原因在于传统农业具有规模小、自给自足的特点,农业的运输线路也是零星、分散的分布,而农业专业化发展会推动产业结构的调整和产业体系的完善,主要体现在农业自身专业化的发展、农产品产业链的延伸及产业支撑和服务体系等方面,这需要完善的农村交通体系来支持农业专业化生产的发展。

表4-15　　　　　2013~2015年桂滇黔地区公路网密度　　　　单位:千米/平方千米

年份	广西	云南	贵州	桂滇黔平均比例
2013	0.47	0.57	0.98	0.67
2014	0.48	0.58	1.02	0.70
2015	0.49	0.60	1.06	0.72

资料来源:《中国统计年鉴》。

表4-16　　2013~2015年桂滇黔及全国高等级公路里程占总公路里程比例　　单位:%

年份	全国	广西	云南	贵州	桂滇黔平均比例
2013	86.2	86.5	80.0	55.3	73.9
2014	87.4	87.6	82.2	60.1	76.6
2015	88.4	89.0	83.5	64.7	79.1

资料来源:《中国统计年鉴》。

表 4-17　2013~2015 年桂滇黔地区铁路里程占全国铁路里程的比例　单位：%

年份	广西	云南	贵州	桂滇黔平均比例
2013	3.9	2.5	2.0	2.8
2014	4.2	2.6	2.1	3.0
2015	4.2	2.4	2.3	3.0

资料来源：《中国统计年鉴》。

第五节　本章小结

本章首先分析了桂滇黔少数民族山区贫困人口的分布、农村贫困现状以及桂滇黔少数民族山区的贫困人口聚集现象，从农村居民家庭人均纯收入、城乡差距的比较、农村家庭恩格尔系数、农村固定资产投入的差异这四方面将桂滇黔少数民族山区与全国经济差距进行了比较分析，发现桂滇黔少数民族山区农村平均纯收入呈逐年增长趋势，但增长速度大大低于全国平均水平；桂滇黔少数民族山区农村固定资产投资占全社会固定资产投资比重很小，农村固定资产投资的效益也大大低于全国平均水平。

其次，通过深入调查发现了桂滇黔少数民族山区农户的多元贫困现状主要集中在桂滇黔少数民族山区的交通与信息投入、人力资本投入，尤其是从业人员文化素质普遍偏低这几个方面。桂滇黔少数民族山区的农村家庭生活消费支出中交通与通信支出大大低于全国平均水平；衡量人力资本投入水平之一的教育文化娱乐支出增长较快，接近于全国平均水平，但医疗保健支出仍大幅低于全国水平。

最后，从专业化生产的角度分析了桂滇黔少数民族山区农村经济特征。农业技术水平低是制约山区农户专业化生产的重要原因，桂滇黔地区在农田基本设施建设方面投入的机械与全国相比存在巨大的差距，这说明少数民族地区的技术推广体系亟须完善。从整体来看，农户对技术需求程度较低，进而限制了农业生产中的专业化发展。农业经营是发展农业和微观经济的基础，但桂滇黔地区平均人均农业经营规模普遍低于全国平均经营规模，这种小规模经营结构在很大程度上限制了农业专业化生产，不利于商业性农业的发展。另外，桂滇黔少数民族山区农业投入结构转变受到有限资源供给的制约，较低的农业劳动生产率也成为农业效益提升过程中的障碍。并且，桂滇黔少数民族山区交通基础设施建设明显滞后，这在一定程度上增加了货物的运输距离，延长了货物的运输时间，提高了交易费用，从而降低了山区农户的交易效率。

第五章

专业化生产效应的实证分析

本章的主要任务是对专业化生产的效应做实证分析，首先是基于广西贫困地区的经济数据，利用 Eviews8.0 对贫困地区交易效率与专业化生产水平、专业化生产水平与人均 GDP 之间的关系进行实证研究，以检验交易效率对专业化生产、专业化生产对贫困地区经济发展的影响；然后通过实地问卷调查，收集桂滇黔少数民族山区农户数据，采用 Logistic 模型分析农户专业化生产对其收入的影响。

第一节 专业化生产对贫困地区经济发展效应的实证分析

一、计量模型

（一）模型假设

1. 模型一

由于制度、产业结构、资本及技术都会影响到交易效率，因此，在本书建立贫困地区经济发展计量模型时，这些要素没有单独列出。

交易效率与专业化生产水平可直接关联。从新兴古典经济学视角来看，专业化分工一方面能取得分工经济的益处，另一方面也会产生交易费用等采用分工方式组织生产的成本，专业化分工的演进与单位交易费用节约有着密切联系。具体而言，专业化分工水平的演进是分工经济与单位交易费用二者权衡的结果，而单位交易费用节约意味着交易效率的改进。因此，本书依据新古典经济学思想，提出随着交易效率的改进，地区之间的分工水平会提高。在此，以专业化生产水平为被解释变量，模型假定其会受交易效率的影响，则建立的专业化生产水平与交易效率之间的关系模型如式（5.1）所示：

$$\ln(S) = \alpha_0 + \alpha_1 \ln(TEI) + \varepsilon \tag{5.1}$$

其中，S 表示贫困地区专业化生产水平、TEI 表示交易效率，ε 是残差项，服从 0 均值、同方差（δ^2）的正态分布。该模型直接体现了前面章节内容，也符合新古典经济学的基本理论。

2. 模型二

根据新古典经济学思想，物质资本与人力资本是经济增长的重要影响因素。基于这一思想，在文中又引入专业化生产水平变量，对贫困地区的人均 GDP 增长情况与专业化生产水平之间的关系进行分析。构建了模型二，具体如下：

$$\ln(pgdp) = \beta_0 + \beta_1 \ln(S) + \beta_2 \ln(L) + \beta_3 \ln(K) + \varepsilon \tag{5.2}$$

其中，pgdp 表示人均生产总值、L 表示就业人数、S 表示贫困地区专业化生产水平，ε 是残差项，服从 0 均值、同方差（δ^2）的正态分布。该模型表示了贫困地区人均 GDP 与劳动投入及专业化生产水平之间的关系，这是对新兴古典经济学生产函数的扩展，加入了专业化生产水平变量，目的是考察专业化生产对人均 GDP 的影响程度。

根据前面理论介绍，交易效率越高，资本、劳动力的流动就越便利，专业化和劳动分工就越容易，因而经济发展就会越快，因此预期交易效率对专业化生产水平及人均 GDP 的影响为正，即模型中 α、β 应该为正。

（二）样本选择和数据处理

整个样本涵盖了广西 60 个县（市），其中国家级贫困县 28 个；自治区级贫困县 19 个；一般县（市）13 个。模型中，人均生产总值、就业人数可以直接从统计年鉴中查找，但专业化生产水平、交易效率由于还受其他因素影响，因此需要做进一步的分析，并由此设定指标，收集并处理有关数据。

1. 专业化生产水平的衡量指标

分工和专业化是一个事物的两个方面。斯蒂格勒（Stigler, 1951）认为，分工就是两个或两个以上的人或组织将原来一个人或组织生产活动中所包含的不同职能的操作分开进行；专业化就是一个人或组织减少其生产活动中的不同职能的操作的种类。专业化和分工越发展，一个人或组织的生产活动越集中于更少的不同的职能操作[1]。扬格（1928）在《收益递增与经济进步》经典论文中用以下三个概念来描

---

[1] Stigler G. J.. The Division of Labor is Limited by the Extent of the Market. The Journal of Political Economy, 1951, 59 (3): 185 – 193.

述分工：一是每个人的专业化水平，这种专业化水平随每个人的活动范围的缩小而提高；二是间接生产链条的长度，即迂回生产程度；三是此链条上每个环节中产品种类数[①]。这就给出了衡量分工的三个标准，即个人专业化水平、迂回生产程度和中间产品种类数[②]。当分工水平随着交易效率而提高时，人们就越来越专业于某一产品的生产（或越来越专业于某一产品的某一部分的生产），自给自足产品种类数就会下降，因人们都倾向于多样化消费，商品化程度就会提高。因此，可以用一个地区的商品化程度或贸易依存度反映一个地区的分工水平（杨小凯、张永生，2001）。

商品化程度定义为来自商品交易的消费额与总消费额（包括自给部分）之比，本书用社会消费品零售总额代表"来自商品交易的消费额"。

另外，由于贫困地区居民总消费额无法直接得到，本书采取以下方法计算：
总消费额 = 当年个人可支配收入 - 当年新增储蓄；
个人可支配收入 = 城镇居民可支配收入 + 农村居民可支配收入；
城镇居民可支配收入 = 城镇居民人均可支配收入 × 城镇年末总人口；
城镇年末总人口 = 年末总人口 - 乡村年末总人口；
农村居民可支配收入 = 农村居民人均可支配收入 × 乡村年末总人口；
当年新增储蓄 = 当年储蓄余额 - 上一年储蓄余额。

这些指标中，储蓄、城镇居民人均可支配收入、年末总人口、乡村年末总人口、农村居民人均可支配收入均可以直接从统计年鉴中查找。依据指标体系，查取《广西统计年鉴》（所得原始数据数值见附表1），经过以上方法计算处理，可得各样本专业化生产指数（见附表2）。

附表2数据显示，广西绝大多数县（市）专业化指标都小于1（处于0.4到0.9之间），符合实际情况。但有两个县（市）出现了异常，分别是凭祥市（其专业化指标为1.388）、东兰县（其专业化指标为1.060）。因为就同一个地区（或同一个人）来说，其来自商品交易的消费额不可能多于总消费额（包括自给部分），东兴县、凭祥市出现专业化指标大于1，可能的解释是：本书用社会消费品零售总额代表当地"来自商品交易的消费额"，而凭祥市作为边贸口岸，素有"祖国南大门"之称，是中国最靠近东盟国家的国际化城市。有大量的外地人到当地进行交易，因此，统计出来的"消费品零售总额"并不能完全代表当地的"来自商品交易的消费额"，有些产生了较大的偏差；运用计量软件 Eviews 8.0，可计算出变量专业化指标的分布情况及主要描述性统计，其结果如图5-1所示。

[①] Allyn A. Young. Increasing Returns and Economic Progress [J]. The Economic Journal, 1928 (38): 527-542.

[②] 杨小凯，张永生. 新兴古典经济学和超边际分析 [M]. 北京：社会科学文献出版社，2003：98.

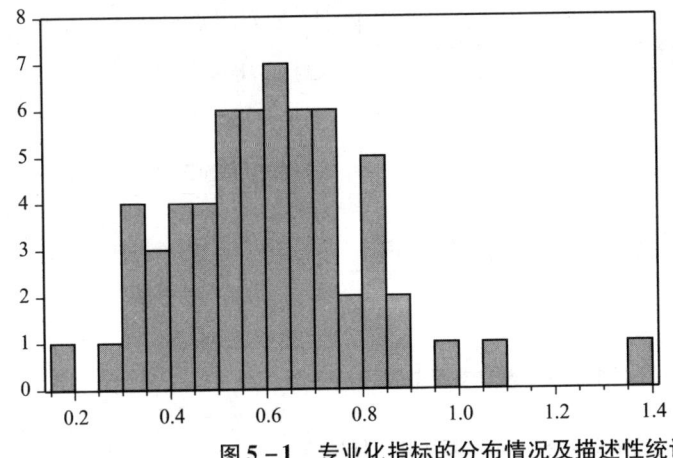

图 5-1　专业化指标的分布情况及描述性统计结果

2. 交易效率水平的衡量指标

交易是制度经济学的基本单位，交易成本概念是制度经济学中最重要的概念。但由于没有普遍认可的术语对交易费用进行定义，从而引发了如何对交易成本进行测量的问题的争议（罗必良，2006）[①]。如何衡量交易成本是制度经济学所面临的难题之一。

幸运的是，"交易效率"概念的出现克服了"交易成本"在分析经济发展问题时难以量化、难以操作的缺陷，为交易成本经济学和新制度经济学赋予了新的意义（赵红军，2005）。借助"冰山交易成本"思想，假定一个人购买一单位（元）商品时，他实际只得到 k 单位（元）商品，那么这 1-k 单位（元）便可称之为交易成本，而 k 单位（元）可称为该笔交易的交易效率[②]。

影响交易效率因素主要归因于硬条件和软条件，因"硬条件"所造成的交易费用可称为"技术型交易费用"，因"软条件"所造成的交易费用可称为"制度型交易费用"，如图 5-2 所示。在真实经济中，上述两方面存在交叉或互动，但对两者的划分可以为理解经济发展提供便利。

基于上述理解，可以从有关地理环境、基础设施、政府制度、法规、通信交通、教育水平等众多指标中构造出一个能反映经济体一般交易效率水平的单一指标[③]。赵红军（2005）、高帆（2007）等学者将衡量交易效率的指标划分为以下四类，其所包含的具体指标与含义如表 5-1 所示。

[①] 罗必良. 交易费用的测量：难点、进展与方向 [J]. 学术研究, 2006 (9): 32-37.
[②] 赵红军. 交易效率、城市化与经济发展 [M]. 上海：上海人民出版社, 2005: 292.
[③] 高帆. 交易效率、分工演进与二元经济结构转化 [M]. 上海：上海三联书店, 2007: 882.

```
                    ┌─ 技术型交易费用 ── 硬条件 ┬─ 自然禀赋与地理区位
                    │                          └─ 交通通信等基础设施
         交易效率 ──┤
                    │                          ┌─ 公共服务与政策环境
                    └─ 制度型交易费用 ── 软条件 ├─ 法制观念与产权界定位
                                               ├─ 信任与社会资本
                                               └─ 教育水平与人力资本
```

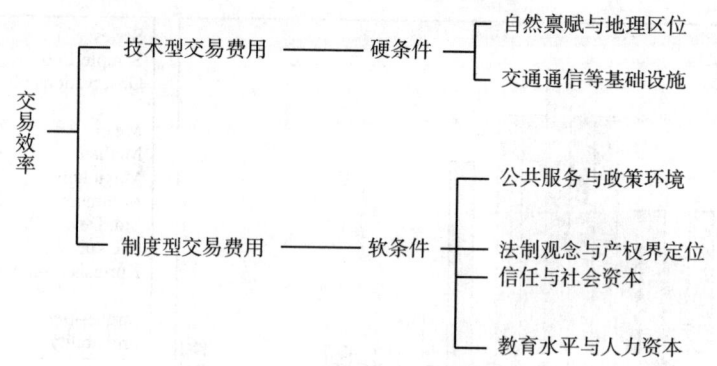

图 5-2　影响交易效率因素

表 5-1　　　　　　　交易效率的不同层面及其衡量指标

影响交易效率的不同层面	分类指标	内涵
自然、地理、资源禀赋等	资源禀赋	包括该地区土地面积、人均水资源、生物气候潜力、人均生物承载力等
	地理空间位置	包括距离沿海港口或距离航空港口的距离，在周围地区的影响力
制度	公务员服务效率	主要指公务员提供政府服务时的态度、效率
	政府管理水平	包括政府对该地的管理、经营水平
	社会安全与保障水平	包括社会公平、社会进步、每十万人拥有的医生、每十万人拥有的医院床位、人均承保额等
基础设施、信息、通信科技	基础设施水平	包括固定资产投资总额得分、铁路业承运量得分、货运总量得分、人均铺道路面积得分、人均供水总量得分、住宅固定资产投资总额得分、房地产开发得分等
	信息化水平	包括本地电话用户数、千人拥有的电话、电信业务总量得分、邮电业务占 GDP 比例得分等
教育	万人大学生数	每万人大学生数，衡量总人群中的受教育状况
	人均教育经费水平	衡量教育投入状况，一般而言，教育投入越多，教育水平也会越高

借鉴赵红军（2005）、高帆（2007）的研究方法，考虑到贫困地区统计数据的可得性，本书从以下几个方面把握贫困地区交易效率水平：

（1）交易技术效率。影响贫困地区交易效率水平的首先是交易技术费用，即贫困地区交易效率水平首先受其自然禀赋、地理区位和交通通信等基础设施的影响。考虑到数据可得性，本书采用交通交易效率与信息交易效率之和来反映贫困地区交易技术效率水平。

交通交易效率（A）：在贫困地区，交通基础设施、交通工具是影响其交易活动快慢和速度的首要因素。本书中，考虑到数据可得性，采用行政区域内每平方千米公路里程、每千人汽车拥有量来表示当地的交通基础设施和交通工具状况。

信息交易效率（B）：在贫困地区，通信设施也是影响交易活动的一个重要因素。考虑到数据可得性，采用每千人拥有的电话数、移动电话数、国际互联网用户数来表示。

（2）交易制度效率。影响贫困地区交易制度效率水平的因素主要有：公共服务与政策环境、信任与社会资本、法制观念与产权界定以及教育水平与人力资本。考虑到数据可得性，本书采用公共服务交易效率、信贷交易效率以及教育交易效率之和来反映贫困地区交易技术效率水平。

公共服务交易效率（C）：本书采用每千人拥有医院卫生院床位数及卫生技术人员来表示。

信贷交易效率（D）：本书采用年末金融机构各项贷款余额占 GDP 比重来表示，此指标在正方向上影响信贷交易效率。

教育交易效率（E）：考虑到数据可得性，本书采用每千人小学专任教师和普通中学专任教师数量来表示。教育投入在很大程度上影响着教育效果，是一个反映教育水平的合格指标，但数据的可得性以及统一性要求这里暂时搁置。假设每千人小学专任教师和普通中学专任教师数对教育交易效率指标的影响都是正方向的，因此经过无量纲化处理，这两个指标用以表示教育层面上的交易效率。

假设以上指标对综合交易效率的影响是均匀的，它们的简单算术平均数可以表示整体的交易效率。

于是，综合交易效率指数为：

$$F = (A + B + C + D + E)/5 \qquad (5.3)$$

依据指标体系，查取《广西统计年鉴》数据（所得原始数据数值见附表1），经过以上方法计算处理，可得样本区内各类次级交易效率指数及综合交易效率指数（见附表2）。

附表2数据显示，广西不同县（市）的综合交易效率指数存在较大差距，最大为靖西市（2.136），最小为都安瑶族自治县（0.6937），两者相差近3倍。导致各县综合交易效率指数差异的因素并不相同，这取决于交易技术和交易制度的不同组合方式。有些地区交易技术效率大一些，而有些地方交易制度效率相对大一些。运用计量软件，可计算出变量综合交易效率指数的分布情况及主要描述性统计，其结果如图 5-3 所示。

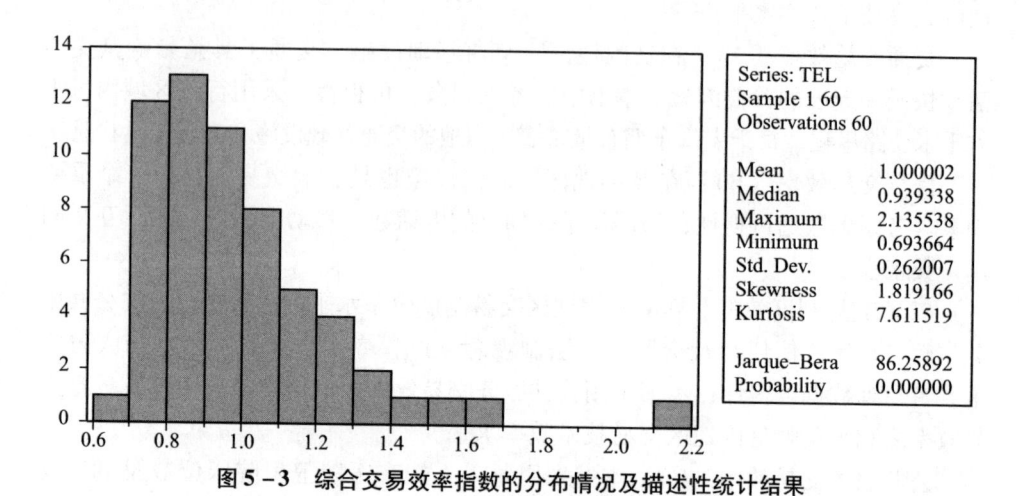

```
Series: TEL
Sample 1 60
Observations 60

Mean        1.000002
Median      0.939338
Maximum     2.135538
Minimum     0.693664
Std. Dev.   0.262007
Skewness    1.819166
Kurtosis    7.611519

Jarque-Bera 86.25892
Probability 0.000000
```

图 5-3 综合交易效率指数的分布情况及描述性统计结果

以各县（市）的专业化分工水平、综合交易效率分别降序排列，数值最大的县（市）予以赋值60，次大的59，以此类推，最小的赋值1，最终整理的结果见表 5-2。

表 5-2 广西各县（市）专业化生产水平、综合交易效率对应情况

县名	凭祥	东兰	灵川	那坡	环江	苍梧	武鸣	天峨	永福	东兴
S	60	59	58	57	56	55	54	53	52	51
F	51	23	54	9	24	25	39	2	38	47
县名	巴马	恭城	蒙山	宜州	南丹	昭平	兴安	龙州	融水	上思
S	50	49	48	47	46	45	44	43	42	41
F	11	41	17	58	29	4	48	13	26	7
县名	合浦	富川	资源	龙胜	三江	鹿寨	宾阳	大化	金秀	临桂
S	40	39	38	37	36	35	34	33	32	31
F	55	44	31	43	20	49	53	28	46	52
县名	融安	凤山	忻城	藤县	合山	柳城	象州	西林	马山	田阳
S	30	29	28	27	26	25	24	23	22	21
F	21	12	34	42	45	33	36	8	19	37

续表

县名	上林	灌阳	罗城	横县	乐业	靖西	柳江	田林	隆林	平果
S	20	19	18	17	16	15	14	13	12	11
F	30	32	39	40	5	60	57	35	6	50
县名	田东	扶绥	宁明	大新	都安	全州	天等	凌云	德保	隆安
S	10	9	8	7	6	5	4	3	2	1
F	56	15	22	27	1	18	3	10	16	14

注：S 表示专业化生产水平；F 表示综合交易效率。

根据表 5-2 可知，样本区内综合交易效率指数专业化水平指标存在着一定的相关性，综合交易效率指数越大，则该地区的专业化生产水平也就越高，这与前面的假设相符，意味着运用因素分析计量工具以及相应的统计处理技术对广西各县（市）交易效率的分析具有合理性，能基本反映实现实情况。但也有样本异常，例如那坡县、天峨县、巴马瑶族自治县、昭平县、平果县、田东县。前面 4 个县专业化生产水平较高，而综合交易效率较低；后面 2 个县的综合交易效率较高，而专业化生产水平较低。

那坡县的平孟口岸已经升格为"国家一类口岸"，其处于广西对接"中国—东盟自由贸易区"的陆路交通线上，是通往越南及东盟各国的陆路交通要道，因而那坡县的边贸比较发达。这样以来，其"消费品零售总额"并不能完全代表当地的"来自商品交易的消费额"，因此其专业化生产水平会被高估，高于综合交易效率水平。

昭平县内有很多码头，例如昭平码头、马江码头、五将码头、古袍码头、木格码头、富裕码头等，其水路运输较为发达，而在本书中的综合交易效率一级指标下交通交易效率层面，因为各种统计资料、统计年鉴、统计报告中都没有水路运输方面的数据，因此只统计了公路运输的相关数据，因此昭平县的综合交易效率被低估，因而出现了其专业化生产效率高于综合交易效率的误差。天峨县也是同样的原因。

巴马瑶族自治县内已经建成了百色巴马机场，其已经基本实现长三角、珠三角、直辖市全覆盖，航空运输也为巴马瑶族自治县的交通运输效率的提升提供了很大支撑。在本书中也没有将其列入考虑，因而也就造成了综合交易效率被低估的误差。

平果县先后被评为"中国中小城市综合实力百强县市""中国最具区域带动力中小城市百强县市""中国最具海外影响力市（县区）""中国西部县域经济百

强县";而田东县是"中国西部百强县"。这两个县经济实力较强,财政收入必然超过平均水平,因而在城镇基础设施、农村基础设施建设方面投入力度很大,政府服务能力方面有高水平,在教育事业、卫生事业等方面都有很好的发展成绩。因此其综合交易效率较高,而专业化生产水平较低。

二、实证分析

(一) 基本模型估计结果

用计量软件 Eviews,利用以上相关数据对模型 (5.1) 进行回归分析,结果反映在表 5 – 3 中。从回归结果来看,t 值和检验模型线性关系的 F 值都通过了检验,P 值为 0.0806,在 10% 的显著水平下可以通过检验,说明方程拟合程度较好,模型参数统计显著。说明综合交易效率指数可以较好地解释专业化生产水平。解释变量的系数为 0.3598,说明综合交易效率指数上升一个百分点时,专业化生产水平上升约 0.36 个百分点。但方程的判定系数和调整后的判定系数分别为 0.052 和 0.035,都较低,可能的原因有二:①商品化程度可能还不能完全用来代表专业化生产水平,或因数据的可得性关系,本书用来计算商品化程度的方法存在一定的缺陷;②因为此模型是用横截面数据作回归分析,因此判定系数较低。

表 5 – 3 模型 (5.1) 回归结果

Sample: 1 60
Included Observations: 60

Variable	Coefficient	Std. Error	t – Statistic	Prob.
LNTEI	0.359780	0.202304	1.778411	0.0806
C	−0.541385	0.046581	−11.62255	0.0000
R – squared	0.051710	Mean Dependent Var		−0.551515
Adjusted R – squared	0.035360	S. D. Dependent Var		0.364608
S. E. of Regression	0.358104	Akaike info Criterion		0.816776
Sum Squared Resid	7.437815	Schwarz Criterion		0.886588
Log Likelihood	−22.50329	Hannan – Quinn Criter		0.844083
F – statistic	3.162745	Durbin – Watson Stat		1.690310
Prob (F – statistic)	0.080578			

本书的目的是为了找出专业化生产对经济发展的影响，用计量软件 EViews，利用以上相关数据对模型（5.2）进行回归分析，结果反映在表 5-4 中。

表 5-4　　　　　　　　　　模型（5.2）回归结果

Sample：1 60
Included Observations：60

Variable	Coefficient	Std. Error	t – Statistic	Prob.
LNL	0.117963	0.154973	0.761185	0.4497
LNK	0.300618	0.107718	2.790782	0.0072
LNS	0.679569	0.234880	2.893259	0.0054
C	5.250123	1.577378	3.328787	0.0015
R – squared	0.268373	Mean Dependent Var		10.25269
Adjusted R – squared	0.229178	S. D. Dependent Var		0.735525
S. E. of Regression	0.645765	Akaike info Criterion		2.027578
Sum Squared Resid	23.35270	Schwarz Criterion		2.167201
Log Likelihood	–56.82735	Hannan – Quinn Criter		2.082193
F – statistic	6.847233	Durbin – Watson Stat		1.128846
Prob（F – statistic）	0.000519			

从回归结果来看，检验模型线性关系中专业化生产水平、物质资本的 t 值、F 值都通过了检验，但是人力资本没有通过检验，而且方程的判定系数和调整后的判定系数分别为 0.27 和 0.23，都相对较低，因此有必要对模型二进行修正。

（二）修正模型估计结果

在统计的广西 60 个县（市）中，从业人数占总人数的比重（从业人员数/年末总人口数，以 W 表示）统计信息如表 5-5 所示。

表 5-5　　　　　　　2015 年广西从业人员比统计信息情况

	Mean	Median	Max.	Min.	Std. Dev.	Obs.
W	0.315216	0.304541	0.600814	0.183813	0.095454	60

根据表 5-5 可知，广西 60 个县（市）中，2015 年从业人数占总人数的比

重的平均值为 31.52%，最大值为 60%。而 2015 年广西就业人员 2820 万，占年末人口总数的比值为 58.80%，全国当年的从业人数占比为 56.34%。因此广西 60 个县（市）的劳动力是充足的，劳动力的变动对其经济增长的重要程度不大。基于此，在模型（5.4）中减掉劳动因素，修正如下：

$$\ln(pgdp) = \beta_0 + \beta_1 \ln(S) + \beta_2 \ln(K) + \varepsilon \quad (5.4)$$

利用相关数据对模型（5.4）进行回归分析，结果反映在表 5-6 中。从回归结果来看，判定系数和调整后的判定系数分别为 0.2608 和 0.2349，说明调整后的模型对现实的解释力有所提升；专业化生产水平、资本的 t 值、F 值都通过了检验，P 值都小于 5% 的显著水平，说明方程拟合程度较好，模型参数统计显著。解释变量 lnS、lnK 的系数分别为 0.6516 和 0.3440，说明专业化生产指数上升一个百分点时，人均 GDP 上升约 0.6516 个百分点；资本上升一个百分点时，人均 GDP 上升 0.3440 个百分点。从回归结果来看，专业化生产指数的系数为正且远远大于资本的系数，这支持了本书前面的假设——专业化生产的提高是贫困地区经济发展的主要原因。

表 5-6　　　　　　　　　模型（5.4）回归结果

Sample: 1 60
Included Observations: 60

Variable	Coefficient	Std. Error	t - Statistic	Prob.
LNS	0.651556	0.231121	2.819105	0.0066
LNK	0.343961	0.091099	3.775660	0.0004
C	6.012959	1.213601	4.954642	0.0000
R - squared	0.260803	Mean Dependent Var		10.25269
Adjusted R - squared	0.234866	S. D. Dependent Var		0.735525
S. E. of Regression	0.643378	Akaike info Criterion		2.004538
Sum Squared Resid	23.59432	Schwarz Criterion		2.109256
Log Likelihood	-57.13615	Hannan - Quinn Criter		2.045499
F - statistic	10.05535	Durbin - Watson Stat		1.081058
Prob（F - statistic）	0.000182			

模型（5.4）比模型（5.3）对现实具有更强的解释力，具有很大的理论和现实意义。这说明，在贫困地区，要提高产出水平，首先需要提高专业化生产水

平，其次要提高资本的投入，而劳动量的变动对贫困地区经济发展的影响不大。这也为广西贫困地区以后的经济政策制定提供了方向。

（三）模型变量之间的 Granger 因果关系检验

按照上一章的理论，交易效率与贫困地区经济发展应该是一个相互促进的过程，其内在机理是：基础设施改善、交通通信普及、教育水平提高、制度变迁、产权安排等提高了社会交易效率，因而促进了专业化生产水平的提高，进而促进了经济发展，经济发展反过来又引起交易效率的进一步提高。因此，交易效率、专业化生产水平的提高与经济发展是相互促进的。为了进一步确定交易效率、专业化生产水平与贫困地区经济发展之间的因果关系方向，本节采用 Granger 因果关系检验方法对它们的关系进行检验，结果反映在表 5-7 和表 5-8 中。

表 5-7　　　　资本与人均 GDP 的 Granger 因果关系检验

Sample: 1 60
Lags: 2

Null Hypothesis	Obs.	F – Statistic	Prob.
LNPGDP does not Granger Cause LNK	58	3.80827	0.0285
LNK does not Granger Cause LNPGDP		2.58991	0.0845

表 5-8　　　　专业化生产与人均 GDP 的 Granger 因果关系检验

Sample: 1 60
Lags: 2

Null Hypothesis	Obs.	F – Statistic	Prob.
LNS does not Granger Cause LNPGDP	58	0.21237	0.0894
LNPGDP does not Granger Cause LNS		2.28754	0.0115

检验结果显示，资本、专业化生产水平与广西贫困地区的人均 GDP 之间存在双向的 Granger 因果关系，即资本的增加、专业化生产水平的提高促进广西贫困地区经济发展，同时，贫困地区经济发展亦带动了资本的积累、专业化分工的细化。这说明资本、专业化生产、贫困地区经济发展在动态意义上具有自我强化、循环累积的特征。

第二节　农户专业化生产对收入效应的实证分析

基于前两章分析发现，专业化生产水平对山区农户的贫困程度有着直接的影响，而农户纯收入直接体现其贫困程度，同时考虑到某些致贫因素难以量化以及数据的可获得性，本章以桂滇黔山区农户的劳动纯收入为被解释变量，以专业化指数为解释变量，以经营土地面积、生产投资、受教育程度、销售难易、到镇距离、外出务工比例为控制变量对山区农户交易效率与专业化生产水平、专业化生产水平与收入效应之间的关系进行实证研究，以检验专业化生产对山区农户收入的影响。

一、数据来源

本书使用的数据主要来源于实地问卷调查。数据样本的选取覆盖了广西、贵州和云南三省（区），根据各地区人口权重分配样本数量，再通过学生借助调查问卷对上述地区的农户进行入户访谈。在访谈过程中，一般先对当地村干部访谈，再向农户进一步了解。

调查结束后，共收回调查问卷 980 份，根据研究需要，对数据进行了筛选，剔除缺失关键数据的样本 98 份，剩下有效问卷 882 份。样本涉及西南三省 6 个县（市）882 个农户，具体分布如表 5-9 所示。

表 5-9　　　　　　　　被调查农户地区分布情况

地区	户数/户	所占比例/%
广西	366	41.5
贵州	284	32.2
云南	232	26.3

根据调查数据中农产品分布情况及产品特性的相近性，把农产品分为五类：粮食类、经济类、瓜菜类、水果类以及养殖类。如果将其看作几种行业，那么被调查农户中粮食类行业所占比重最大，比例高达 54.4%；经济类行业所占的比重次之，但与粮食类行业相比存在一定的差距；瓜菜类行业与水果类行业所占比重

相对较低,分别为11.9%和7.4%;而养殖类行业在被调查农户中所占比重最低,仅为9.3%,这几个行业的具体分布情况如表5-10所示。

表5-10　　　　　　　　被调查农户行业分布情况

行业	户数/户	所占比例/%
粮食类	480	54.4
经济类	150	17.0
瓜菜类	105	11.9
水果类	65	7.4
养殖类	82	9.3

根据本书的农户专业化标准,如果农户主产品的比重超过了60%,则认为该农户在从事专业化生产,该农户也是专业农户,否则为非专业化生产的一般农户。这样,如表5-11所示,在882个被调查农户中被调查户主的专业化生产水平不高。

表5-11　　　　　　　　被调查农户构成情况

农户类型	户数/户	所占比例/%
专业农户	348	39.5
一般农户	534	60.5
合计	882	100

二、农户专业化行为的描述性统计

本节利用农户的调查数据对农户的专业化行为进行描述性的统计分析,以便更好地理解不同农户的专业化行为。

1. 不同户主特性的农户专业化行为

(1) 户主年龄。如表5-12所示,从事农业生产的农户户主年龄分布不是很明显。说明户主年龄对农户专业化行为的影响是不明确的。

表 5-12　　　　　　　　　不同年龄组农户专业化行为

户主年龄	农户数/户	其中专业农户数/户	占该组比例/%
30 岁以下	53	15	28.3
30~40 岁	171	75	43.9
40~50 岁	425	164	38.6
50 岁以上	233	94	40.3

（2）户主文化程度。由表 5-13 可知，大部分农户户主文化程度都在高中及以下，高中及以上的只占到 33.7%。文化程度在小学以下的农户专业化比例高达 54.9%，而由此可见，专业化农户户主的文化程度相对较低。

表 5-13　　　　　　　　不同文化程度组农户专业化行为

户主文化程度	农户数/户	其中专业农户数/户	占该组比例/%
小学以下	51	28	54.9
小学	204	73	35.8
初中	437	183	41.9
高中及以上	190	64	33.7

2. 不同家庭与经营的农户专业化行为

（1）家庭常住人口数。如表 5-14 所示，大部分农户家庭常住人口在 4 人及 4 人以下组，其中 4 人的比重最高。家庭人口在 4 人以下组的农户专业化比例最大，占 44.2%，而 5 人组的农户专业化比例最小，占 30.3%。总体上说明家庭人口较少的农户更趋向于专业化。

表 5-14　　　　　　　　不同家庭人口组农户专业化行为

家庭人口/人	农户数/户	其中专业农户数/户	占该组比例/%
4 人以下	308	136	44.2
4 人	394	155	39.3
5 人	152	46	30.3
5 人以上	28	11	39.3

（2）耕地面积。由表5-15可知，耕地面积超过15亩的农户，其专业化比例高达59.4%，而耕地面积小于5亩的农户，专业化比例只有23.1%。随着耕地面积的增加，农户专业化行为在不断加强。

表5-15　　　　　　　　不同耕地面积组农户专业化行为

耕地面积	农户数/户	其中专业农户数/户	占该组比例/%
5亩以下	234	54	23.1
5~10亩	211	68	32.2
10~15亩	128	56	43.8
15亩以上	286	170	59.4

3. 不同产品类型的农户专业化行为

由表5-16可知，养殖类农户专业化倾向较高，专业农户所占比例大69.5%，而粮食类农户专业化的比例最低，只有20.8%。从事不同类型农产品生产的农户，其专业化程度存在很大差异。

表5-16　　　　　　　　不同产品类型组农户专业化行为

产品类型	农户数/户	其中专业农户数/户	占该组比例/%
粮食类	480	100	20.8
经济类	150	86	57.3
瓜菜类	105	66	62.9
水果类	65	39	60.0
养殖类	82	57	69.5

三、变量说明

山区农户的"劳动纯收入"是最主要的被解释变量。在设置"劳动纯收入"变量时，首先需要确定家庭年纯收入，再根据每个家庭的劳动力数以进一步确定单位劳动力的纯收入。专业化指数是本书的核心解释变量，这里我们用农户的主产品收入占家庭总收入的比例来衡量，若专业化指数低于60%，则将其赋值为"0"，表示农户的非专业化水平；反之，则将其赋值为"1"，用以表示农户的专业化程度,这源于专业化水平直接影响着农户的收入。

为了更加精确地得出解释变量对农户收入效应的影响效果,排除其他因素可能造成的回归偏差,本书在模型中加入了销售难易、到镇距离、外出务工比例等控制变量。其中,销售难易设置为虚拟变量,农户销售困难赋值为"1",反之,销售容易则赋值为"0";到镇距离用农户所在村子的位置到附近最近的农贸市场的距离作为衡量标准;外出务工比例以村中外出务工人员占全村人口的比例进行测量。

鉴于本书采用截面数据,相较于时间序列数据而言,价格这一因素在估计方程中对收入的影响较为微弱,故本书将价格因素的作用归到常数项中,对价格因素不予考虑。此外,现有研究在分析农户收入影响因素的过程中往往更关注影响农户产出总量的因素,而对投入作为影响农户收入的重要因素则缺少一定的重视。产量的多少主要取决于投入,从广义上来看,投入包括物力资本投入和人力资本投入。其中,物力资本投入包括经营土地面积、生产投资,本书分别用单位家庭劳动力数所经营的土地面积、单位家庭劳动力数所投入的资本反映家庭经营投入的物力资本结构。人力资本主要体现在劳动力的质量方面,本书用受教育程度衡量劳动力质量,设置"教育程度"为虚拟变量,对小学以下学历赋值为"1",小学学历赋值为"2",初中学历赋值为"3",高中学历赋值为"4",高中以上学历赋值为"5"。各变量的描述性统计如表5-17所示。

表5-17　　　　　　　　　　　回归模型变量定义

变量名称	变量符号	变量赋值	均值	方差
劳动纯收入	Y	家庭年纯收入/家庭劳动力数/千元/人	5.44	11.25
专业化指数	S	专业化=1,非专业化=0	0.395	0.145
经营土地面积	Land	家庭经营的土地面积/家庭劳动力数/亩/人	4.87	12.69
生产投资	Capital	家庭年生产投资/家庭劳动力数/千元/人	3.23	11.26
教育程度	Educated	小学以下=1,小学=2,初中=3,高中=4,高中以上=5	2.85	0.88
销售难易	Sale	销售困难=1,销售容易=0	0.23	0.45
到镇距离	Distance	村到最近的农贸市场的距离/千米	4.72	5.33
外出务工比例	Employed	村中外出务工人员占全村人口的比例/%	24.15	15.58

四、计量模型的设定

Logistic 回归模型被广泛地运用于对某一事件的影响因素分析过程中,是一种非线性的统计分析方法,本书将采用 Logistic 模型分析农户专业化生产对其收入的影响。在概率统计学中,将出现某种事件的概率(p_i)和不出现的概率($1-p_i$)之比称为比值,即"优势比(odds)"$\frac{p_i}{1-p_i}$,对其取对数就是 Logistic 变换。具体形式如下:

$$\text{logit}(p_i) = \ln\left(\frac{p_i}{1-p_i}\right) \tag{5.5}$$

以二分类变量为例,因变量的取值只有两种情况,即 0 或 1,与此对应的 $\text{logit}(p_i)$ 大小为:

$$\begin{cases} p_i = 0 & \text{logit}(p_i) = \ln(0/1) = -\infty \\ p_i = 1 & \text{logit}(p_i) = \ln(1/0) = +\infty \end{cases} \tag{5.6}$$

由公式(5.2)可知,经过变换 $\text{logit}(p_i)$ 的取值范围发生了变化,即扩展到整个实数区间($-\infty$, $+\infty$),进而自变量在取任何值的情况下,对 p_i 值的验证都存在意义。大量的实践表明,通常 $\text{logit}(p_i)$ 与自变量呈线性关系,即自变量的 S 曲线与概率之间往往满足 logit 关系,因此,运用曲线问题局部放大的方法,各部分就近似变成了直线,此时用 $\text{logit}(p_i)$ 作为因变量,一个含有 i 个自变量的 Logistic 模型如下:

$$\text{logit}(p_i) = \beta_0 + \beta_1 x_1 + \beta_2 x_2 + \cdots\cdots + \beta_i x_i \quad i = 1, 2, 3, \cdots, n \tag{5.7}$$

现有研究发现 Logistic 模型能很好处理多种分类数据的建模计算需求,其已成为学者处理分类数据首选的建模方法,故本书也将采用该方法建模。

同时,根据前文的理论分析可知,地区分工的演进及专业化生产的深化受到交易效率的影响,而山区农户的收入会因分工的演进及专业化生产的深化得到提升。此外,经济理论表明一国(或地区)的收入还受区位因素、资本投入、科技进步、制度及产业结构升级的影响。

上述制度、产业结构、资本及区位等因素都会影响到山区农户的交易效率,因此,本章研究建立山区农户专业化生产的收入效应模型时,未将上述要素单独列出,基于此,再结合第三章的机理分析和第四章的现实状况从收入的直接决定因素及有关农户特征变量入手,建立农户收入方程。通过计量模型实证分析专业化生产水平对山区农户收入的影响,重点回答农户专业化水平的提升是否增大了农户收入的概率？专业化生产是否存在减贫效应？以及专业化生产能否缓解农户收入差距造成的贫困？针对上述问题，构建计量模型如下：

$$LnY_i = \beta_0 + \beta_1 S_i + \beta_2 Land_i + \beta_3 Capital_i + \beta_4 Educated_i + \beta_5 Sale_i + \beta_6 Distance_i + \beta_7 Employed_i + \varepsilon_i \quad (5.8)$$

模型（5.8）中的被解释变量为 LnY，其中 Y_i 为第 i 个农户的劳动纯收入，由于劳动纯收入的样本数据不服从正态分布，我们对劳动纯收入取对数。就解释变量而言，我们感兴趣的首要变量是农户专业化的衡量指标，如前所述，这里我们用变量 S_i 来代表第 i 个农户是否选择专业化，用主产品收入占家庭总收入的比例（专业化指数）来表示，如果专业化指数高于 60%，就认为该农户从事专业化，即 $S_i = 1$，否则为非专业化，即 $S_i = 0$。β_0、β_1、β_2、β_3、β_4、β_5、β_6、β_7 是本书所要估计的系数或系数向量，ε_i 是随机干扰项，服从 0 均值、同方差（δ^2）的正态分布。该模型表示了山区农户的劳动纯收入与专业化生产水平及其他因素之间的关系，这是对新兴古典经济学生产函数的扩展，将专业化生产水平这一变量考虑进模型中，目的是考察专业化生产对山区农户劳动纯收入 Y 的影响程度。

五、实证分析

本书利用 Spss18.0 对模型（5.8）进行回归分析，回归结果见表 5-18 所示。

表 5-18　　　　　　　　　农户专业化的收入效应

因变量：LnY

自变量	参数估计值	标准误	p 值
Intercept	5.98	0.0069	0.000
S	0.282	0.019	0.000
Land	0.022	0.012	0.000
Capital	0.069	0.018	0.000
Educated	0.248	0.022	0.001
Sale	-0.124	0.206	0.556
Distance	-0.036	0.019	0.054
Employed	0.018	0.006	0.002

注：观测值 N = 882，$R^2 = 0.991$。

由表 4-18 中的回归结果可见,专业化指数 S 的系数 β_1 的估计值为 0.282,且在 1% 的水平上显著。这说明专业化的程度对农户收入有明显的影响:相对于非专业化的农户,专业化农户的劳动纯收入平均高出 28.2%。

就其他控制变量来说,家庭投入要素变量对农户的农民纯收入有正向影响。经营土地面积变量 Land 的系数 β_2 的估计值为 0.022,且在 1% 的水平上显著,这说明农民经营的土地面积每增加 1 亩,农民收入将相应地提高 2.2%。生产投资变量 Capital 的系数 β_3 的估计值为 0.069,且在 1% 的水平上显著,这说明农民生产投资每增加 1000 元,农民收入将相应地提高 6.9%。此外,以农民受教育层次来衡量的人力资本对家庭收入有非常大的影响。教育程度变量 Educated 的系数 β_4 的估计值为 0.248,且在 1% 的水平上显著,这说明在其他条件相同的条件下,农民受教育程度每提高一个层次,农民收入平均增加 24.8%。

最后,看一下农户的经营环境变量对农户收入的影响。销售难易变量 Sale 的系数 β_5 的估计值为 -0.124,这说明销售难易程度对农户收入有逆向的影响,即农户销售越困难收入越低,但这种影响并不显著。到镇距离变量 Distance 的系数 β_6 的估计值为 -0.036,且在 10% 的水平上显著,这说明到镇距离每减少 1 千米,农民收入将相应地提高 3.6%。而外出务工比例变量 Employed 的系数 β_7 的估计值为 0.018,且在 1% 的水平上显著,这说明外出务工比例每增加 1%,农民收入将相应地提高 1.8%。从回归结果来看,专业化指数的系数为正且大于经营土地面积、生产投资及教育程度等的系数,这支持了前面章节的假设,即专业化生产水平是影响山区农户收入提升的重要原因。

六、结果分析

在农户专业化生产对收入效应的分析部分,基于广西、贵州、云南西南三省(区)的 882 张有效问卷获取的一手数据,通过构建关于农民收入增长的多元回归模型,展开实证分析。研究发现:

第一,农户专业化程度对农民收入的影响是显著的,而且,与非专业化的农户相比,专业化农户的劳动收入高出 28.2%。西南三省(区)的农户通过专业化生产,其收入水平有较大幅度的增加,但不同区域之间农户生产收益的不平衡是多种因素共同作用的结果,如农户的类型和行为决策、物质投入、农产品需求变动等,从而决定了农户收入效应的大小。不同农产品种植区的自然资源禀赋、种植技术、区域经济市场化程度及区域环境资源状况等也影响着山区农户专业化效率的高低。农户专业化的形成有利于农产品生产技术的建立和产业链的发展,对提高农产品单产、降低农产品生产成本有明显的积极作用。农户专业化具有明显的外部性和知识溢出效应，并有助于规模经济的形成，故农户专业化生产对其收入具有正向作用。

第二，农户经营的土地面积增加，农民的收入水平也会随之增加。首先，长期以来我国农户面临着户均耕地面积较小以及耕地细碎化的问题，以致农户对农田进行基础设施投入的意愿较低，这对先进的农业技术推广以及提高农业机械使用效率产生了直接影响，进而增加农户耕地面积是现实所需。其次，伴随着农业生产机械化水平的提升，我国农业生产逐渐向劳动节约型方向转变，农户扩大经营土地面积也成为必然趋势。最后，我国正在推行农村土地流转，可经营土地面积的增加为农户进一步扩大生产规模提供了重要条件，农业政策的扶持成为农民收入水平提升的重要途径之一。

第三，农业生产投资对农业收入具有显著影响，同时，农户的投资行为对实现新农村建设也至关重要。长期以来存在这种观点，只要农业生产有利可图，农户就会对其进行投资，但若考虑到长期的农业投资存在机会价值，农户的决策就会在一定程度上发生变化。不同收入层次的农户其需求存在差异，也会导致其投资行为的不一样。鉴于农业生产经营具有特殊性，对于农户而言，生产资本需经过多主体、多渠道、多环节才能传到他们手中，而资本在传递的过程中可能会受到地理条件、市场、制度等多种因素的影响。现阶段，山区农户因生产资本获取条件改善，也对其收入水平产生了积极作用，所以国家可通过增加农业水利、机械、研发等方面的投入来增加农民收入。

第四，农民的受教育程度也对农民收入产生正向影响，即教育和在职培训也是改变农户收入差距的影响要素，通过农业技能培训也能使农民增收。对于农户而言，首先，其接受新事物的能力会因其受教育水平的提升而有所增强，进而越有可能用先进的管理理念对农业生产的关键环节进行规划，最大程度上选择利己的生产决策。其次，农户受教育程度越高越有利于掌握新技术，进而将先进的有关农业方面的科学技术运用到农作物种植及病虫害防治等方面，以提高农户规模经营的效率。最后，农户文化水平越高，越有助于其对外部信息的梳理及对市场机会的把握，从而能在很大程度上降低市场风险。总之，农户的文化水平对其技术学习、生产决策及市场机会的把握等方面有着直接的影响。

第五，在经营环境方面，增加农作物的销售便利程度以提升农户收入水平。农作物销售便利程度对农户收入存在一定的影响，在偏远山区这种影响更为明显。一方面随着我国城镇化进程的加快，在城镇周围的农村由于离市场较近且交通便利，其交易效率较高，而山区恰恰相反，农户距离交通要道及城镇较远，会导致运输成本上升，不利于农户进一步扩大市场；另一方面山区的基础设施建设相对于城镇地区较为落后，阻碍了山区农户与外界的信息交流，也会对山区农户收入的提升产生一定的限制。国家改善农村道路、新建城乡公路以及将城郊纳入城市发展规划等都是有效解决农民收入过低的重要措施。

第六，鼓励农民外出务工促进农民增收。农户外出务工会使得一些劳动力重新分配到非农工作中，从而能够提升生产要素的产出效率，这说明外出务工对农业生产技术效率的提升有所帮助。对于山区农户而言，因其所在地理位置较为特殊，土地细碎化问题比较突出，土地经营规模相对较小，在这种情况下鼓励农户外出务工，通过获取工资性收入以提升农户的非农收入。同时，外出务工农户的增加促进农村土地的流转，而缺乏外出务工机会的农户为了提升收入水平，会产生租入土地的需求，对土地配置效率的提升起到促进作用。因而，鼓励农户外出务工能从整体上增加山区农户的收入。

第三节 本章小结

在专业化生产对贫困地区经济发展效应的分析部分，利用广西60个县（市）的经济数据，设定了贫困地区的专业化生产水平和交易效率指标，并利用相关统计软件，对贫困地区交易效率与专业化生产水平、专业化生产水平与人均GDP之间的关系进行了实证分析。结果表明，在贫困地区，劳动投入对经济发展的影响不大，而交易效率在很大程度上影响着贫困地区的专业化生产水平，专业化生产水平影响着贫困地区的经济发展，并且交易效率、专业化生产水平的提高与经济发展是相互促进的。这支持了前面的理论假设，即交易效率低下、专业化生产水平低是导致贫困地区经济发展滞后的主要原因，贫困地区经济要取得持续的经济发展，必须设法提高当地的交易效率水平。

在农户专业化生产对收入效应的分析部分，基于广西、贵州、云南西南三省（区）的882张有效问卷获取的一手数据，研究发现农户专业化程度对农民收入的影响是显著的。

交易效率主要在以下几种情形中影响贫困地区专业化生产水平：一是交易效率低下会影响农户与农资厂商及农业科研部门的交易活动，对专业化生产水平的提升产生制约。对于贫困地区，由于地理位置欠佳、基础设施落后等因素，导致农资厂商及农业科研部门与农户间的交易费用或服务供给成本上升，限制交易效率的提升；同时，山区农户因自身受教育程度较低，且外部环境存在封闭性及排他性，也给农户使用新技术带来一定的障碍，不利于专业化生产的开展与推广。二是交易效率的低下对专业化生产现状的改进形成制约。专业化生产现状的改进主要得益于农户对农业技术的有效掌握及熟练运用，而这需要农户通过"干中学"提升自身人力资本水平，封闭的社会环境给不同区域及民族间的农户交流和学习带来了一定的障碍。即农户间处于交易效率低下的情形时，农户通过与他人沟通交流提升应用农业技术水平的路径受限。三是交易效率低下会影响贫困地区产业分工的形成，会进一步弱化专业化生产的内在动力。对于少数民族地区而言，较低的城镇化水平会使当地的农产品市场的有效需求存在不足，但贫困地区的市场外拓会因外界环境的制约产生较高的交易费用，进而给当地农户凭借农产品市场价格信号来采用相应的现代农业技术从事专业化生产带来一定的困难。因此，提升贫困地区交易效率对当地专业化生产水平的提高具有积极的作用。

第六章

桂滇黔少数民族山区交易效率低下的原因分析

杨小凯—博兰德模型指出，只有当劳动分工达到某个程度时，经济增长才能提高，而分工的演进程度，则与交易效率有关，交易效率越大，分工的演进就会越快。从上一章的分析可以看出，在桂滇黔少数民族山区，劳动投入对经济发展的影响不大，而交易效率在很大程度上影响着贫困地区的专业化生产水平，专业化生产水平影响着贫困地区的经济发展，并且交易效率、专业化生产水平的提高与经济发展是相互促进的，农户专业化生产程度对农民收入也存在显著的影响。从专业化生产视角来看，桂滇黔少数民族山区农户陷入贫困的根源，是因为当地交易效率低下，阻碍了当地专业化生产水平的提高。

第一节 交易效率的思想渊源

"交易效率"的思想很早就得到经济学家的重视。但在早期，经济学家并不直接用"交易效率"这一个词，"交易效率"思想主要体现在有关"运输效率"或"运输费用"的论述当中。早在1776年，古典经济学家亚当·斯密就在《国富论》中明确论述了运输效率的重要性，"水运开拓了比陆运更广阔的市场，所以从来各种产业的分工改良，自然而然地都开始于沿海沿河一带……假若在两都市间，除了陆运，没有其他交通方法，那么除了那些重量不大而价格很高的货物以外，便没有什么商品能由一地运至另一地了。这样，两地间的商业就只有现今的一小部分，而这两地相互间对产业发展提供的刺激，也只有现今的一小部分"[①]。这表明运输效率是"斯密定理"的不可分割的组成部分，如果运输效率

---

① 亚当·斯密. 国民财富的性质和原因的研究（上、下卷）[M]. 北京：商务印书馆，1972：17.

低下,则市场必然狭小,而分工范围也必将受其祸害,相反,如果运输高效,则市场、分工必能交相辉映①。杜能(Thunen,1826)的《孤立国农业和国民经济的关系》也曾因有他对运输费用的论述而不断成为后人追述的经典。他说,"用四匹马拉的货车,通常载重量为2400磅。四匹马两天所耗的草料约为150磅……所以一车的载谷能力为2400 - 150 = 2250磅""由于运输费用的影响,一般地说,近郊应该种植这样的产品:相对于其价值来说是笨重而体积大的东西,往城市运输费用很大,从远地供应这些产品不合算;再则就是易于腐烂,必须新鲜消费的产品,这是很清楚的事。离城远的地方总是逐渐地从事生产那样的产品:相对于其价值来说,只要求较小的运输费的东西。由于这一原因,城市四周将形成一些界限相当分明的同心圆,每个同心圆内有各自的主要产品"②。杜能的说法表明:第一,运输费用对人类生产、经营、商业活动的影响巨大,不考虑运输费用的处理法不能真实刻画现实;第二,杜能的例子为后人处理"运输费用"提供了重要启示。事实上,杜能所谓的"马在运输途中要消耗谷物"的说法可能正是今日风行的"冰山交易成本"处理法的先驱③。

然而,在古典经济学时代,交易效率的思想并没有受到主流经济学的关注。"交易效率"一词的完整含义直到20世纪80年代末期才出现,诺斯(North D.,1984)和张五常(1989)指出这有两方面原因:第一,交易成本思想在科斯1937年《企业的性质》以及1960年《社会成本问题》两文中确立后受到越来越多经济学家认同,出现了一大批追随者,很多人将之应用于多个领域产生了大量成果。第二,交易成本从其本质上说是经济制度或组织运作的成本。按这些经济学家看法,交易成本在现代经济体中耗费的资源越来越多,对社会的影响越来越大。因此不研究交易成本就不能深刻洞察制度、组织、人类行为与经济发展的内在机制④。

第二节 交易效率的影响因素

威廉姆森(Williamson,1985)认为交易费用的高低与三个维度有关,即交易的频率、不确定性、资产专用性⑤。但是,威廉姆森仅从微观角度考虑决定交

---

① 赵红军. 交易效率、城市化与经济发展 [M]. 上海:上海人民出版社,2005:29.
② 杜能. 孤立国:对农业和国民经济的关系 [M]. 北京:商务印书馆,1986:23.
③ 赵红军. 交易效率、城市化与经济发展 [M]. 上海:上海人民出版社,2005:35.
④ 赵红军. 交易效率、城市化与经济发展 [M]. 上海:上海人民出版社,2005:40.
⑤ Williamson O. E. The Economic Institutions of Capitalism [M]. Free Press, New York, 1985:80 - 135.

易费用高低的因素，而未将市场机制运行的交易费用考虑在内。或者说，他设定了市场本身是完美的这一前提条件①。而事实并非如此（特别是对贫困地区来说）。由于市场本身是不完备的，使得在不同的市场条件下，微观主体的交易费用是不同的②。

杨小凯（2003）和张永生（2003）认为，交易成本可划分为外生交易成本（Exogenous Costs）与内生交易成本（Endogenous Costs）。前者指交易过程中直接或间接发生的成本，它不由决策者的利益冲突引起，比如运输费用，用于生产运输、通信或交易设施的耗费等；后者是指个体自利决策的结果带来的资源耗费，它由人类行为引起，并且后者比前者对经济发展的影响更大。正是从这一意义出发，他们认为，假若一个人购买一单位商品时，他实际只得到 k 单位量商品，或者当他购买一元商品实际只得到 k 元价值时，那么，这 1 - k 部分便可称之为交易成本，而 k 部分可称为该笔交易的交易效率。这样，经济体中的交易效率便既可由运输条件（新的运输技术或运输基础设施）引起，也可由制度性变化（更有效地保护产权的法律或更竞争性的银行制度等）引起③。

本书借助杨小凯的这一思想，将影响交易效率因素归因于硬条件和软条件。所谓影响交易效率的硬条件，是指这些影响交易效率提高的因素是先天给定（比如自然、地理），或者基本上取决于科学技术、运输技术、交易技术等等；反之，如果这些影响交易效率提高的因素主要依赖于产权、法规、政治、银行等制度，以及教育、社会诚信等，则便称之为交易效率软条件④。

1. 影响交易效率的硬条件

（1）自然禀赋与地理区位。自然地理条件是影响交易效率先天因素。在古代，因水路运输比陆路运输更为方便，很多城市都是在河边（或优良的港口边）发展起来；在现代，地处偏远山区的农村地区，也因为多山区，少平地，从而交易效率低下。

（2）交通运输技术与基础设施。"要致富，多修路"，这句话准确地反映了交通运输技术、基础设施的改善对提高交易效率的重要性。当前我国农村地区都在大力修建公路，以实现"县县通高速，村村通公路"，这对提高当地的交易效率是非常有好处的。一位经济学家曾经说过，影响人类发展的三大发明是"火、轮子和中央银行"，从交易效率的角度看，轮子和中央银行的出现都极大地提高

---

①② 吴向鹏. 分工、市场分割与统一市场建设 [J]. 重庆邮电学院学报（社会科学版），2006（1）：38 - 41.
③ 杨小凯，张永生. 新兴古典经济学和超边际分析 [M]. 北京：社会科学文献出版社，2003：93.
④ 赵红军. 交易效率、城市化与经济发展 [M]. 上海：上海人民出版社，2005：40.

了人类的交易效率水平。

2. 影响交易效率的软条件

（1）公共服务与政策环境。交易效率的提高除了依靠"硬环境"的改善以外，更多的是需要"软环境"的改善，特别是公共服务和政策环境，如果政策不公正、透明，或存在地方保护主义，要素不能自由流动，甚至是官僚体系腐败横行，都会降低整个社会的交易效率。

（2）法制传统与产权界定。明晰的产权有助于人们对未来形成良好的预期，因而有助于提高交易效率水平。诺斯（North D.，1981）记载了英国在17世纪比其他国家提早进入经济起飞阶段的证据。第一，英国是一个岛国，在没有汽车和火车的条件下，它船运的效率比德国和法国这样的内陆型国家高，这种运输效率优势非常重要；第二，更重要的是，英国是世界上第一个颁布专利法（1624年）的国家，这种制度大大提高了对知识产权的保护程度，使知识产权的交易效率大大提升[①]。

（3）信任与社会资本。如果人与人之间都能相互信任的话，整个社会的交易效率将大为提高。福山（1995）在《信任：社会道德和繁荣的创造》中指出，尽管新古典经济学理论能对80%的现实世界做出解释，但它不能解释的"百分之二十"缺憾仍需要在文化和历史传统等"社会资本"领域中去寻找，其中社会成员之间的信任便是一个重要因素[②]。

（4）教育水平与人力资本。接受过良好教育的人，其认知能力和接受能力也会提高，从而能提高整个社会的交易效率。信息经济学家斯宾塞（Spence，1974）认为，受教育程度作为一种投资不仅可以提高人们的劳动生产率，而且也是一种有效的市场甄别机制，将劳动生产率不同的人区别开来，又大大降低了厂商的雇佣和搜寻高效率工人的成本[③]。

第三节 交易效率的模型化处理

用"交易成本"概念分析经济发展问题时碰到的最大难题是其难以量化、难以操作，而用"交易效率"代替"交易成本"，可以很好地克服这个难题，在交易效率的模型化处理中，用来度量交易效率的指标主要有冰山交易成本以及购买

[①] 道格拉斯·诺斯. 西方世界的兴起[M]. 北京：华夏出版社，1999：5-8.
[②] 福山. 信任：道德和繁荣的创造. 北京：远方出版社，1998：20.
[③] Spence M. Job Market Signaling t [J]. Quarterly Journal of Economics, 1973 (87): 355-374.

和售卖某一商品的价格差。

一、冰山交易成本：度量交易效率的主要方法

借助法国经济学家杜能的"马在运输途中要消耗谷物"的思想，美国著名经济学家萨缪尔森于1952年提出了"冰山交易成本"（Iceberg Cost）这个重要概念，其成为当前度量交易效率的最重要的方法。

"冰山交易成本"的思想如下：一个人购买一单位商品时，他实际得到的只有k单位，或者当他为购买商品支付了1元时，他将实际得到k元价值，原因是1−k单位商品在交易过程中像冰雪一样融化掉了。其中1−k部分就是交易成本，主要包括诸如为了寻求交易对象、保障交易完成所必需的运输费用、执行交易的费用、为了保障商品完好的贮藏费用以及收受货款的费用等。k可被视为该商品的交易效率，其值介于区间[0, 1]，意味着若该商品的交易效率越高，则购买时实际得到的部分将越多[①]。

二、用购买和售卖某一商品的价格差来度量交易效率

假定某种商品的需求函数和供给函数分别为：

$$P^+ = a - bQ \tag{6.1}$$

$$P^- = c + dQ \tag{6.2}$$

其中，Q为该商品的需求或供给数量，P^+和P^-分别为该商品的购买和售卖价格。再假若t代表交易该商品时的交易效率，G代表完成该商品交易的交易成本，那么根据上面有关交易成本、交易效率关系的叙述，则有：

$$t = \frac{1}{G} = \frac{1}{P^+ - P^-} \tag{6.3}$$

也就是说，该商品购买价和售卖价之间的差价可作为对交易成本的衡量，而交易成本的倒数则度量了该商品交易活动的交易效率。

当市场均衡时，有：

$$Q^* = \frac{a - c - \dfrac{1}{t}}{b + d} \tag{6.4}$$

---

① 赵红军. 交易效率、城市化与经济发展[M]. 上海：上海人民出版社，2005：48.

$$\frac{\partial Q^*}{\partial t} = \frac{1}{t^2(b+d)} > 0 \qquad (6.5)$$

从式（6.4）、式（6.5）可以看出，均衡的产量随该商品交易效率的改进而增加，这意味着交易效率的不断改善可以带来某种商品市场均衡产量的增加，这与传统上有关交易成本的描述相吻合。

由式（6.5）可以得出：

$$t \leq \frac{1}{a-c} \text{时}, \ Q^* \leq 0 \qquad (6.6)$$

这说明当交易效率小于某一临界值时，市场均衡的交易数量将为零，也就是说，如果交易效率低于一定值，则经济体中不存在市场交易，整个社会的生产表现为自给自足，这时不存在市场交易，原因是生产的专业化经济被交易活动产生的交易成本抵消。

比较两个交易效率度量法可发现，后者运用交易成本的倒数来衡量交易效率，前者用给定常数1与交易成本之差来衡量交易效率，这两种处理法皆准确地界定了交易效率与交易成本之间的负相关关系，且均避免引入一个运输部门从而使模型复杂化的趋势，同时又都巧妙地解决了与运输等有关的交易成本、交易效率问题。尽管这样的处理法使交易效率或交易成本成为商品价格的一个不变线性函数，这有些不符合现实，但由于它高度地简化并概括了现实，因而受到后世经济学家青睐[①]。

第四节 桂滇黔少数民族山区交易效率低下的原因

桂滇黔少数民族山区交易效率之所以低下，正是因为其在硬条件和软条件方面，都与发达地区有着很大的差距。本书把它归纳为当地农户自身所具备的条件和农户专业化生产所面临的外在约束条件。

一、农户自身因素对交易效率的影响

（一）思想观念

从农户的思想观念来看，山区农户长期生活在环境相对封闭的地区，形成一

---

① 赵红军. 交易效率、城市化与经济发展 [M]. 上海：上海人民出版社，2005：55.

种特定的生活方式及价值观念体系等，具体表现为思想相对僵化，观念较为陈旧，对市场经济缺乏全面并且深刻的认识，极大限制了农户开拓进取的精神。山区远离中心城市，交通和通信等基础设施较为落后，加之地形复杂程度较高，农户基本上处于日出而作、日落而息的状态，生活环境基本上处于封闭状态，与外界沟通甚少，对捕获外界信息的敏感度较低，形成相对封闭的思维方式及心理，具体表现为不重视市场信息和经济技术，不及时掌握市场需求，只了解当地可供开发的资源情况。同时，由于农户受教育程度低，对科学种田和发展经济作物等方面的科技知识知之甚少，整体劳动技能水平较为低下，以致耕作粗放，生产效率不高，很大程度上制约了科学技术的应用以及推广，阻碍了专业化生产的形成及发展。

长期以来，多数山区还沿袭着粗放式的农业生产经营方式，生产手段落后，产业结构单一，增加农作物产值主要通过扩大种植面积来实现，在这种情况下，容易造成毁林开荒、生态失衡的局面，同时还会误导农户形成外延式扩大再生产的思维定式，缺乏依靠科学技术增产的观念。以广西贫困地区为例，广西的28个国家级贫困县中，其大部分地处偏远，自给自足的自然经济在这些地区仍然占主导地位，人们因循守旧，墨守成规，落后愚昧观念根深蒂固，一些地区封建迷信、部落意识残留，由于受教育少，文化层次低，对科学种田、发展经济作物等方面的科学技术知识知之甚少，劳动技能差，导致耕作粗放，广种薄收，生产率低下，严重阻碍了科学技术的推广应用，制约着社会经济的发展。由于受几千年自给自足的自然经济的影响，商品经济发展缓慢，商品意识差。至今不少地区仍然停留在"吃饭就种田，喂猪等过年，养鸡养鸭换点钱"的状况，对商品交换和商品流通缺乏强烈的意识，使丰富的自然资源没有得到开发利用，形成了"抱着金饭碗去讨饭"的被动局面。此外，广西欠发达地区是少数民族的高度集中区，因教育的落后，使一部分的青壮年劳力不会使用汉语，从而制约了他们的活动空间。再加上严重的小农思想、守土观念，缺乏开放和流动的意识，劳务输出也受到严重的影响，农村劳动力过剩、劳动力转移和迁出的程度低，农村居民的劳动报酬也大大低于广西的平均水平[①]。这种陈旧、落后观念及自我封闭严重阻碍了当地交易效率的提高。

（二）文化水平

教育水平可以提高人的认知能力及整体素质，也有助于社会交易效率的提

---

① 陈泽军. 广西县域经济发展问题研究 [D]. 广西大学，2003：36.

升，有助于农业经济的发展。在信息经济学中指出，受教育程度作为一种投资可以在提高人们劳动生产率的同时，也是一种有效的市场甄别机制，将具备不同生产能力的劳动者区分开来，极大地降低了农户搜寻信息的成本。农户受教育的程度直接影响着农户自身的能力，具体体现在农户对机会的把握能力和生产投资能力等方面。因为农户在生产过程中，会接触到各种农业生产资源的信息和机会，农户的生产目标是收入效益达到最大化，而这就需要农户对生产要素的供求信息进行关注并把握获取相应生产资源的机会，才会增加获得所需生产资源的可能性，而这个决策过程与农户的受教育程度紧密相关，农户受教育程度越高，就越有可能用先进的管理理念对生产环节进行规划，以达到控制农作物生产成本的目的。因此，农户的文化水平对农业生产有着重要的作用。

从农户对机会的把握能力来看，农户若要获取生产所需的各种生产要素，首先就需了解各种生产要素的供给信息及把握住获取要素的机会。农户对生产要素信息的了解包括很多方面，如生产过程中所需的土地、劳动力、技术及资金等要素的供给数量、质量、类型等相关信息，而这些要素信息同时受到自然环境因素、市场因素和制度因素等共同影响。农户如果没有敏锐的信息搜寻能力、机会发掘及把握的能力，即便有丰富的资源供给信息，农户也无法在众多的要素供给中获取所需的农业生产资源。因此，农户对机会的把握能力直接影响着生产环节，而农户把握机会的能力受其学历的影响，当农户的受教育水平越高时，农户对生产资源供给信息及获取机会信息的敏感度越高，相应的搜寻能力越强，并且对生产要素的获取机会和把握能力越高，最终农户会因其对机会的把握程度越高，获取生产环节所需要素的可能性大大提升。

从农户生产投资的层面来看，农户若没有足够的生产投资能力，即使具备获取上述生产要素的机会，农户获取所需生产要素的状况也会较差。农户的生产投资能力受家庭劳动力人数及家庭生产经营积累下的存款和固定资产的影响，当家庭的劳动力人数越多、可变现的固定资产及流动资金越多，则农户的生产投资能力越好，在某种程度上农户具备搜寻所需生产要素的机会越大，相应的农户获取所需生产要素的可能性也就越高。

基于上述分析可知，教育水平的提升在促进农业发展的同时，也使交易效率得到提高，农业现代化的发展过程表现为一种专业分工精细化、新产品种类不断涌现及交易活动频率加快的过程，而在该过程中，受教育水平更高且对新事物接受能力更强的人更能快速适应这种变化并掌握主动权，从而抓住农业发展的机会。另外，在面对市场因素时，因交易的次数、广度和深度大大地提升，信息的重要性也上升，农户受教育水平的提升能提高其获取信息和破读信息的能力，随之，农户的交易效率和对农业生产的管理效率也能极大地提升。总而言之，农户的文化水平对交易效率的提高有着重要影响。

二、外在约束条件对交易效率的影响

（一）地理位置

桂滇黔少数民族地区专业化水平低下的一个重要原因是多数处于边远山区，地理位置具有先天劣势。众所周知，自然环境资源是农业发展的基础条件，自然环境条件优越的地方其农业都较为发达，而桂滇黔地区自然环境的恶劣，极大地限制了农户从事农业生产活动的空间范围，降低了农户劳动生产效率，再生产也只是在原有规模上简单重复。贫瘠的山区耕地资源，坡度陡峭导致土地利用率较低，加之地理位置偏僻且远离市中心，交通运输处于极其不便的状态。坡陡谷深的山区虽湿热条件较好，能基本满足农业生产的需求，但其地表植被破坏严重，以致每逢雨季的强降雨会强烈冲刷地面造成严重的水土流失，使得原有的耕地资源更加稀缺，土壤贫瘠化程度加深。同时，山区较差的自然环境限制了电力通信和交通等基础设施的完善，增加了桂滇黔地区自然资源开发和利用的难度，严重影响山区农户专业化生产地推进，使得资源优势在转换成经济优势的过程中受到阻碍。

广西是一个远离国家政治、经济中心的地方，其具有少数民族聚居的特点，究其历史原因是由于秦代以来汉文化的形成和不断扩张，使得少数民族被迫逐渐向边远地带迁移，在自然环境较为恶劣的喀斯特地貌地区生存下来。广西贫困市（县）的区位条件相对闭塞，且多数位于广西的内陆及边远山区，位于自治区交界处的县（市）又因相邻区域经济发展水平相对滞后，无法对其产生正面的辐射带动作用。以喀斯特地貌为主的县（市），分布着广泛的石灰岩，山高坡陡谷深，成片耕地较少，分散的坡耕地及梯田较多，旱地又多数集中在陡坡上，土层浅薄。有些山区因大面积裸露的石灰岩，以致耕地较为紧张，粮食无法自给。再加上山高坡陡，地处亚热带季风气候区，降水量相对较多，而各县（市）溶洞和地下河发达，地下水位低，使得蓄水保水工作的展开较为困难，有雨则水土流失严重，无雨则旱灾接踵而来，部分山区存在人畜饮用水严重缺乏的问题而长期未得到解决。就云南省而言，其纬度低，海拔高，省内地形多以山地为主，生态环境较为脆弱，地理环境复杂多样使得山区农户可用于耕种的土地相对较少，机械化或大规模的生产活动更不便于开展。山区农户因居住位置偏远，基于生产资源的有限性，其生产结构及方式都比较单一，对自然环境存在较高的依赖性，并且云南省的病虫害、干旱及霜冻等自然灾害频发，制约了山区农户的农业生产。而拿贵州省来说，这也是我国喀斯特地貌典型的代表地区之一，地处云贵高原东部，境内地势西高东低，反映出高原向丘陵过渡的地势特征，这种地势特征显示了贵州以山地为主的地貌结构，全省山地和丘陵面积占总面积的92.5%，山川相互交错，地面崎岖不平，海拔变化较大；从气候方面来看，贵州省属于温润的亚热带季风气候，伴随着地形破碎、山岭纵横、地势高差悬殊等特点，使得省内地区间气温差异显著，降水量在空间上分布不均匀，但光能和热能整体上偏少；从土壤方面来看，由于省内地形条件复杂，降水和热能等气候地区间差异较大，再加上不同区域在耕作方式上的差异，使得省内土壤种类复杂、类型繁多，如有红壤、黄棕壤、黄壤、石灰土壤等，且土壤具有地域性分布规律，如低丘陵地区的砂页岩的风化物发育成红壤，低山丘陵区的石灰岩的风化物发育成石灰土壤，耕地土壤多分布在河谷盆地及山丘的中下部位置等区域。

由此可知，自然环境对农业生产存在多方面的影响，地理区位直接影响着农户生产规模以及农业生产方式的选择。首先，自然环境影响山区农户生产规模。桂滇黔地区多以山地为主，并伴有峡谷、盆地及丘陵等地形交错分布，地势起伏大，地貌类型复杂，这对农户的播种产生极大影响，农户无法进行大面积的种植，只能将零碎的土地利用起来进行小规模生产，同时，农田小规模种植给耕作、水利、运输等机械化操作的展开带来一定的困难，如水利设施需以较小的类型为主。生产规模小限制了农户专业化生产的开展。其次，自然环境对农作物品种及其生产周期都会产生影响。桂滇黔地区的海拔高低不等，在海拔较低（低于800米）的地区，农作物多以水稻、红薯、甘蔗等为主，生长周期为一年两熟或一年三熟；在海拔稍高（1000米左右）的地区，农作物多以油菜、小麦、玉米等为主，生长周期多为一年两熟；在海拔较高（2000米左右）的地区，农作物多以小黑麦、土豆、甜菜、兰花子等为主，生长周期通常为一年一熟或三年两熟，农作物种类繁杂及生长期限不等增加了专业化生产的难度。基于上述分析可知，桂滇黔地区专业化生产水平低下的一个重要原因是其在地理区位上的劣势限制了农户规模化、专业化生产的推进。

（二）基础设施

桂滇黔地区多以山地、丘陵等地形为主，通信、交通运输、能源、农田水利等基础设施建设还相对薄弱，而农村基础设施建设对农户进行专业化生产具有重要作用。首先，完善基础设施建设可以有效地改善山区农户艰苦的生产条件。由于多数山区农户均处于地理环境较为恶劣的地区，农户的耕作条件极为艰苦。主要表现在交通不便、缺水、缺电及能源不足等方面，交通不便使得农户对外界有关农业生产方面的要素资源了解甚少；有些地区出现长期严重缺水的现象，农业生产用水极为缺乏；有些地区存在电网老化或电压不稳的问题，对农户的生产及生活都产生了影响。其次，完善基础设施可以提高农村专业化生产水平，如农田水利、灌溉及交通等基础设施的建设有助于提升山区农业生产力水平，在增加农产品产量的同时，也可增强抵抗病虫害风险的能力；节水灌溉设施的建设，一方面可降低农业生产的成本，另一方面也可节省大量的水资源；交通运输系统的完善可为农业生产经营中各种生产要素和农产品的合理高效流动创造机会。最后，基础设施的完善可以为农户收集市场信息提供便利，提高山区农产品的商品率。交通运输条件的改善可增强农户与外界沟通的频率，使农户能够根据外界市场的交易信息及时地对农业生产结构进行调整，以便生产出适销对路的农产品，同时，根据市场信息调整农产品种植数量及种类，也可以有效地降低市场风险，最终结果就是提升山区农产品的商品化率，从而形成具有自身特色的专业化生产链条。

虽然农村基础设施建设可以有效促进地区农业生产的发展，但山区农村的基础设施建设依然薄弱。一个重要原因是农村基础设施建设在很大程度上受自然环境的影响，如地形复杂程度越高，道路的建设成本就相对较高，交通工具就较为落后，而现有公路建设缺乏完善的规划，分布不尽合理，公路标准低，质量较差。交通不便使得山区与外界信息交流不畅，山区出现了"孤岛"效应，而市场的形成与发展及其结构特征在很大程度上依赖于交通运输，因其具有配置资源的功能。市场由许多个交易主体构成，是一种在同一个空间范围内通过竞争的方式促使交易实现利益最大化的机制体系。在任何交易中，不同的交易主体分散在不同的空间，双方在空间上存在着一定的距离，此时交通运输成为市场交易中不可或缺的一部分。运输作为交易的一环，主要是通过运输成本及运输时效来影响交易的。当运输成本较高，且超出了交易的收入时，交易双方将不会继续进行交易；当在交易收益确定的条件下，运输的时间效率越高，则相应的交易收入水平也会得到提升。总之，当运输时间在交易规定的时间内，且运输成本越低，交易者的收益越大，此时对交易者的吸引力也就越大，交易就会继续下去。而影响交易成本的因素主要有运输距离、运输发展水平以及运输的规模效益，并且运输的规模效益对商品供给市场和消费市场的作用是不一样的，对于供给者而言，运输的规模效益可以促进其在相同成本下把更多的产品运往全国各地，对于消费者而言，由于其需求通常是零星且分散的，使得单位商品的运输费用很高，可以说运输规模效益低是阻碍农村地区交易活动开展好市场发展的主要因素，原因在于农村在交通运输落后的情况下，需求量具有高度分散和零星分布的特点。运输在市场体系的形成中发挥着重要的作用，并且在市场体系完全形成之后，其对畅通的运输条件具有更高的依赖程度，对于专业化生产而言，其生产出来的产品必须及时地运往各个目的地，以实现供给与需求相结合，否则是整个生产线及市场体系的瘫痪。因此，运输对市场体系的形成和资源配置具有重要作用，是推进专业化生产不容忽视的一环。

基于上述分析可知，桂滇黔地区基础设施的落后使得山区农户与外界沟通存在一定的障碍，使其在获取技术、资金等发展农业的生产要素时受到极大限制，从而导致山区农户处在一种隔离且孤立的封闭状态，专业化生产在很大程度上受到制约。而因基础设施落后导致的交通条件对山区农业生产的影响相比城市是更显而易见的，更为显著的，一方面山区离城镇或交通要道越远，其运输成本就会越大，另一方面农村地区的基础设施相较于城镇地区较为落后，在山区表现得更为明显，限制了山区农业经济的发展。

（三）市场因素

由于我国制度的特殊性，不同农户所拥有的土地类型、数量以及质量等在初次分配时相似程度较高，土地的数量较少对农户从事农业产业化经营存在明显的不足，虽然农户可将土地、资金、劳动力、技术等生产要素进行不同组合以从事不同的产业，在确保农业生产顺利进行的基础上实现生产要素的最优配置，但前提是各种生产要素能在农户间自由的流动。随着农村市场化进程的加快，农村的生产经营活动不再是自给自足的自然经济，农业生产活动与市场的联系越来越紧密。在自然环境与制度环境不变的情况下，市场的供给情况及交易效率对农户的生产也有显著的影响。

从市场规模层面来看，农户能有效获取各种农业生产经营所需的资源与农村的市场规模有着密切的联系。市场规模的大小直接体现出市场交易量的多少及市场关系覆盖面的情况，是市场发展水平的集中体现。市场交易量直观地反映出市场上对农业生产要素的需求量以及各种农产品的最终交易额，这对农户生产有着一定的导向作用。一方面，市场交易量反映出农业生产要素的流通量，流通量越大说明该类生产要素的市场供给量越多，农户就有更多的机会购买该类生产要素用于生产。另一方面，市场交易量的大小也体现出农户所需生产要素交易的成功与否，这也会影响农户对生产要素的获取情况；而市场关系的覆盖面则体现出市场交易中交易的品种及类型的多少和交易主体的广泛度，市场关系覆盖面的大小对农户成功获取生产要素也具有重要影响。在不同农业生产要素的交易市场中，交易关系涉及不同的经济主体，对相关生产要素有需求的农户是否被市场交易关系所覆盖到，对其顺利获取相关生产要素至关重要。市场上交易品种的多少也影响农户生产要素的获得，如市场上提供的土地类型、数量及质量等是否满足农户的特定需要，这是交易成功与否的重要前提。对于不同类型的生产要素其交易的类型也存在差别，如劳动这一特殊的生产要素就决定其只能采取雇佣方式来获得，技术型的生产要素可通过买卖或以提供技术服务的形式来获取，市场交易关系能否覆盖这些交易类型对农户成功获取所需生产要素至关重要。因此，市场交易量的多少及市场覆盖面的大小对农户方便快捷地获取生产所需的要素具有重要的影响。

从市场秩序层面来看，农户之所以能从市场上顺利获取所需生产要素，市场秩序是不容忽视的一环。市场的有序与否首先体现在市场环境的规范度与完善度上，市场环境越规范，市场主体的行为越合理，则市场中的交易行为越有律可循，进而交易主体对自身行为以及农业生产要素供给者行为的预期越准确，最终交易的稳定性就越高，农户交易成功的可能性就越大。其次，市场中交易主体对市场准则的遵守程度也影响着交易的稳定性及交易效率的高低。农村因市场发展缓慢且市场化水平较低，交易主体对市场准则的遵守程度不高，容易出现因不守信用而造成农户获取生产要素过程中相关利益得不到保障，以致农业生产要素获取受到限制。因此，市场需要一套完整的规范秩序，并且市场交易主体做到遵守市场准则的要求，这会大大提高农户获取生产要素的成功率。

从市场透明度层面来看，农户能否从市场上有效获取生产经营所需的要素受到市场信息透明度的影响，市场越透明则市场信息传递得越快，且市场交易信息越真实。市场信息是农户获得所需生产要素的前提条件，通过市场交易信息量的多少间接观察市场的繁荣度，若市场越繁荣，则市场的交易效率也相对较高。同时，市场信息的真实性也需考虑，不可只关注市场信息量的多少，若存在市场信息失真的情况，市场信息量对于农户而言不一定有作用。据此，在市场信息量一定的情况下，市场的透明度越高，农户在真实信息的导向下获取所需生产要素的成功率更高。除了以上因素外，市场信息的传播速度也是极其重要的。市场信息千变万化，市场的交易主体需及时有效地获取有关生产资源的信息，才是提高交易效率的保障。在市场交易过程中，需要对信息进行科学化的管理，如设立农村市场信息服务平台定期或不定期向农户传递市场交易信息，提高市场的透明度，为农户获取生产要素提供相应的市场预测，以提高交易的成功率。

由上述分析可知，市场因素对农户专业化生产的发展也存在着重要的影响。

市场因素主要是通过市场规模的大小、市场秩序的有无及市场信息的透明与否影响农户的决定,从而影响农户获取所需生产要素的类型和数量等,最后由生产要素的变化作用于专业化生产过程。因此,山区需进一步提升市场化水平,做到有的放矢。

(四) 制度因素

专业化生产的形成及发展受自然环境、基础设施及运输条件等资源型要素的影响,同时农业生产发展也受到正式和非正式制度等非资源型要素投入的影响,如农村土地制度、技术制度及金融制度等的完善,对山区专业化生产的推进有着难以忽略的影响。

众所周知,农户用于生产的土地是在制度允许范围内合法获得的,农村土地制度对农户合法利用土地起着至关重要的作用,但土地产权及流转等正式制度和地区习俗等非正式制度对农户获取土地也存在影响。稳定清晰的产权制度是市场经济健康运行的基础,就农业而言,家庭承包经营制度使农村土地产权逐渐清晰,并形成土地所有权、承包权及经营权相分离的格局,而农户的承包权及经营权是可流转的,这些特征为农户获取土地进行规模经营产生重要作用,土地产权的可分性使农户能及时有效地获取土地,提升了资源要素的配置效率。就土地流转而言,土地流转制度的完善是土地得以有效利用,促进实现农业规模化和专业化发展的有效途径。农业用地制度的变迁使得农地所有权、承包权及经营权逐渐分离的同时,土地流动性得以提升且有关土地的权益得到充分保障,需要土地的农户获取土地的便利性大大提高,不再需要土地的农户在流转土地的过程中,有关的障碍性因素逐渐减少,即农村土地流转制度起到规范、保障和促进农户间土地流转的作用。部分山区农户若需扩大生产规模,其土地资源主要来自区域内其他农户的流转,此时地区风俗习惯及农户间私人关系等非正规制度也会影响到农户间土地流转和土地资源的获取,因此,地方风俗习惯和私人关系同样在农户间土地流转中起到重要作用。

从农业技术制度层面来看,农业技术制度的完善有助于规范并促进农业技术的研发及推广,一方面会影响种植、病虫害防治及机械设施等技术的供给和农户实际使用技术情况,另一方面农业技术制度本身起到支持农业生产技术发展的作用,从而为农户技术水平的提升提供了制度保障。农户专业化生产的发展离不开农业科技的创新,而农业技术本身类似于公共品,其属性决定了创新环节离不开政府的支持与引导。政府的投入为有效开展农业技术的研发提供了契机。政府建设完善的创新体系,农业技术研发的效率就会得到提升,相应的技术供给水平就越高，农户在生产中所需要的技术被满足的程度就会越高，对农户推进专业化生产就更起到积极的作用。同时，将农业技术研发成果转化成实际生产力也是重要环节，这就需要对农业技术进行推广，该过程中涉及推广人员的配备及推广网络建设等方方面面需要注意的事项，这些也需要相关制度的引导、规范以及激励。因此，农业技术推广制度的完善性越高，农户获取技术的渠道就越畅通，相应的获取成本就会有所下降，则技术被转化成实际生产力的概率就会增大，专业化生产的进程就会大大提升。

从农村金融制度层面来看，农户在生产的过程中需要一定的资金来进行运作，其中部分资金来源于家庭的积累或向亲朋好友的借款，其他部分主要来自正规或者非正规金融机构的借贷款，在该过程中受到农村金融制度的影响，如农户贷款供给制度、农村金融扶持制度以及农户自身的声誉等，农村金融制度是用来规范和指导农村经济活动中的各项投融资活动的。就农户贷款供给制度而言，其对农户贷款供给主体的资格及合法有效性存在一定的要求，制度对供给主体的资格要求越高，则农户在获取贷款供给主体资格时的难度越大，使得农户在贷款时可获取的资金量较少且稳定性较差。就农村金融扶持制度而言，农业生产的过程中存在着高风险，而农户抵抗风险的能力又相对较弱，此时就需要政府的政策支持以及在经济上给予补贴，进而农户信贷扶持制度就发挥了重要的作用。一方面风险补偿扶持制度影响着金融机构发放涉农贷款的规模，另一方面该制度对金融机构发放农用贷款的领域存在影响，进而决定了农户获取贷款资金额度的高低。

由以上分析可知，制度的完善与否直接从生产要素的各个方面影响着农户专业化生产的进程。农村土地制度通过土地这一生产要素影响着农户的种植规模；农业技术制度通过影响技术的研发与推广，从而作用于农户技术水平的提升；农村金融制度从农户生产过程所需资金的角度影响着农户的生产。因此，山区在鼓励专业化生产时，相应的制度政策等非资源型生产要素的投入也需进行合理的完善。

第五节 本章小结

本章论述了交易效率及其影响因素，并从农户自身因素和外在约束条件两方面对少数民族山区交易效率低下的原因进行分析。

通过分析发现，农户自身因素是农户专业化生产的内部影响因素，思想观念守旧导致农户对外界信息的捕获能力较低，极大束缚山区农户开拓进取的精神；

农户受教育程度低下使其对科技知识知之甚少，整体劳动技能水平不高，以致生产效率较低，很大程度上限制了科技应用及推广。外在约束条件中，首先，区位因素和制度因素是推动农户专业化生产的综合性因素，恶劣的自然环境制约了农户从事农业生产活动的范围，再生产只是在已有基础上的简单重复，极大降低了农户生产效率；就制度因素而言，少数民族地区各个行业均处于待发展阶段，在该过程中对资金需求量较大，而地区资金投放普遍存在平均化现象，导致不少资金未用于生产及发展商品经济方面，使得地区生产未能实现质的飞跃，政府结合农村土地制度、技术制度及金融制度的实施情况适当调整资金在各领域分配比例，提升资金使用效率，从整体上扩大农户收益，即区位因素与制度因素对农户生产投入、生产规模及择业等均有影响。其次，基础设施是影响农户生产投入的特征因素，有助于改善农户艰苦的生产条件，为农户收集市场信息提供便利，从而提升山区农产品商品化率，是农户专业化生产的重要影响因素。再次，市场因素通过市场规模、市场秩序及市场信息透明度等方面对农户专业化生产产生影响。市场规模直接体现市场交易量及市场关系覆盖情况；市场秩序的规范与完善情况通过市场环境加以体现，市场环境越规范，交易主体行为越合理，则交易稳定性越高，交易成功的可能性越大；市场透明度越高则市场信息传递越快，市场交易信息越趋于真实。

总之，农户自身因素和外在约束条件对农户专业化生产的影响相对来说具有长期性和潜在性特征，其对未来少数民族地区持续推进专业化生产，加速山区农户脱贫具有极为重要的意义。

第七章

贫困地区专业化生产的动因及演进*

——恭城县经验研究

广西恭城瑶族自治县简称恭城县或恭城。曾是广西49个贫困县之一，其在20世纪80年代之后的30多年时间里实现了经济的跨越和腾飞，实现了总体脱贫。从交易效率及专业化生产的角度来看，其经济起飞的原因是什么？其专业化生产的动因与演进又取决于哪些因素？这是本章要回答的问题。

第一节 恭城县经济发展概况

一、恭城县地理概况

恭城县全称是恭城瑶族自治县，坐落于广西东北部，地理位置为东经110°36′~111°10′，北纬24°7′~25°17′，东西横长56千米，南北纵长75千米，总面积2149平方千米。恭城县北与灌阳县交界，南与钟山县、平乐县相邻，西与阳朔县、灵川县相接，东接湖南江永县。距离广西省会南宁市466千米，距桂林市115千米。2015年年末，恭城县常住总人口25.6万人（其中城镇人口6.97万人），有瑶、汉、壮、苗、回、彝等18个民族，恭城县共有9个乡镇和117个行政村。恭城县属中亚热带季风气候，年均气温19.7℃，全年降雨量1678.2毫米，平均相对湿度75%，年均风速1.9米/秒，年无霜期319天，全年日照1590.6小时，年日照时长百分比36%。境内植被属中亚热带常绿阔叶林，全县森林覆盖率81.14%，村屯绿化率40%。

---

* 本章所使用的数据均来自恭城瑶族自治县人民政府网（http://www.gongcheng.gov.cn）。

恭城历史悠久，秦时属桂林郡之临贺（今贺县），隋大业十四年（公元618年），始建茶城县。唐武德四年（公元621年）改名恭城县，至今已有1300多年的历史。1990年2月3日经国务院批准，撤恭城县成立恭城瑶族自治县。

从地理位置上看（如图7-1所示），恭城瑶族自治县属于典型的边远山区：地处两省（湘、桂）交界，远离政治（南宁）、经济文化（桂林）中心，自然条件恶劣，各项基础设施落后，交通不便。恭城县是少数民族自治县，在外人看来，该县几乎注定与贫穷落后为伍，在20世纪80年代以前，恭城瑶族自治县确实如此，尤其在1981年还被确定为广西"老少边山穷"县，是广西49个贫困县之一。然而，进入80年代中期，该县励精图治，艰苦奋斗，采取一系列措施发展经济，使这个一不靠公路、二不靠海岸、三不靠铁路、四不靠边境的穷县，三十余年来依靠"生态农业"走出一条特色化发展道路，在全国范围内引起了轰动，被外界誉为"恭城模式"。

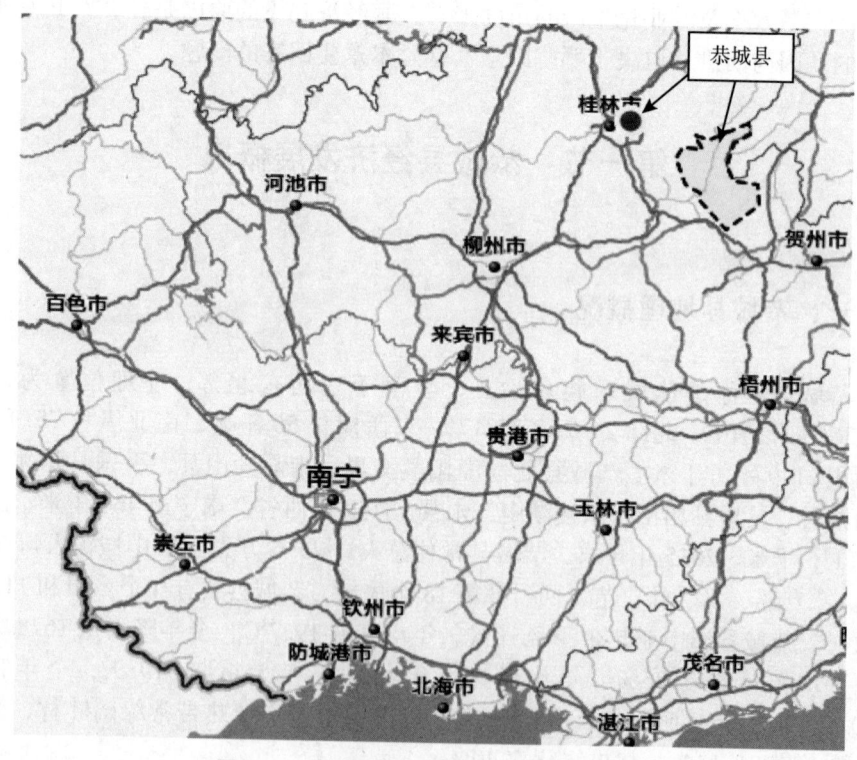

图7-1 恭城县在广西的地理位置示意图

资料来源：高德地图。

二、恭城县经济发展成就

20世纪80年代以来,恭城县因地制宜,以结构调整为主线,推进生态农业、生态旅游、生态工业,走出了一条符合恭城实际的发展道路。1996~2016年间,该县先后获得"全国生态农业示范县""中国月柿之乡""中国椪柑之乡""国家可持续发展实验区""国家级生态示范区""全国生态农业建设先进县""全国无公害水果生产示范基地县""全国科技进步县""中国长寿之乡""第五批全国民族团结进步创建示范区""国家级出口食品农产品质量安全示范区""国家绿色能源示范县""全国经济林产业示范县""全国经济林产业示范县""全国绿色小康示范县"等多个国家级荣誉称号。恭城县辖区的乡镇、村也获得很多国家级荣誉,例如莲花镇被评为"全国'一村一品'示范村镇"、莲花镇红岩村被评为"全国休闲农业与乡村旅游示范点"、平安乡社山村被评为"第三批全国特色景观旅游名镇名村示范"、莲花镇红岩村被评为"全国文明村镇"、莲花镇红岩村获得"中国乡村旅游模范村"称号、恭城镇被评为"中国历史文化名镇"。多年来,曾经的老少边穷县实现了经济的跨越和腾飞。

第一,经济快速健康发展,综合经济实力大大增强。2016年全县实现地区生产总值73.11亿元,比1990年增长27倍左右;财政收入5.16亿元,比1990年增长23倍;农民人均纯收入10800元,是1990年的28倍。1995年该县成功摘掉了国家级贫困县的帽子,全县贫困人口从1990年的4.95万人减少到2016年的4100人。

第二,产业结构逐步优化,经济增长质量明显提高。2016年,恭城县一二三产业结构比例为33:36:31,第二产业所占比重比2000年提高了18个百分点,经济增长质量明显提高。

(1)农业生产结构得到很好的优化调整。自新中国成立以来,恭城县的种植业基本呈现递增状态,这也为生态农业的发展提供了基础。2004年,恭城县生态农业再上新台阶,成为全国生态农业建设先进县。恭城县建立了更加完善的水果加工基地,并按照主要水果的种类将基地分为柑橙、沙田柚、月柿和桃四大类水果基地。经过多年的发展,恭城县已经成为全国无公害水果生产示范县,在2006年,恭城的月柿在国家工商总局注册商标成功,"茶江牌"月柿被评定为广西名牌产品,同年该县被评为"广西区特色农业十强县"。从1965年开始,粮食的种植面积呈现了先增后降的变化趋势,相对于1965年的种植面积，2016年的种植面积降低了10%，但是产量却增加了一倍。水果的种植面积却是持续增加的，1970~2016年，种植面积增加了11.63倍，产量增加了将近800倍。表7-1为恭城县各年度农业产值结构，表7-2为恭城县各年度种植业情况统计。

表7-1　　　　　　　　恭城县部分年度农业产值结构

年份	总产值/万元	种植业		林业		牧业		副业		渔业	
		产值/万元	占比/%	产值/万元	占比/%	产值/万元	占比/%	产值/万元	占比/%	产值/万元	占比/%
1950	1501.4	947.3	63.1	76.9	4.10	275.4	18.34	201.4	13.40	0.4	0.02
1957	1965.2	1079.0	54.90	263.0	13.38	337.4	17.16	285.0	14.50	0.8	0.04
1959	1917.0	1149.0	59.94	107.3	10.81	310.8	16.21	249.0	13.00	0.9	0.05
1965	1826.9	933.5	51.10	122.4	6.70	597.0	32.68	163.4	8.94	10.6	0.60
1972	3806.0	2019.0	53.05	293.0	7.70	784.0	20.60	706.0	18.60	4.0	0.10
1975	3987.4	2481.1	62.22	258.5	7.70	777.5	19.50	466.9	11.70	3.4	0.08
1978	3942.8	2470.0	62.60	302.3	7.70	534.0	13.60	630.1	15.90	6.4	0.20
1980	4854.0	3013.0	62.10	375.0	7.70	594.0	12.20	864.0	17.80	8.0	0.20
1983	8548.0	4551.0	53.20	655.0	7.70	1368.0	16.00	1949.0	22.80	25.0	0.30
1985	7213.0	4501.0	62.40	639.0	8.90	1505.0	20.90	532.0	7.30	36.0	0.50
1989	8245.0	5023.0	60.90	699.0	8.50	1871.0	22.70	606.0	7.30	46.0	0.60
2009	194709	133521	68.57	6922	3.56	44412	22.81	4429	2.27	5425	2.79
2010	228287	162954	71.38	8328	3.65	45914	20.11	5186	2.27	5905	2.59
2011	282255	200825	71.15	10390	3.68	57924	20.52	6157	2.18	6958	2.47
2012	302890	223851	73.91	8817	2.91	56782	18.75	6053	2.00	7387	2.44
2013	318435	231722	72.77	13256	4.16	59140	18.57	6583	2.07	7734	2.43
2014	350749	263612	75.16	12092	3.45	58930	16.80	7350	2.10	8765	2.50
2015	353431	263504	74.56	9960	2.82	63033	17.83	7822	2.21	9112	2.58
2016	378514	276565	73.07	10412	2.75	72805	19.23	8257	2.18	10475	2.77

资料来源：恭城瑶族自治县人民政府网（http://www.gongcheng.gov.cn）。

表 7-2　　　　　　　　1965~2016 年恭城县种植业情况统计

年份	粮食		水果	
	面积/公顷	产量/吨	面积/公顷	产量/吨
1965	21045	40951		1705
1966	21086	39839		1416
1967	23650	46759		2390
1968	21995	42570		3625
1969	23396	53345		930
1970	25040	55551	2513	1339
1971	26405	62445	4510	916
1972	26640	66765	3423	900
1973	26605	65648	3680	2035
1974	26646	66630	3785	977
1975	27399	80503	4145	1536
1976	27104	77467	2931	1587
1977	27818	87359	3656	2082
1978	26113	81276	4185	1520
1979	25845	89345	6594	1809
1980	25016	92346	7271	3417
1981	24826	86004	7899	4770
1982	25110	103712	7297	4537
1983	25150	111708	7436	2799
1984	24640	94055	8122	5090
1985	22813	93045	9652	1985
1986	23207	92551	3768	7952
1987	23220	97889	4883	10392
1988	23647	100529	8337	11384
1989	23553	104859	10037	14637
1990	24533	108803	10938	19301
1991	24618	113730	57966	22033
1992	24355	116930	63902	28970
1993	23879	112690	76251	43493
1994	25798	114280	107204	65661

续表

年份	粮食		水果	
	面积/公顷	产量/吨	面积/公顷	产量/吨
1995	17296	120380	158650	108244
2009	17523	741596	29102	656352
2010	17653	74976	29568	684176
2011	17937	76380	30880	767897
2012	18487	79146	31678	775304
2013	18965	81262	31951	808194
2014	18908	83960	30541	867761
2015	18656	82932	30605	895327
2016	18816	83805	31750	1069190

资料来源：恭城瑶族自治县人民政府网（http://www.gongcheng.gov.cn）。

(2) 县域工业迅速发展，支撑作用渐趋明显。2000年以来，恭城县在巩固和发展以铅锌矿为代表的有色金属产业的基础上，加快了新型工业的开发与引进力度。

"十一五"期间，恭城县有众多大项目建成投产，包括长行冶金炉料公司技改项目、南方水泥一期工程、汇源恭城工厂果蔬饮料生产线、龙星氧化锌技改项目等；栗木矿区三个主采区恢复开采，钽铌（钨锡）冶炼技改项目开工建设；引进普兰德生物提取、裴氏农品等农产品加工企业9家，全县规模企业达到32家。工业集中区路网、供水、供电等设施不断完善，入园企业达36家，工业集中区列为自治区B类园区。全县工业总产值突破50亿元，工业增加值由2005年的5.14亿元增加到17.8亿元，年均增长21.1%；工业对经济增长贡献率达49%，工业化率由0.66提高到1.18。

"十二五"期间，恭城争取了中小企业专项扶持资金5000多万元。注册小微企业1737家，普兰德生物科技有限公司等9家企业列入广西首批成长型中小企业；燕子山、西岭风电厂并网发电，装机容量达10万千瓦；持续加强工业园区建设，工业集中区跻身自治区A类产业园区，园区工业产值、税收占全县工业经济比例均达70%以上。2017年规模工业总产值完成72亿元，增长13.2%，工业用电量增长19.2%；培植了以柑橙、月柿为代表的农产品加工产业，引进汇源集团合作开发柑橙果汁生产、汇坤月柿加工等项目；丰华园、普兰德等水果深加工企业加大创新力度，月柿等水果深加工产业链条进一步延伸。

恭城县政府一直强调坚持"县长服务日"等工作机制，加强对中小企业创新的支持；开展健康食品园区规划，大力支持南方水泥、汇源公司等企业优化产能，高质量发展；积极推动龙星锌业、栗木矿业融资重组，恢复生产；稳步推进风力资源开发，发展新能源产业；着力培育生物提取、生物制药、创意工业、数字工业、互联网经济等产业；严厉整治"小、散、乱"矿山企业，发展规模石材加工企业，做大环保效益型石材加工产业；大力发展油茶、柿饼、柿子干、甜酒等特色旅游休闲食品，加快发展生态水、百香果、柿子醋等生态饮料，积极研发功能性养生食品、药食同源产品，打造泛珠三角健康食品基地；加快工业园区基础设施建设，增加土地储备，梳理开花山工业园土地权属，强化园区体制机制创新，完善工业发展平台和优化营商环境；进一步推进电子商务进农村综合示范县项目，促进"互联网+"发展。县政府在培育壮大工业经济上高度重视，每年的政府工作报告中都多次提及，在全县形成了统一的认识。

(3) 旅游的龙头作用进一步强化，第三产业快速增长。多年以来，恭城县委、县政府积极开展全域旅游规划、乡村旅游发展规划，进一步完善旅游公共设施、旅游交通标识牌与景区导览图等旅游基础设施建设。桂林市旅游南片精品线路恭城段建设扎实推进，老广州城影视街区启动建设，创建全国休闲农业与乡村旅游四星级（园区）1家、自治区五星级农家乐1家。完善了文庙、武庙、湖南会馆和红岩、潮水岩等旅游景区景点建设，红岩成为全国生态农业旅游示范点，依托红岩、大岭山等旅游景区，该县成功举办了桃花节、月柿节暨恭城油茶文化节、孔子文化节，引导民间举办花炮节、关帝庙会、婆王节、盘王节等活动。旅游业成为全县新的经济增长点，2017年全年高铁站上下客总量达183万人次，全年旅游人数增长50.2%，旅游消费总额增长47.7%，旅游业实现量质双提升。2016年，第三产业实现增加值226954万元，增长8.3%，其增速相对于第一、第二产业增长最快（见表7-3）。

表7-3 恭城县年度产值结构

年份	GDP	第一产业		第二产业		第三产业	
		产值/万元	占比/%	产值/万元	占比/%	产值/万元	占比/%
2009	376588	127823	34.0	148436	39.4	100329	26.6
2010	484528	151218	31.0	206093	43.0	127217	26.0
2011	617534	185065	30.0	285058	46.1	147411	23.9
2012	665762	199882	30.0	318048	47.8	147832	22.2

续表

年份	GDP	第一产业		第二产业		第三产业	
		产值/万元	占比/%	产值/万元	占比/%	产值/万元	占比/%
2013	669813	209947	31.3	296655	44.3	163211	24.4
2014	760984	229018	30.1	356834	46.9	175132	23.0
2015	789514	229365	29.1	354574	44.9	205575	26.0
2016	731098	242751	33.2	261394	35.8	226954	31.0

资料来源：恭城瑶族自治县人民政府网（http://www.gongcheng.gov.cn）。

第三，社会事业全面发展，人民生活水平逐步提高。①恭城县教育事业的发展十分迅速，十几年来，该县深入实施"科教兴县"战略，成为"国家可持续发展实验区""全国科技进步先进县""全国科普示范县"，并被国家相关部门确立为"青年农民科技培训项目实施县"。恭城县"两基"工作、"普实"工程通过了自治区的验收，该县学校的教学基础设施和师资队伍等条件得到了明显的改善，比如，恭城中学的教育教学质量获得稳步提高，并成为自治区第一批示范性普通高中。②卫生工作成绩显著，被列为全区第三批新型农村合作医疗试点县，参合率超过99%。2016年新型农村合作医疗补助受益人数达6651.49人次。③群众性体育活动得到广泛开展，文化活动日益活跃，建成了老年、青少年活动中心，实现了村村通广播、电视信号。④通过实施生态建设工程，全县环境明显改善，被命名为"国家级生态示范区"。恭城县人民生活水平不断提高，2016年，城镇居民人均可支配收入达到28210元，是2009年的1倍多；农民人均纯收入10800元，是2009年的2倍多，人民生活水平不断提高。表7-4为恭城县社会事业、人民生活指标发展情况。

表7-4　　　　恭城县社会事业、人民生活指标发展情况

年份	城镇登记失业率/%	城镇居民人均可支配收入/元	农村居民人均纯收入/元	农民参加农村合作医疗保险参合率/%
2009	3.71	14885	4546	95.87
2010	4.17	16442	5120	99.01
2011	4.14	18097	5753	99.01
2012	3.80	20158	6473	98.96
2013	3.51	21972	7250	99.36

续表

年份	城镇登记失业率/%	城镇居民人均可支配收入/元	农村居民人均纯收入/元	农民参加农村合作医疗保险参合率/%
2014	3.60	23686	8156	99.87
2015	3.59	25391	8890	99.70
2016	3.50	28210	10800	99.98

资料来源：恭城瑶族自治县人民政府网（http://www.gongcheng.gov.cn）。

第二节 恭城县经济发展原因探析

一、恭城县经济发展历程

作为一个不沿海、不沿边、不沿铁路和公路国道线的山区小县，历史上的恭城县像全国其他山区县城一样，长期以来贫穷落后。在20世纪80年代之前，当地居民过度砍伐恭城县的森林资源，导致生态环境不断恶化，也对恭城县的农业生产和经济的可持续发展造成了影响。烧柴难、吃水难成为了很多村屯的难题，严重制约了恭城县农村经济的发展。农民群众"不怕没米下锅，就怕灶下无柴"，生活极其困难，全县有近十万人口处在温饱线以下。

为解决森林资源被严重破坏导致的水土流失问题，也为了更好的保护生态环境，自1983年开始，恭城县在经过深入调查的基础上，结合当地的实际情况，决定对当地经济发展作出战略性调整。经过40多年的努力，取得了良好的成效。

1995年，恭城县生态环境建设的经验被广西壮族自治区政策研究室概括为"恭城模式"，这种模式形成了"养殖—沼气—种植"三位一体的良性循环生态农业体系，并且这种模式的推广使当地的大部分居民都用上了沼气照明、生产，也使得恭城县在生态、经济和社会等方面都取得了很好的效益。

1996年，恭城县被国家计委和农业部评为"全国农村能源建设先进县"和"农业综合开发先进县"，并入选为全国69个生态示范区之一。2002年，全县实现沼气入户率全国第一。另外，因为该县的月柿与椪柑的产量与质量都很好，所以，1996年恭城被中国特产之乡命名委员会正式命名为"中国月柿之乡"和"中国椪柑之乡"。最近十几年，恭城县又连续获得"全国造林绿化百佳县""科技进步先进县""国家可持续发展实验区""国家级生态农业试点县""国家级生态示范区"等称号。恭城县的生态建设不再是沿用以往的农业生态经济的链条式发展,而是在原来的生态农业基础上发展生态工业和生态旅游业,通过举办各种旅游节庆活动,比如"桃花节"和"月柿节"等,闯出了一条生态农业与生态旅游同时并存的生态经济发展新路。这几年,恭城县实施由政府出资金,农民出劳力,统一规定和计划的"富裕生态家园"工程,截至目前已建成了20多个富裕生态小康文明新村,富裕生态家园的建设也延长了生态经济的良性循环链,将"养殖—沼气—种植"三位一体的生态农业变为"养殖—沼气—种植—加工—旅游"五位一体的现代化生态经济。

总的来看,从1983年至今,恭城县的经济发展历程大致可以分为四个时期:

①发展种植养殖。在20世纪80年代中期,时任恭城县委书记的兰世琦认为,在恭城这样的贫困县,要让千家万户农民富起来,唯有种水果。于是在恭城县政府的支持下,全县掀起了一场种水果运动,到1990年,恭城全县已完成水果种植12万多亩。

与此同时,为了解决农村能源问题,保护森林资源,改善生态环境,当时县政府决定在全县农村推广使用沼气技术。1983年,平安乡黄岭村最早成为沼气试点村,该村的实践结果表明,使用沼气可省柴、省力、省钱,其特点是经济、方便、卫生。恭城县根据黄岭村办沼气的经验,在南面乡(镇)全力推广。1986~1988年,通过政策引导、典型示范、资金扶持,共建成沼气池2475座。截至1997年底,恭城县沼气池累计建成3.2万座,果树种植面积累计25.16万亩,农民人均收入也得到很大的提高。这样,在种植与养殖的结合过程中,恭城人探索出了"一池带四小"的庭院经济模式。而养生猪、办沼气、种果树就成了恭城人建设生态农业的起点。

②大力加强基础设施建设。20世纪90年代中期,恭城县水果发展起来以后,面临一个很现实的问题,当时很多行政村都不通公路、不通电话,水果找不到市场,运不出去。于是,恭城县开始大力加强基础设施建设:一是大力修路,包括修贯通全县的二级公路;争取乡乡通柏油路、村村通公路。经过几年的建设,恭城县境内公路里程大幅度增加。到2015年,恭城县交通运输局管养的农村公路里程706.756千米,其中县道83.957千米、乡道362.014千米、村道260.785千米。铁路总里程达50.86千米,其中高铁突破47千米,昂首迈入高铁时代。"十二五"期间高速公路新增17千米,总里程达到42.89千米,县(市、区)通达率80%。二是加大对电力的投入,使该县成为第一个农网改造的试点县。在"十二五"期间,恭城县投入1.44亿元完成5个电力重大项目建设、新(改)建电力干线189.5千米;投入农网升级改造专项资金2.45亿元,新(改)建变

电站 10 个、线路 377.6 千米、配电台区 287 个。这为农业发展提供了很好的电力基础设施。三是加大对农业等基础设施的投入，在恭城的莲花乡，当时上了全国第一个果园滴灌系统。2013 年，恭城县被列入第五批中央财政小型农田水利建设重点县，计划分 3 年实施 6 万亩以上土地高效节水灌溉工程。2013 年度实施莲花洪塘圳片区、恭城镇古城片区高效节水灌溉工程，受益面积 2 万亩；2014 年度实施栗木大营——大梘片区、合同坝片区、平安北洞源片区、观音乡水滨片区高效节水灌溉工程，受益面积 2 万亩；2015 年实施恭城镇门楼——洲塘片区、莲花镇坪江片区、龙虎乡双坪片区高效节水灌溉工程，受益面积 2 万亩。而且，2016 年政府工作报告提及"政府选址位于路口河中游峡谷段（平安乡下山源村鸭脚坪附近），距县城约 8 千米，设计以城镇供水为主，兼顾灌溉、防洪功能，设计总库容 900 万立方米，计划 2018 年开工建设、2020 年完工"。充分说明政府对农业基础设施的重视程度、投资力度、规划发展的支撑力度都非常大。

③大力发展旅游业。20 世纪 90 年代中期以后，恭城县生态农业的名声越来越大，很多人慕名而来参观学习，全国各地的很多专家就如何更好地开发利用恭城的生态资源与文化资源这个问题亦提出了一些建议，提倡把生态农业的发展与旅游开发结合起来。从 20 世纪 90 年代中期开始，恭城县就非常重视旅游业发展，持续的配套政策、重点项目都在支撑其大力发展。

恭城县这些年持续推进生态农业二次创业，加强"一心二合三化四重点"，即现代特色农业核心示范区，农业与工业、旅游业融合，农业组织化、规模化、品牌化发展，重点抓好柿子产业、柑橘产业、油茶产业和规模高效种养业建设，实施现代特色农业示范区增点、扩面、提质、升级三年行动，在三江、龙虎、观音 3 个乡每个行政村建设 1 个 50 亩以上的示范点，每个乡新建 1 个连片 200 亩以上示范园；在其他乡镇每个行政村建设 1 个 100 亩以上的示范点，每个乡镇新建 1 个连片 500 亩以上的示范园。2017 年，该县已通过 1 个自治区乡级示范区的认定，力争再建成 2 个连片 1000 亩以上的县级示范区，成为"自治区现代农业（柿子）产业园创建单位"。逐步深化柑橘黄龙病综合防控，培育柑橘无病毒苗木 200 万株以上，稳步推进柑橘产业重振雄风，持续推进"三品一标"品牌建设，提升恭城月柿、恭城油茶、恭城娃娃鱼、恭城竹鼠等优势特色农产品的知名度和市场竞争力。实施食品安全战略，强化农产品质量安全，让群众吃得放心。促进农村一二三产业融合发展，引导支持恭城月柿产品企业加大新产品开发和创新力度；积极发展休闲农业，鼓励创建特色民宿、生态农庄、田园综合体。2009 年接待游客总人数 51.8 万人次，2010 年接待国内外游客总人数 64.1 万人次，2011 年接待国内外旅游人数 81.36 万人次，2012 年 111.2 万人次，2013 年 129.9

万人次，2014 年 138.79 万人次，2015 年 157.23 万人次。在 2016 年，该县全年接待国内外游客总人数 176.63 万人次，比 2009 年增加了 2.41 倍；全年旅游总收入为 196714 万元，比 2009 年增加了 7.13 倍。不难看出，旅游收入增长的倍数远远大于旅游人数的倍数，说明恭城县的旅游业产业链的横向、纵向扩展已经取得了很大成效。

④建设富裕生态家园，发展生态旅游和生态工业。进入 21 世纪以后，经过十几年量的扩张，恭城县生态农业的规模不断壮大，为了更进一步提高生态农业建设的水平，恭城县推出了"富裕生态家园富民计划"，其总的指导思想是：统一规划，综合治理，方便生产，绿化美化①。自 2001 年开始实施"五改十化"工程，即改水、改路、改房、改厨、改厕，及交通便利化、村屯绿化美化、住宅楼房化、厨房标准化、厕所卫生化、饮水无害化、生活用能沼气化、养殖良种化、种植高效化之后，恭城县的生态农业建设已提升到一个新的水平。

在"十一五""十二五"期间，恭城县的生态旅游发展力度也很大。"十一五"期间，"三庙一馆"（文庙、武庙、周王庙及湖南会馆）经国务院批准成为全国重点文物保护单位，红岩、横山、大岭山、北洞源等景区旅游基础设施不断完善，红岩新村荣获"全国农业旅游示范点""全国生态文化村""全国村庄名片"等荣誉称号，而且成功举办了五届桃花节、四届月柿节、三届关帝庙会和第九届中国瑶族盘王节。"十一五"期间恭城县累计接待游客 397.91 万人次，比"十五"翻 2.19 番；实现社会旅游总收入 9.98 亿元，比"十五"翻 10.74 番。"十二五"期间，恭城县编制完成县城和乡镇总体规划、控制性详细规划、土地利用总体规划和 500 个村屯规划。而且瑶寨盘王阁、文化创意园建成开放，县城古建筑群抢救性文物保护与维修工程基本完成，新建旅游厕所 6 座。截至 2016 年，该县完成建设了社山、大岭山、白芒垒、红岩、横山、杨梅垒、潮水岩等数十个富裕生态家园，其中"三庙一馆"、红岩村成为 3A 级景区，竹山村被农业部评为"中国最有魅力休闲乡村"，红岩、社山被住建部、国家旅游局评为"全国特色景观旅游名村"。同时，通过富裕生态家园建设，恭城县逐步使生态农业走向生态旅游、生态城镇和生态工业。2002 年以来，恭城县成功进行招商引资，因此而培育和壮大了有机水果、绿色饮料、毛竹加工、茶油、食用菌、中药材、养殖、旅游这八大产业体系。2016 年，恭城县工业产值达 685003 万元，比 1990 年增加了近百倍。

从恭城县经济发展历程来看，首先是当地政府为了解决农村的燃料问题，在

---

① 史月兰，周超. 恭城模式：一种农业循环经济的阐释和运用 [J]. 梧州学院学报，2007（10）：4-7.

全县农村推广使用沼气，以此带动了养殖业的发展，继而推动了种植业的前进步伐，并逐步形成了带有区域特色的生态农业模式。之后再借助生态农业带来的名声，发展生态旅游业和生态工业，进一步扩展产业链、提升产业附加值，进而助推恭城县实现了经济的腾飞、城乡居民收入水平的高速提升。

二、恭城县经济发展的动因

（一）发挥外生比较优势

一个少数民族山区贫困县，在40多年时间里一跃成为经济快速发展、群众生活殷实、乡村环境优美的"全国生态农业示范县"，其背后的深层原因是什么呢？通过调查研究发现，恭城县经济成功发展的首要原因，是充分发挥了该地的比较优势。

大卫·李嘉图（David Ricardo，1817）、赫克歇尔（ELI Heckscher，1919）、俄林（Bertil Ohlin，1933）、林毅夫（1999，2007）等经济学家一直特别强调发挥比较优势对经济发展的重要作用。因地制宜，选准适宜的发展路子，可以说是恭城县经济发展取得成功的关键所在。恭城作为一个山区农业县，从资源禀赋来看，主要表现为有人有地，但缺乏资本。因为该县没有区位优势，在经济发展的初期，招商引资受到极大的限制。这一实情，决定了恭城要想发展，就不能发展资本密集型和技术密集型产业，必须发展那些能充分利用人力与自然（土地）的特色产业。幸运的是，恭城找到了这样的一个产业，即生态农业。从1983年起，恭城历届领导班子，从"农业山区县"实际出发，确立了以走沼气为纽带的生态农业发展道路，做大做强水果这篇文章，并根据不同时期的发展要求，不断调整和完善发展思路，完成了从发展生态农业到发展生态旅游和生态工业的过渡。经过多年的政府引导、典型示范、资金扶持，逐步完善生态链条，最终形成了"养殖—沼气—种植—加工—旅游"五位一体的现代化生态经济。正是这一独特的"恭城模式"，造就了恭城经济社会的全面发展。可见，是否根据比较优势制定经济发展战略，并根据不同时期的发展要求，不断调整完善发展思路，是一国（地区）能否取得经济发展的关键。

恭城县多位一体的生态旅游业开发运作模式的建立，使得当地生态旅游业得到大力发展，极大程度地带动了当地经济的发展。将人与自然的和谐关系放在第一位，遵守人与自然的经济管理法则和综合权衡环境、社会、经济三大效益，是生态旅游扶贫开发模式的基础，这种模式是由"政府、果园、农家、农民、社会"的五部分内容组成。

例如,恭城县的红岩村在政府提供的帮助下,其生态旅游区得以顺利被开发与建设。红岩村充分利用本地的大面积月柿果园资源优势,整合全村资源,让所有农户都参与到生态旅游区的开发和建设中来,以增加所有农户的收入,有效改善旅游资源的合理利用的情况,促进生态旅游区的可持续发展。生态旅游是一种深层次的旅游形式和产品,其在开发时应充分考虑它对资源、环境等因素的影响。因此,当地政府、红岩村村民、旅游经营管理者和消费者都要对红岩村生态旅游环境的良性循环担负起更多的责任①。红岩村地理区位的优势比较明显,其靠近我国著名的山水城市桂林,地表形态主要是丘陵和峰林,村里的红岩是西北—东南走向。通过借鉴其他地区乡镇生态旅游的成功开发管理经验,建成了集农业观光、生态旅游、休闲度假为一体的生态旅游项目。目前,恭城县被自治区评为"农村环境连片综合整治工作示范县",还获得"中国长寿之乡"称号。

(二)专业化程度的提高

依靠资源禀赋优势,走生态农业发展道路,只是恭城经济腾飞的起点。恭城的经济在十几年时间里能够持续发展,还得益于其分工专业化程度的不断演进,以及在此基础上不断内生出的比较优势和竞争优势。

恭城县经济发展初期的"一池带四小"的庭院经济模式,解决了农民的温饱问题,当地的生态环境也得到了改善。可是随着经济的进一步发展,庭院经济模式的一些深层次的矛盾亦日渐显露,突出表现为:一是千家万户分散的小规模经营与集约化规模经营的矛盾;二是农业生产社会效益高与经济效益低的矛盾;三是城乡分割的矛盾。在随后的经济发展过程中,恭城县通过因地制宜地培育主导产业,进行专业化生产,逐步解决了这些矛盾。

分工与专业化可以促进经济的发展(亚当·斯密,1776、艾琳·杨,1928、杨小凯,1998;2001),但农业能否进行专业化生产,其专业化生产的潜力有多大,一直是有争议的话题。亚当·斯密(1776)认为农业不能采用完全的分工制度,所以总跟不上制造业劳动生产力的增进速度。但是舒尔茨认为农业并未脱离专业化,它从专业人力资本中获得了回报。从国外的生产实践来看,二战以后,农业分工实际上得到了巨大的发展,美国和日本良好的农业绩效可以说正是在农业分工发展中获得的(向国成、韩绍凤,2007)。

恭城的经济发展实践亦表明,农业专业化生产也有很大的潜力。实际上,恭

---

① 朱晓媚. 村级生态经济综合开发的运作模式探讨——基于广西恭城瑶族自治县红岩村的考察 [J]. 农业经济,2007 (8): 48-50.

城三十多年的经济发展过程,也是分工不断演进、专业化水平不断提高的过程,具体表现在以下几个方面:

1. 地区生产专业化

在经济发展的过程中,恭城县政府意识到在市场经济条件下,那种小而全、多而杂的做法,最多只能解决农民的温饱问题,而不能让人民发家致富,因为其"既形成不了产业,也不可能占领市场",占领市场,就得需要有特色、有规模的产业。于是,县政府开始因地制宜,因势利导,进一步优化水果生产分区布局,在各个乡镇开发生产基地,培育主导产业,进行专业化生产。90年代后,该县的农产品生产实现了两个转变:一是水果种植由零星分散,小打小闹向集中连片,规模开发转变,荣获了"中国椪柑之乡""中国月柿之乡"等荣誉称号。二个是由粗放经营向集约经营转变,走生产科学化,经营一体化的路子。由于全县科技工作成效突出,在2004年,该县荣获了"全国科技进步先进县"称号。

专业化种植给当地农民带来了实实在在的好处,人均水果种植面积、产量和收入均居广西前列,农民收入的90%来自水果。2017年,新培育农民专业合作社107家、家庭农场20家,新萍水果农民专业合作社被评为自治区级农民专业合作社示范社。

2. 农业生产迂回化

生产迂回化是指生产不仅依靠人力,而且还借助于人力以外的力量。主要体现在为科学技术在农业中的应用不断增强。通过借助于中间品投入来生产某种产品。迂回生产是恭城农业生产分工专业化发展的重要形式。

在分地区专业化种植农产品之前,恭城当地农业主要是靠经验生产,科学技术在农业中的应用不大,生产更多的是表现为直接生产。农业产业基地建成以后,该县把科技投入作为战略投资来抓,逐步重视科技在农业中的应用。

第一,形成了多种形式、多种渠道的投资融资方式。一旦某个发展中的项目失去政策扶持,而贷款资金同时缺位,必然导致项目的突然中断,给农民造成巨大损失,这是农村持续发展所面临的非常严重、迫切需要解决的问题,是造成很多其他问题的深层次原因。恭城县提出"十大行动",其中就有"金融扶贫行动",积极帮助企业争取产业发展专项资金,协调银行、担保公司、风险投资机构对接金融服务,解决农村企业融资难问题。2016年,金融机构存贷款余额分别达67.29亿元和45.09亿元,而且完成贫困户小额信贷评级授信5809户,发放贷款1.3亿元,实现1613户贫困户、10个贫困村如期脱贫摘帽。

第二,抓好科技培训,重视技术攻关,提高水果生产的科技含量。一是将工作重心下沉,把工作平台前移,组织科技人员采取课堂传授与实地讲解相结合、系统培训与专项培训相结合等方式向广大果农传授水果种植实用技术，如合理施肥、修剪整形、保花保果、综合防治病虫害、标准化模式栽培等，提高了农业技术人员的科技素质。二是技术人员在上级科研部门的帮助下，大力开展以改低创高、病虫防治为主要内容的技术攻关活动。柑橘高产优质规范化栽培、月柿柑橘粉虱防治技术、沙田柚褐腐病防治、柿子炭疽病防治、红蜘蛛综合防治等课题都取得重大突破，为恭城县水果生产插上了腾飞的翅膀。2016年在"大众创业、万众创新"的大背景下，农村劳动力转移就业新增4315人，城镇新增就业2803人，登记失业率为3.5%。三是在上级有关部门的支持下，采取"走出去、请进来"的方式提高技术人员和果农的技术水平。"走出去"就是组织科技人员到水果生产发达地区去学习、培训；"请进来"就是邀请外国、外地专家来恭城县考察讲学，几年来，该县先后邀请了以色列、日本等国的水果专家来恭城县现身说法，还多次聘请广西柑橘研究所的专家来恭城县开办水果技术专题讲座。通过"走出去、请进来"，恭城县水果生产技术水平大大提高。

第三，成立科技专家服务团，进一步加强科技服务体系建设，建立了以乡镇、村和企业为信息服务站，专业示范户为服务点的农村信息服务体系。其科技创新能力也在不断增强，荣获了"广西知识产权试点示范县"称号，成功承办广西可持续发展实验区建设与发展培训班。截至2015年每万人拥有发明专利0.57件，其中舒康新材料被授予"中国专利优秀奖"。

科学技术在农业中的应用提高了农业劳动生产率，极大地促进了恭城农业的发展。首先，解决了种苗短缺问题。如在大岭山，种苗短缺一直是村民们种桃树过程中面临的一个主要问题，恭城县施"科技兴果"计划后，当地村民从县、乡农业科技人员那里学会了"高位嫁接"的方法，从此解决了该地种植桃树的种苗短缺问题，大岭山桃树种植面积倍速增长；其次，由于科学技术在农业中的应用，水果总产量大幅度提高，2005年，全县人均水果种植面积、产量和收入均居广西前列；最后，提升了生态农业的档次。恭城县于1996年被农业部命名为"中国椪柑之乡"和"中国月柿之乡"之后，不断加强柑橙、月柿等水果生产加工的科技创新工作和加工技术，打响了恭城月柿品牌。2002年，恭城县被农业部列为"全国无公害水果生产示范基地县"，被农业部、外经贸部认定为"全国园艺产品（水果）出口示范区"。2016年，恭城县柑橘类水果产量为482042吨，已能销往全国各地以及东南亚地区。

3. 农户生产兼业化

农户生产兼业化看似一种反分工与专业化的生产方式，其实不然。在中国农村，农户生产兼业化是分工的另一种表现形式，是分工在家庭内部的发展，是家庭个体层面的专业化与家庭整体层面多样化的统一。随着恭城生态旅游与生态工业的不断发展，农户生产兼业化也在加剧，过去是全家人一起种田种地，现在全家人有了分工，有的负责看管果树、有的提供旅游服务、有的到工厂里做工，参与农产品的深加工过程；而过去由家庭生产并自行消费的产品，如有些农户的粮食、燃料、一些简单的劳动工具等，现在却从市场上购买，表现为农业生产市场化程度的加深。

粮食生产、水果种植、家禽繁殖、旅游产业发展多存在季节性、时令性的特点，因此农民可以充分利用劳作的阶段性、时令性进行兼业化发展，发展多样化的收入来源渠道。现阶段恭城县农户的收入按照来源可分为农业生产经营收入、非农生产经营收入、工资收入、财产性收入和转移性收入等五大类。

①农业生产经营收入是指农民从事粮食种植、水果种植（梨、柑、柚、火龙果、百香果、桃、葡萄、红枣、柿子、李子等）、养殖（生猪、鸡、鸭、鹅、家兔等）等生产经营活动而获得的收入。长期以来，农业生产经营收入一直是恭城县农民收入的主要来源。由于农业生产受自然条件的制约，农业生产经营收入与投入常常不成正比。另外，农业生产本身的边际效益较低，且农村人多地少的事实无法改变，依靠农业生产促进农民增收的空间有限①。但是，恭城通过发展科技种植、科技养殖，在这方面的收入增长很快。

②非农生产经营收入是指农民从事除传统农业以外的副业收入，如家庭手工业、建筑业、交通运输业、商业和生态旅游以及其他服务业等的收入。副业发展空间较大，是恭城县农户促收的有效途径。恭城县完善基础设施，为旅游业的发展提供了良好的基础。恭城已经建成了农业观光、生态旅游、风情表演、休闲度假于一体的生态农业旅游发展模式。而且，这方面的收入在农户收入中所占的比重在逐年提高，发展空间也很大。

③工资性收入主要是指农民通过各种途径得到的全部劳动报酬，包括所从事的主要职业的工资，例如在恭城县本地乡镇企业获得的劳动报酬，以及从事第二职业、其他兼职，例如进城务工所获得的工资收入和零星劳动得到的其他收入。

④财产性收入也称作资产性收入，主要是指农民通过资本，例如存款的利息收入、出售财产的收入以及通过技术和管理等要素参与恭城县农村生产生活所产生的收入。

⑤转移性收入主要是指各种转移支付和居民家庭间的收入转移。主要来源于亲友的馈赠、政府补贴或者救济款等方面。从长远来看，农户的这一部分收入应

---

① 曾露，俞力佳.农户收入来源多样化及增收途径[J].东方企业文化，2010（7）：202.

该尽量减少，更多的应是依赖前面四种收入的增加。

这些年，恭城县进一步落实就业创业政策，继续开展职业技能培训和"春风行动"等就业服务，统筹推进各类群众就业和转移就业，鼓励创新创业和返乡创业，拓宽居民劳动收入和财产性收入渠道。在考虑粮食种植、水果种植、家禽养殖等生产活动的时间集中性的特点，选择性地发展旅游业，积极鼓励农户进城创业、打短工等，形成多样化、多层次的增收模式。尤其发展农业生态旅游，基于旅游业的高附加值以及其在时间上的发展的多层次性，完全可以弥补种植业、养殖业在一年中出现的时间空档期，非常有效地提高了农民的时间利用效率，确实成为恭城农户增收的最主要途径，而且也还有无限发展空间。农户生产兼业化的发展，确保了农户收入的稳定性，对反贫困也有重要意义。

（三）培育内生比较优势

亚当·斯密、杨小凯等经济学家一直强调内生比较优势对经济发展的促进作用。亚当·斯密（1776）指出，劳动分工可以通过"劳动者的技巧因业专而日进""节约由一种工作转到另一种工作的时间"以及"促进机械发明"的方式使劳动生产率提高，从而内生出比较优势；杨小凯（1999）认为，先天生产条件完全相同的个人，由于专业化分工导致人力资本与知识积累的不同，从而产生内生比较优势。

从恭城的实践来看，专业化、规模化地发展生态农业，不仅因劳动生产率的提高而内生出比较优势，而且还使当地资源禀赋发生了改变，有了新的比较优势和竞争优势。

以恭城县西岭乡大岭山为例。大岭山曾是恭城县西岭乡的一个自然环境恶劣、缺水少地、地处荒山石岭中的自然屯。在过去，当地居民全靠在石缝里种点儿红薯、玉米、高粱等山地杂粮为生，住的是到处透风的泥草屋，喝的是石坑里的积水，生活一直都非常贫困。因为当初村里穷，村里的年轻人大多娶不上媳妇，曾有民谣这样唱道："有女莫嫁大岭山，吃水也要打算盘；出门三步山坡陡，红薯玉米度三餐。"毫不夸张地说，20世纪90年代初，这里人均纯收入不足200元，但这个荒山石岭中的穷村是如何脱贫致富的呢？这得从一个真实的故事说起。

1991年，23岁的邹存亮被村民们推选为村民小组长。从那时起，邹存亮和村里的年轻人就决定要改变整个村子的命运。可如何才能改变现状，摆脱贫困？几经冥思苦想之后，这年冬天，这些年轻人看到村里那几株长在石缝中的野桃时有些顿悟：既然村里能生长桃树，为何不种桃卖？想到这个点子，邹存亮等人欣喜不已，可是村里没有土地怎么办？苦苦寻求出路的几个年轻人突发奇想：把大山里的乱石撬开挖空填土种桃树！

有了主意之后，邹存亮他们将全部精力都放在了撬石垦地上，经过"一块石板一块石板地撬""一个石窝一个石窝地刨"，几个年轻人当年在这片青石上建起了二十多亩的桃园。

功夫不负有心人，1993年，邹存亮等人的努力终于得到回报，种在石缝中的桃树结出了又红又大的桃子，每户收入上千元。他们的成功试种，使全村人看到了希望，在邹存亮等人的影响带动下，全村掀起了种植红花桃的热潮，村民们起早贪黑，一年四季在山上撬石不止。几年下来，全村群众在大岭山上撬出了1200多亩石山地，全部种上了桃树，过去光秃秃的石漠化荒山现在变成了1200多亩桃园。

大岭山人艰辛的付出获得了丰厚的回报，靠在山上撬石种桃，村里的年人均收入已由原来的200多元上升到2005年的5900元。如今，富裕了的大岭山人大都住上了设计别致的别墅式楼房，还在村里铺了3000多米的水泥路，村里畅通无阻的道路使原本几乎与世隔绝的村子与外界的联系密切起来。

种桃不但给大岭山人带来可观的收入，还切实地美化着这个曾经荒芜的小山村。当桃花到处盛开时，大岭山居住环境和自然景色都变得更美了，而这必然会吸引大量的游客前来观景、赏花。此种情形之下，商机自然出现了。大岭山人逐步开始配套一批旅游项目，以观赏桃花和体验大岭山精神为主题，发展村里的生态旅游。2003年以来，在恭城县委、县政府的支持、引导下，大岭山已经连续成功举办了4届桃花节，蜂拥而至的游客让大岭山人在经济上得到了实惠，在桃花节开幕时，一些村民仅靠打油茶一天便可赚2000多元。

而事实上，种植水果使农民致富的不止大岭山一个地方，另外一个例子是该县莲花镇红岩村。恭城红岩村有80多户农户，不到400人，主要以种植月柿为主，人均有果面积2亩，年均产果6000多公斤。2003年以来，红岩村以农家乐观光为主题，开始发展生态农业旅游，其独特的瑶寨风光及万亩月柿林园吸引了大量游客。2015年全村接待游客近30万人次。因为生态旅游业的发展，当地农民人均纯收入达2万多元。

如今，以红岩村为核心的"红岩月柿生态农业旅游区"已经成为"生态农业—旅游"复合经济系统的成功典范，是恭城旅游的一颗明珠。2005年10月，红岩村以其集农业观光、生态旅游、风情表演、休闲度假于一体的特点，荣获"全国农业旅游示范点"荣誉称号；2006年该村入围中央电视台评选的"全国十大魅力乡村""全国绿色家园奖""全国生态文化村""中国村庄名片""国家特色景观旅游名村"等荣誉称号,并获绿色家园奖项;近几年又获得了"全国休闲农业与乡村旅游示范点""全国文明村镇""中国乡村旅游模范村"等称号。

与此同时,该村种植业发展迅速带动了该村工业的发展,吸引了汇源果汁这样的大企业前来投资。2004年汇源集团在恭城投资三亿多元,建成了年加工鲜果八十万吨的果汁原料加工厂。红岩村由过去单纯依靠生态农业,发展成了生态农业、生态加工业和生态旅游业"三驾马车"齐头共进的局面。

大岭山和红岩村成功的脱贫经验给了我们一个很重要的启示:在一些贫困地区,即使没有先天的比较优势,只要找准路子,完全可以在后天内生出比较优势和竞争优势,从而促进地方经济的发展。

(四) 政府长期引导支持

通过发挥比较优势,进行专业化生产,再由此内生出比较优势和竞争优势,是恭城三十多年来经济持续发展的原因。在这个过程中,政府的长期正确引导发挥了至关重要的作用,具体表现在以下几个方面:

第一,从实际出发,因地制宜,为恭城县选准了适合的发展路子。20世纪80年代初期,恭城县和大多数山区贫困县一样,森林资源遭到过度砍伐,生态环境日益恶化,农村经济发展受到严重制约,人民群众生活极其困难,全县20多万人口中有10万人左右生活在贫困线以下。此时,如何选择下一步的发展道路摆到了该县领导班子面前,在回顾过去几十年走过的发展历程的基础上,经过深入调查研究,恭城县决定走生态农业的发展路子,这为恭城以后的经济发展指明了方向,造就了今天独特的"恭城模式"。

试想,在恭城经济发展初期,如果恭城领导班子,和其他地方的一些领导一样,追求政绩工程,不考虑经济可持续发展,在项目布局上仅仅投建一些冶炼、水泥生产等见效快但治标不治本的小厂子,那么恭城也就没有了现在的经济辉煌,"恭城模式"也就无从谈起。所以,从恭城的发展经验可以看出,政府能够因地制宜,选准适合的发展路子,对贫困地区的经济发展极其重要。

第二,坚持不懈,保持发展思路的连续性。因地制宜,找准路子,只是恭城县经济发展的起点。恭城县之所以有今天的成就,并不是一朝一夕的努力得来,而是多年努力奋斗的结果。事实证明,恭城县在明确发展思路之后,历届政府始终将其坚定不移地执行,虽然政府几经领导班子更换,但是一直秉承换人不换发展策略的做法,一直坚持将科学的、可持续的发展思路传递下去,而且执行得更好、更为坚定。

找准了路子,还需持之以恒,方能成就大事业。从1983年以来,恭城先后换了 11 届书记、9 任县长,但从未发生过"前任种果,后任砍树"的事。现任恭城县委书记邓晓强在总结恭城的成功经验时感慨地说,"如果哪一届班子搞短期行为,把生态农业的'接力棒'丢了,恭城就不会有今天的局面。"

恭城县"换人不换策"的做法,保证了当地政策的持续性和稳定性,是其经济能长期持续发展的关键因素之一。贫困地区要取得经济的持续发展,就必须要有一个长远而完备的规划,然后经过一届一届的努力才可以获得成功。

第三,为民着想,切实帮助农民解决资金、市场等问题。恭城县政府除了找准切入点,为经济发展指明方向以外,在具体操作过程中,还切实地为民着想,帮助农民解决资金、市场等问题,对恭城县产业结构调整和经济发展起到了关键的作用。

美国经济学家纳克斯(Nurkse,1953)曾经指出,贫困地区经济的一个重要特征是其面临着"贫困恶性循环",贫困地区要摆脱贫困,就必须扩大资本的形成。恭城县在经济发展初期,也面临着贫困恶性循环陷阱,当时种植水果需要资金,但那时大部分群众的温饱还没有解决,根本就没有发展资金,这就需要县政府来扶持,扶持就要贷款。然而,由于当时银行(农业银行)没看好恭城的水果种植业,不愿提供贷款。得不到银行贷款,怎么办?此时政府的作用就体现出来了,当时恭城县政府就号召全县的干部群众到信用社存款,集资存款,一元、十元、百元地存,聚沙成塔。这样恭城终于有了第一笔发展资金,随后,信用社就以很少的利息贷给种植水果的农民,解决了种植水果所需资金问题。

当水果种上去了,恭城农民又面临着一个新的问题,那就是水果的销售问题,由于刚开始时是单一经营,经不起市场冲击,恭城水果曾一度滞销。此时县委、县政府采取了三方面的措施,一是加强对农民进行适用技术培训,大力支持种植容易加工、不易坏掉的月柿,号召、支持农民种植无公害水果;二是延长农业产业链,切实抓好农产品深加工的问题,及时引进联发食品、大连汇坤、北京汇源、永丰脆柿等加工企业;三是建立水果销售公司,多途径开拓市场,如开拓网上市场、北方市场、国外市场等等。

政府不只喊口号,而是急农民所急,切实为农民办实事,是恭城经济取得今天成就的又一主要原因。政府推进生态农业产业化发展的主要举措有:

第一,调整产品结构,以质量求生存。加快种植业结构调整步伐,在抓好基地建设的同时,优化产业、产品结构。多年来,恭城县着重抓好了传统水果如月柿、沙田柚、柑橙、红花桃等水果的生产。该县还科学地制定了各乡镇的重点水果发展规划:首先坚持水果规模化、区域化生产,摒弃零散的、零星的小块化种植方式。例如,以乡镇为单位进行布局,三江乡、观音乡种植脐橙,龙虎镇种植夏橙、沙田柚，恭城镇、平安乡种植柑橙，莲花镇以月柿为主，西岭乡以桃类、蜜柑为主，栗木镇以沙田柚、南方早熟蜜梨为主，嘉会镇以桃类、沙田柚为主，等等。各个乡、镇的生产规划非常明确、详细。与此同时，该县还在已有水果品种的基础上，能够坚持填补和缩短传统产品采果季节出现的空档，积极引进适宜恭城种植的名、优、特品种。例如，政府引导恭城果农以大红桃、阿尔及利亚夏橙、布朗李、纽黑尔脐橙、早熟蜜梨等优果为种植主体，以国际标准来促使果农提高水果品质。

第二，提高科技含量，促进良性循环。实施区域经济发展战略，充分发挥恭城多种类水果种植、多品种畜牧业养殖的优势基础，逐步普及科学技术，引导构建以生态农业为主的特色经济。历经三十多年的发展，经过培训开展、农业科技宣传等活动，恭城县农民的科学技术水平有了明显提升，基本实现了1~2门养殖技术和水果栽培技术在90%以上的农户家中得到普及的目标。同时，政府积极搭建桥梁，使得当地农户与科研院所、大专院校开展交流、合作，使之在水果栽培、病虫害防治以及沼液、沼渣、沼气的综合利用等诸多方面有了很大进展。恭城县政府坚持以市场化为导向，引导养殖户向良种化、规模化的道路发展，狠抓畜禽品种改良，增加养殖业在农业中的比重，并逐步布局发展生态产业，使畜牧业走出低谷。以养殖业发展为基础，大力增加沼渣沼液供应量，努力提高沼气利用率，保证有机肥的供给，进一步保证水果等农产品的品质，确保恭城的农产品尤其包括水果在国内市场、国际市场竞争中的良好声誉。

第三，加强网络服务建设，拓宽销售渠道。随着信息产业的高速发展，恭城县人民已经开始意识到信息流通的重要性，他们开始逐步把握商品交易信息，进而提高商品的流通速率，并以最高的价格出售牲畜和水果等农产品，大幅提升种植业、畜牧业的经济效益。以水果为例，经过一段时间的发展，这种效益提升很快，当地也在进一步加强销售网络服务建设，及时了解各地市场需求，掌握市场价格，在拓宽水果销售渠道等方面积极布局、谋求发展。详细计划有：逐步构建以经济能人，养殖、种植大户为主体的销售团队，在沿海沿边布局、建立销售网点，建立民间水果销售协会，为水果产业涌边出海创造条件；并强化信息中心的重要作用，让农民能及时准确地把握市场动态，获取市场信息，指导农民适时、适地销售，扭转以往被动销售模式，打造主动销售模式，促进水果的畅销，提高经济效益。

第四，大力发展果品加工业。恭城县水果种植面积广、产量大，水果销售和深加工问题关系到水果生产前途、区域经济发展和生态农业建设的成败。恭城的发展经验是：积极引进资金和技术提高水果销售附加值。根据市场需要，围绕恭城盛产柑橙、蜜梨、沙田柚、月柿、桃类等水果优势，开展一批具有规模效应的、高附加值的水果深加工项目，生产果脯、罐头、饮料、果酒等，以来源丰富的原料为基础，加工农产品提升其附加值，逐步形成种养加工、工贸农、产供销一体化的经营模式，连接千家万户、适应国内外市场，形成独具特色的区域经济发展模式。

总结恭城经济发展的原因，可以看出，贫困地区在发展经济的过程中，一定要确立科学的、可持续的发展理念，要强化政府引导、市场运作、群众参与的发展道路。在恭城，发展生态农业已得到了全社会的重视，形成了长久的发展动力，表现在：①政府积极考察，充分引导各部门积极联动，努力构建生态农业的发展态势。通过多形式、多途径加大生态农业宣传和推广的力度，积极推动生态农业发展技术的落户生产，使得生态农业的理念在千家万户普及。②注重市场经济运行的基本规律，积极发挥市场机制的导向作用，引导广大农民发展生态农业，高效生产高产、优质、生态、安全的农副产品。③切实加强市场监管，确保市场运行有序，为生态农业的健康发展提供外部保障。④因地制宜、因势利导，在充分考虑地区特色的基础上，积极引入新品种、新技术，不断培育出具有竞争优势的新品种，促进区域内生优势效益。

第三节　恭城县经济专业化生产的动因及演进

恭城经济专业化生产的动因在于20世纪80年代初期，当地由于生态条件恶化，为了解决农村的燃料问题而推广使用沼气，使用沼气需要动物的粪便，由此带动了养殖业的发展，继而促进了种植业的发展，最终形成了"养殖—沼气—种植"三位一体的良性循环生态农业体系，即"恭城模式"。恭城的生态农业给当地带来了名声，再加上当时种植业已发展到了一定的规模，于是政府因势利导地发展生态旅游业和生态工业，恭城县的分工专业化由此不断地得到演进。

恭城县分工专业化不断得到演进的原因，可以归纳为以下三点：一是找准了分工的切入点，二是群众的积极参与，三是政府的引导支持。

一、找准专业化生产的切入点

新兴古典经济学分工理论的一大缺点是其假设经济主体在事前是一样的，经济主体无论选择做什么，只要进行专业化生产，就可以内生出比较优势，某个经济主体选择做什么对整体经济绩效没有影响，因此分工的选择具有一定的随机性。然而事实是，经济主体在事前往往是不一样的，就贫困地区来说，各地都具有其特殊性和差异性，这就决定了各地选择"做什么"尤为重要。

选择"做什么"，就是选择分工切入点的问题。从一般的发展原则来看，各地必须因地制宜地充分利用外生比较优势，在外生比较优势的基础上选择分工，再通过专业化生产内生出比较优势，才能使经济持续发展。

恭城专业化生产之所以能够不断地得到演进，经济保持持续发展，首要原因是其找准了分工的切入点，即其选择的产业，正好发挥了当地的比较优势。

先看大岭山村民在石头上种桃子的例子。大岭山坐落于荒山石岭之中，缺水少地，自然环境恶劣，从资源禀赋来看，那里虽然资金缺乏，也没有可直接开采的自然资源但其比较优势是劳动力资源丰富。因此，那里比较适合发展的产业应该是一些需要大量劳动力而极少需要资本的产业，种植业正好满足了这一要求。但该种植什么呢？缺水少地，种植粮食不是那里的比较优势，但因为那里山多，果树可以在山上生存，种果树就成了那里的比较优势。但又应该种哪种果树呢？村里几株长在石缝中的野桃给了当地人启示，桃树可以长在石山上，可以撬出山上的石头种桃树。经过当地人几年的努力，靠着一双手，一把踏犁，大岭山人在一片鸟兽不生的石山上，撬出1200多亩桃园，于是也就有了以后的"桃花节"，有了以观桃花、摘桃果为主题的生态旅游，大岭山人也因此摆脱了贫困。

从大岭山村民在石头上种桃树可以看出，按比较优势选择的产业，即正确选择分工的切入点，对贫困地区的专业化生产非常重要。试想，如果当地居民当初不是选择在山上种桃树，而是选择种植香蕉（香蕉种植需要大量雨水，在山上难以成活）或是苹果（苹果不适合在南方种植），其结果也就可想而知了。

再看恭城的月柿种植。月柿是恭城县的拳头产品，月柿种植主要分布在莲花镇、平安乡、西岭乡等几个乡镇，如莲花镇就现有一个万亩无公害规范化月柿栽培基地。恭城月柿的成功栽培，也得益于其发挥了当地比较优势。一是恭城县有"三位一体"生态农业，用沼气液、沼气渣等有机肥作肥料，不仅大大地减轻了病虫的危害，控制了恭城月柿生理落果的发生，还使果子口感好，风味佳，从而易于销售。二是恭城有很多坡度在25°以下的荒坡、荒山。月柿种在荒坡、荒山上，作为一种经济林，既可造林绿化，又可增加可观的收入。并且由于山区昼夜温差大，平均温度稍低，山坡上比较容易形成自然风，果园内通风比较好，使山区种植出来的月柿表现出良好的抗逆性、果大、丰产，外形美观，表皮有一层白白的粉霜，客商特别喜欢收购，因此可以卖出相对较高的价格。可见，果农在坡度25°以下的坡地种植恭城月柿，正是发挥了当地的比较优势，恭城月柿的种植也就获得了成功。

从选择种桃树、种月柿作为支柱产业来看，说明恭城县在经济发展初期，很好地发挥了当地的比较优势，找到了分工的最佳切入点。此后，恭城专业化生产程度能够不断深化，正是得益于最初分工切入点的正确选择。

二、经济主体热情参与

个体的创新是个人追求自我利益的结果。新制度经济学认为，当有人发现打破规则的收益大于成本时，就会有人采取行动打破规则，包括使用正当的和不正当的手段来改变规则，即在现有制度安排下，如果无法实现潜在利益，行为者就会产生对新的制度安排的需求，导致新的潜在利益的出现。主要有以下因素：①制度选择集合改变；②技术改变；③要素和产品相对价格的长期变动；④市场规模改变。因此，制度变迁可以被理解为一个一种效益更高的制度对另一种制度的替代过程[1]。

制度变迁主要有两种类型：诱致性制度变迁和强制性制度变迁。诱致性制度变迁是指新制度安排的产生，或者是现行制度安排的替代或变更，它由个人或一群人，在积极响应获利机会时自发地进行组织、倡导和实行[2]。与此相反，强制性制度变迁由政府命令、法律强行引入和实行。由此可知，诱致性制度变迁的前提是某种在原有制度安排下无法得到的获利机会的产生；然而，强制性制度变迁可以纯粹因在不同选民集团之间对现有收入进行再分配时而发生（林毅夫，1999）[3]。

如果把强制性制度变迁视为由事物的"外因"引起的话，诱致性制度变迁可视为由事物的"内因"引起。俗语说"强扭的瓜不甜"，强制性制度变迁要取得绩效，必须遵循事物的内在发展规律，必须得到经济主体的支持。恭城的生态农业取得成功，政府的引导（可视为强制性制度变迁）功不可没，经济主体的热情参与支持（可视为诱致性制度变迁）更是成功的关键。

恭城人民敢为人先，有追求发家致富的极大热情，并且勇于付出行动。沼气在恭城的推广使用就是一个极好的例子。据人民网报道，1983 年，平安乡黄岭村村民黄光林在自己院子里建了全县第一个沼气池。"蓝色火苗使在这里蹲点的县委书记眼睛一亮"。从这时候起，恭城 11 任县委书记、9 任县长"换届不换劲

---

[1] 岳艳斐，杨威. 我国农村信用社治理制度的历史变迁及展望[J]. 内蒙古农业大学学报（社会科学版），2012（4）：381-383.
[2] 马正义. 农民工政治参与中的制度供给问题探析[J]. 理论导刊，2018（4）：48-53.
[3] 林毅夫，蔡昉，李周. 比较优势与发展战略——对"东亚奇迹"的再解释[J]. 中国社会科学，1999（5）：4-21.

头",坚持不懈地引导农民发展沼气。截至2016年,恭城县沼气入户率稳定在89%,完成农村环境连片整治69个村点建设,被评为自治区"农村环境连片综合整治工作示范县"。可见,恭城县发展沼气能获得成功,是由"诱致性制度变迁"引起、"强制性制度变迁"引导的结果。另一个例子就是本书一再提起的大岭山的故事。大岭山人不甘贫困,在当地党员的带领下,在石头缝中种植桃树,经过多年的努力,终于获得了成功,如今石头山上果树满山,大岭山人也得以脱贫致富。

至于恭城人为什么比广西其他贫困地区的人更具有改变自己命运的热情,这就需要从历史长河中找原因。

恭城是一个有着1380多年历史的古老县城,地处中原进入两广的交通要道,中原文化和岭南文化互相交融。至今恭城是广西重点文物留存最多的县。在县城中心,气势恢宏的全国四大孔庙之一的文庙和全国关帝庙十大理事之一的武庙相邻而建,与湖南会馆、福建会馆交相辉映。

尊师重教一直是恭城人的光荣传统。每年高考后,一些民间团体都会自发举行仪式,捐资奖励教师和学生。恭城县政府历来重视对教育的投入,2005年全县教育投入占财政收入比例高达24%。尊师重教给恭城人民带来了丰厚的回报,该县高考、中考上线率和重点院校录取率连年名列广西前茅。2016年恭城中学参加高考的1360名考生中,一本上线的考生达309人,上线率22.79%;二本以上1060人,上线率77.94%。

恭城有着丰富的文化底蕴,光荣的历史传统,群众思想解放,整体素质较高,这在广西其他贫困地区是不具备的,这就不难解释恭城人为什么更具有改变自己命运的热情了。

三、政府不断提高当地交易效率水平

新经济史学代表人物道格拉斯·诺斯(1992)认为,分析任何一种产权制度的形成、演变及其效率,都离不开对国家(政府)行为的分析。因为,国家(政府)规定着经济中的所有权结构,并最终对所有权的效率负责,而所有权结构的效率导致经济增长、停滞或衰退①。在恭城专业化生产产生及演进的过程中,当地政府在分工切入点的选择及提高交易效率两方面都发挥了重要的作用。在政府如何指导群众选择正确的分工切入点问题上,前文已充分论述,这节主要分析

---

① 道格拉斯·诺思. 制度、制度变迁与经济绩效 [M]. 上海:上海三联书店,1994:40-47.

当地政府是如何提高交易效率水平，使恭城分工专业化得以不断的演进。

新兴古典经济学认为分工的演进与交易效率有关，交易效率越大，分工的演进就会越快。恭城三十多年的经济发展过程中，当地政府一直在设法提高当地的交易效率水平，促使当地生产专业化程度不断加深，具体表现在以下几个方面：

第一，完善了基础设施建设。恭城瑶族自治县地处边远山区，交通、电力、邮电通信、水利等基础设施一直落后，这严重地影响了当地交易效率水平。20世纪90年代以后，政府有意识地加快基础设施建设，使恭城的交通、通信、水利等基础设施建设得到了极大的发展，大大地降低了产品市场交易的外生交易费用。

①道路交通建设得到加强。十多年来，全县构筑了四通八达、布局合理的交通网络，实现了出境道路高等级化、乡乡通柏油路、村村通公路目标。

②通信事业快速发展，通信设施日臻完善。2009年底该县固定电话用户达到2.5万户，移动电话用户为11.1万户，国际互联网用户为9268户，所有的行政村都实现了电话入户。2016年全年邮电业务总量41698万元，其中邮政业务总量1559万元，电信业务总量40140万元。政府也大力推进电子商务进农村工作。2017年建成乡镇、村级电商服务站点90个，县乡村三级电商运营服务、物流体系及培训机制基本完成，4家企业获"市级农业产业化重点龙头企业"称号。通信事业、农业电子商务事业的快速发展，进一步改善了当地的投资环境、农产品销售渠道，极大地提高了交易效率水平。

③农业基础设施建设得到加强。"十五"期间，全县共实施人畜饮水工程31处，水利基础设施项目138个，土地开发整理项目3个，农业开发项目5个，改善了农业生产条件。"十一五"期间，恭城县9个农业综合开发项目通过验收，3万亩旱片治理项目工程开工建设，峻山、兰洞等水库除险加固，峻山灌区续建配套与节水改造、龙虎渠等750处小型农田水利和水毁修复相继完成。"十二五"期间，恭城县累计投入水利建设资金9.47亿元，完成峻山、兰洞等23座中小型水库除险加固、中小河流域治理、银山饮水、县城壅水工程等一批水利项目顺利竣工，被评为"全区农田水利基本建设先进县"。县城防洪堤、第五批中央财政小农水建设重点县项目有序推进，建成农村饮水安全工程183处，8万多人受益，农村集中供水率达83%。目前，全县以防汛抗旱为重点，加强了水利设施建设，建立了安全有效的水利保障体系。另外还完成了新一代天气雷达标准自动站建设，为准确提供天气预报发挥了重要作用。

第二，进一步健全和完善了市场经济体制。市场化程度低是贫困地区的普遍现象，市场体系不健全也制约了分工水平的演进。恭城三十多年的经济发展过

程,也是该县市场经济体制得到进一步健全和完善的过程,表现在以下几个方面:

①市场经济观念得到了强化。生态农业的成功发展极大地增强了当地农民的市场意识,现在绝大多数农民已经摆脱了自给自足的"小农"生产方式,生产的目的不再是为了自己消费,而是为了交换。例如在红岩村,当地居民已不再种植粮食,所有的生活必需品都通过市场购买,市场化程度有了极大的提高。又例如,坚持市场化运作桃花节、月柿节等民俗文化旅游节日,增强民俗文化旅游品牌效应,进而加大服务业企业扶持力度。2015年服务业增加值达20.56亿元,增长8.8%,税收高达2.77亿元。

②市场体系建设得到了加快和完善。这几年,恭城建起了乡(镇)农贸专业交易市场,完善了县城水果批发城的配套设施,在国内大中城市建立了水果销售联络处,每年组织水果大户参加大型农产品交易会并举办推介活动,拓展水果销售市场。

③新的交易技术、交易理念得以引进。该县不但成立了水果销售公司,多途径、多渠道开拓市场;还通过电子商务,开拓了北方市场、国外市场等等。例如在"十二五"期间,该县大力发展电子商务、连锁经营、物流配送等现代流通业,重点推进顺达商业广场、步步高综合商场、农商冷链物流、顺通物流、建材市场等项目,完成了恭城油茶特色餐饮街、莲花月柿水果交易市场等项目前期工作。另外,在2016年的政府工作报告中提及,将计划在"十三五"期间持续优化交易市场演化机制。

④产权得到进一步明确和保护。为培育壮大村级集体经济,恭城县政府积极探索"三权分置"多种实现形式,完成农村土地承包经营权确权登记颁证工作。以大岭山的土地政策为例,该地的荒山不是采取承包制,而是分到各家,使产权更加清晰明确。在2014~2015年推动的"十大行动"工程中,"提升产权收益"被列入其中。

第三,推动了当地农业的规模化、产业化经营。首先,恭城县政府总体布置、整体规划专业区水果的种植,使水果的种植形成规模化;其次,大力培育和扶持龙头企业,带动当地种植业的发展;最后,延长农业产业链,抓好农业深加工的工作。农产品的集中化、规模化经营,再加上大型交易市场的建成,多管齐下的方式确保了恭城县农产品的交易费用大幅降低。

此处以苏木镇千亩柑橙示范园农业产业化发展过程为例,对恭城县推进农业规模化、产业化经营的步骤、措施进行说明。恭城县被农业部授予"中国椪柑之乡"称号,其柑橘生产经过三十多年的发展,已使恭城成为重要的柑橙生产和出口基地，为振兴县域经济作出了巨大的贡献。果农们也因此得到实惠：他们把水果销售的收入积攒起来，开始盖新房、继续投资水果生产。然而，没有产业化的推进，没有种植、养殖业的规模经营，刚开始富起来的农民致富的速度还不够快，富裕程度还不够高，建好的新房还没有财力装修和添置新家具、新电器。2001年初夏，厉以宁教授在桂林市和恭城县领导陪同下考察了粟木镇白芒垒村的水果生产，提出了"我们不仅要扶贫，还要帮助已经开始走上富裕之路的农民"的新思路，带头投资设立了推进产业化和规模经营的"帮富基金"，建议恭城的农民不仅要脱贫致富，而且要在生态农业产业链的基础上扩大规模经营，提高核心竞争力，加快富裕的步伐。在专家们的引导下，当地干部群众认识到从总体上看，恭城生态农业整体水平仍然不高，竞争力不强，难以适应新的国内外市场形势。在品种结构、优质果率、标准化管理和产业化经营等方面与美国、巴西、西班牙、以色列等柑橙生产发达国家相比，还有很大的差距，必须在产业化、规模经营和寻求科技支持等方面下功夫。

恭城1000亩高科技柑橙示范园位于粟木镇建安村，在恭城县委、县政府的领导和支持下，由广西桂林鹏宇兄弟柑橙产业开发有限公司投资所建设。示范园由棉花州、水库、余丝垒和供水塔四个片区组成，主要有纽荷尔脐橙、澳琳达夏橙、日南1号特早熟温州蜜柑和台湾椪柑等品种。项目总投资1000万元，示范园达产后可实现平均亩产优质柑橙4吨左右，综合参量4000多吨，实现销售收入近千万元。示范园全部栽植无病毒脱毒柑橙种苗，科学调试柑橙早、中、晚熟品种，有效地延长了生产和供应周期。示范园引进以色列先进的滴灌技术和现代化的科技成果，逐步实现"信息采集自动化、田园耕种机械化、肥水和农药施用标准化、管理平台数字化、管理决策智能化"的五化标准。高科技柑橙示范园的建成投产，不仅会提升广西柑橙产业发展的整体科技水平，也将为我国柑橙产业化的发展提供有益的探索和宝贵的经验。

高科技柑橙示范园的建设对广西柑橙产业化、现代化发展具有重要的示范意义。目前柑橙果树在长期的生产过程中，往往感染一种或几种传播性疾病，其中有些病害导致柑橙树严重衰退、产量陡降甚至死亡，流行时可以毁灭整个柑橙区，例如黄龙病、衰退病和莱蒙丛枝病；有的引起树势衰弱，产量明显下降，例如裂皮病、碎叶病和温州蜜柑萎缩病。本项目种植的是无病毒容器苗，园区实行全封闭管理，采用先进的果园管理模式进行监控，并定期邀请国内外柑橙专家到培训中心进行技术指导，对农业技术员和果农进行技术培训，总结先进的生产经验和管理模式，建立比较完善的推广网络，为科学种果、推动柑橙产业发展提供技术支撑和示范作用。各项目通过科学的规划设计，高标准的建园，种植无病毒良种容器苗木、规范化的栽后管扶护，将带来显著的经济效益，给周边果农起到了良好的示范作用，让果农看到科学种植柑橙可以带来快速致富的效果，从而推动恭城县以及外区柑橙产业的良性快速发展。为了实现柑橙的丰产、稳产和优质，提高柑橙生产效益，该项采用以色列现代节水自动灌溉系统，附带施肥灌溉功能，实现灌溉与施肥的一体化和自动化。节水灌溉系统由计算机控制，可以根据气象条件、土壤水肥状况，对灌水时间、灌水量、施肥时间、施肥量等进行编程控制，实现自动水肥灌溉，最大限度减少水肥流失，为柑橙生长提供稳定适宜的水肥环境，大幅度提高柑橙产量和质量。

示范园的建设对提高柑橙单位面积产量，提升产品品质，提高农业生产力，促进形成产品化，提高名优水果的知名度起到了促进作用。柑橙是多年生常绿经济林作物，能够增加森林覆盖率。通过本项目使用无病毒苗木和节水灌溉技术，可以减少农药、肥料使用量，从而减少环境污染和水土流失，发挥巨大的生态效益。此工程项目推动10余万亩柑橙园建设，促进桂林市近30万亩柑橙产业开发，对新建优质无公害柑橙果品基地项目的实施，环境保护、水土保持效益更明显，发挥巨大的生态效益，实现可持续发展。

第四，加大科教投入力度，提高农民基本素质。在发展生态农业，提升恭城县生态农业不断升级的同时，恭城县的社会主义新农村建设也取得了明显成效。在社会主义新农村建设进程中，农村专业技术人才队伍的建设与农民素质提升是关键，因此需要推进基层农技推广体制机制创新，培养造就一支懂农业、爱农村、爱农民的"三农"工作队伍。恭城县的领导认识到：经济的布局、发展必须坚持与时俱进、积极引导、多管齐下，着力培养农民的科学技术学习、应用能力，以新型农民带动社会主义新农村建设。为此，该县以社会主义新农村建设的总体要求为指导，并结合当地经济、人文实际情况，精心规划、布局，努力打造"有文化、懂技术、会经营，而且能够带动其他人共同致富"的农业生产专业人才，不断提升现代农民的整体素质。

所谓农民专业人才，是指既懂生产经营又了解和掌握市场需求变化的新一代农民。农民专业人才跟传统农民的主要区别在于能够了解和掌握市场的需求变化，并能按照市场的需求变化进行生产经营。目前，全球已经进入科学技术高速发展的时代。经济发展竞争实质上是科技竞争，科技竞争实质上是人才素质的竞争。在水果生产和产业化经营实践中，恭城县因地制宜制定农村科技培训方案，着力提高农民素质，传播科技文化，让农民掌握致富奔小康的技能和本领，培养农民专业人士。在生态扶贫开发和社会主义新农村建设进程中，恭城县多年来针对农民科技素质普遍不高的实际情况，通过构建长效培训机制，不断完善技术培训的网络和渠道，着力提升广大农民的现代化素质。

一是加强种植结构调整宣传。通过全县干部群众多年的努力，恭城县已经形成了一个以水果业为支柱产业的高效产业，但在品种结构问题上，还大有文章可做。如砂糖橘和椪柑，同果龄年份、产量差不多，砂糖橘每公斤卖4～5元，椪柑每公斤只能卖2元左右。在水果品种结构过程中，要始终贯彻"你无我有、你有我优、你优我改"的策略，使工程项目中水果品种多样化，夏秋季采果均衡化，增强恭城县水果抗御自然灾害和市场风险的能力，提高水果业的经济效益。二是明确阶段主推技术。根据市场需要，消费者十分关注农产品的安全质量，有标志的无公害农产品、绿色食品、有机食品深受消费者的青睐。分解恭城县情况后，无公害农产品生产技术，绿色食品生产技术仍是当下重点推广的生产技术。它包括了修剪、施肥、用药等一系列技术环节。如修剪能起到通风透光、减少植株营养消耗和病虫发生的作用，达到优质高产的目的，对此果农还没有充分的认识。在农业科技培训策划时，果农就建议搞一个"修剪年"的主体，重点解决果树修剪问题。这就使得每一年的农业科技活动能够解决当前农业生产存在的若干突出问题。三是积极开展多种形式的农民科技培训。农民培训重在实际操作过程中的指导，重在示范效果，不需要太多的理论。因此培训形式可以多样化，如发放口袋书，印刷简单明了的标语等，培训现场可选在田间地头，用个把小时就能解决问题。整个过程还可以制成音像资料，发给农户，让没机会得到现场指导的农户自学。通过多种形式的宣传培训，使更多的农民群众掌握了致富的技能和本领。

近年来，恭城县在培养新型农民方面推出了以下举措：一是开展"一村一名大学生"工程，积极引进思想素质高和文化基础好的技术型的大学毕业生对农民进行培训，传授农业种植、畜牧业养殖的技术；二是县政府硬性要求各涉农部门每年必须以自然村委为单位开展地毯式科技培训的科技下乡活动；三是从2005年以来，积极组织农业技术专家团深入各乡镇、深入农户开展现场指导，帮助他们规划生产、传授技术，先后培育了1000多户的生态农业示范户，进而以示范户辐射带动2万多农户共同致富；四是积极推动村民自建协会，以当地技术型农民牵头组织，充分发挥其技术过硬、头脑灵活、见多识广的优势，组建团队推销农产品，积极引导农业产业结构升级、优化。

第五，构建了比较完善的社会保障体系。社会保障体系是影响交易效率的一个"软条件"。近年来，恭城县政府坚持从解决农民群众最直接、最现实，同时也是最关心的利益问题入手，积极探索建立适合当地经济基础的多层次的农村社会保障体系，着力构建农户生产的"安全网"，让广大农民群众享受到文化、教育、医疗等公共事业发展的盛果。其措施主要包括三个方面：一是按照"自愿、互助、公开、服务"的原则，大力推进建立新型农村合作医疗制度，确保农民群众的身体健康；二是扩展渠道强化农民社会保障，积极整合社会救助资源，尤其完善特困户生活救助、灾民救助等的措施和途径，认真落实军烈属优抚政策，探索建立当地农民最低生活保障制度；三是积极引导农民购买商业保险。恭城县政府在实施积极就业政策，完善就业帮扶制度的同时，还实施人才强县战略，出台人才引进培养政策，鼓励大学生、返乡人员创业，城镇登记失业率控制在4.5%以内。实施全民参保计划，完善基本医疗保险和基本养老保险制度。2016年，恭城县参加新型农村合作医疗保险农民累计达247921人，参合率99.98%。同时，也积极落实城乡居民最低生活保障制度，逐步提高保障标准。推进保障性住房建设、棚户区改造和农村危房改造。做好灾害紧急救援、大病救助、临时救助等社会救助工作。关爱农村留守妇女、儿童和空巢老人、百岁老人，保障老年人、孤儿和残疾人的正当权益。鼓励社会力量建设养老院，加快社会福利和社会服务基础设施建设。

恭城一直贯彻"3+5+5"发展思路，即建立县乡村医疗运行、中医瑶医特色健康诊疗、以健康为中心的健康服务三个体系，推行道法、活法、动法、食法、疗法"五法"养生，实施"一村、一城、一镇、一泉、一道"，"五一"健康项目，完善国民健康政策，积极引进4P健康管理模式（指预防性、预测性、个性化、参与性），启动全县居民健康卡发放，为人民群众提供全方位全周期健康服务，建立"以健康为中心"的健康服务体系。持续推进村卫生室"公建民营"管理，完善综合型医共体和中医医共体建设，进一步提升基本公共卫生服务均等化水平，建立县、乡、村医疗运行新体系。坚持中西医并重，打造优质高效的中医、民族医特色诊疗和健康服务体系，启动瑶医医院建设。深入开展爱国卫生运动，倡导健康文明生活方式，广泛开展全民健身活动，预防控制重大疾病。支持社会办医，推进医养结合，发展健康产业。

第四节 本章小结

本章对40多年来恭城经济的跨越和腾飞作了总结，用恭城经济发展的实例说明了发挥比较优势、专业化生产及培育竞争优势对贫困地区经济发展的促进作用。本章得出了以下几个结论：

第一，贫困地区在选择分工专业化生产的"切入点"时，一定要注意发挥原有的外生比较优势，即要因地制宜地选择产业分工，形成独特的发展模式。

第二，分工专业化生产对经济发展的促进作用不仅表现在劳动生产率的提高而内生出的比较优势，而且还会使资源禀赋发生改变，从而产生新的比较优势和竞争优势，为当地经济科学发展提供持续动力。

第三，在贫困地区，由于市场机制不健全，政府行为将对经济发展产生重大的影响，具体体现为：①政府可以通过深入调研、聘请专家指导实践、与发达地区经验交流等为贫困地区的经济发展作出生产发展、产业布局的总体规划，并引导贫困地区经济按规划出的路径发展；②政府可以积极引导农户使用新技术、提高农民自身素质、开展专项产业项目、提供专项财政资金支持、发展健康产业等方面为贫困地区培育出新产业，形成新的竞争优势；③政府可以通过完善基础设施、健全市场经济体制、推动农业规模化、产业化经营等方面提高贫困地区的交易效率，从而促进贫困地区分工专业化生产的深化。

第八章

少数民族山区农户反贫困的对策及实施路径

前面章节分别从理论和实证两方面论证了专业化生产对农户收入的影响，以及桂滇黔少数民族地区收入低的原因，并以恭城40多年来的经济腾飞及群众脱贫为例，说明了在贫困地区也可以通过发挥比较优势、提高交易效率及培育竞争优势来促进经济发展，从而达到反贫困的目的。本章主要研究少数民族地区农户实现专业化生产采取的具体措施、政府在少数民族贫困地区扶贫脱贫工作中扮演的角色以及少数民族山区实施的反贫困路径三个方面的内容。

桂滇黔少数民族地区自然资源丰富，市场潜力巨大，并且在国家发展战略中占据重要的位置，但由于地理环境、文化习俗、经济基础等因素的作用，使得桂滇黔少数民族地区的农户收入与中部和沿海地区存在较大的差距，当地的经济在整体上较为落后。要使少数民族地区山区农户实现反贫困并摆脱困境，必须进行专业化生产提高生产效率，在这个过程中，发挥当地的比较优势是基础，提高当地的交易效率水平是关键。另外，政府在贫困地区经济发展过程中可以发挥重大作用，但需促使其充分运用当地比较优势创造出竞争优势，并通过加强基础设施建设、提供公共服务产品、健全市场经济体制、明确并保护好私有产权等措施来提高当地交易效率水平。而在具体的反贫困措施上，可以从三个方面着手，一是倡导农户在农业方面进行专业化生产，二是引导农户在当地从事非农产业专业化生产，三是支持农户转移到城镇从事专业化生产。

第一节 发挥少数民族山区的比较优势

比较优势是分工发展的基本驱动力，也是落后地区发展经济必须高度重视的问题。林毅夫（1999；2007）、蔡昉（1999）、李周（1999）等一些经济学家一直特别强调发挥比较优势对经济发展的重要作用,在《比较优势与发展战略——对"东亚奇迹"的再解释》一书中,林毅夫认为,在经济发展的战略选择上,除了立足于赶超型重工业优先发展战略或进口替代战略以外,还有一种更为成功的经济发展道路,即比较优势战略,这是日本和亚洲"四小龙"实现经济腾飞的核心所在。比较优势战略使得经济发展在每个阶段上都能发挥当时资源禀赋的比较优势,从而维持经济的持续增长并提升资源禀赋的结构[①]。

从比较优势产生的根源来看,比较优势可以划分为外生比较优势和内生比较优势。外生比较优势是由事前的差别引起的,是指由于天生条件的差别产生的一种特别的贸易优势,它是以外生给定的技术和禀赋差异为基础的比较优势,其主要理论包括李嘉图的比较优势理论和郝克歇尔、俄林的要素禀赋学说等等。而内生比较优势是指比较优势可以通过后天的专业化学习或通过技术创新与经验积累人为创造出来,它强调的是比较优势的内生性和动态性。杨小凯(1999)认为,内生比较优势是由对生产方式和专业化水平的事后选择产生的,这种内生比较和绝对优势有可能在天生生产条件完全相同的国家之间产生[②]。其根源是专业化分工导致人力资本与知识的积累,从而产生内生比较优势。内生比较优势理论最早可追溯到亚当·斯密(1776),他第一次提出了系统完整的分工理论,并且把分工作为经济增长和国际贸易的唯一源泉[③]。其后,一些经济学家继承了亚当·斯密的分工可以内生出比较优势的思想,迪克西特·斯蒂格利茨创建了基于规模经济优势的贸易模型(简称D-S模型),杨小凯等创建了基于专业化生产的新兴古典贸易理论。

一、发挥少数民族山区的比较优势之一:大力挖掘资源禀赋优势

若一国(地区)拥有某种丰裕的生产要素,就存在利用该要素生产该要素密集产品的比较优势,就可以生产并出口用本国(地区)丰裕生产要素生产的商品,进口用本国(地区)稀缺生产要素生产的商品,那么对贸易双方都是有利的[④]。从桂滇黔少数民族地区来看,资源禀赋的比较优势主要表现在:人口众多,劳动力价格低;人口密度较低,土地总体上成本低;矿产资源丰富,原材料价格

---

① 林毅夫,蔡昉,李周. 比较优势与发展战略——对"东亚奇迹"的再解释[J]. 中国社会科学,1999(5):4-21.
② 杨小凯,黄有光. 专业化与经济组织[M]. 北京:经济科学出版社,1999:169-195.
③ 亚当·斯密. 国民财富的性质和原因的研究(上、下卷)[M]. 北京:商务印书馆,1972:1.
④ 林毅夫,蔡昉,李周. 比较优势与发展战略——对"东亚奇迹"的再解释[J]. 中国社会科学,1999,(5):8.

便宜等等。因此，在今后相当长的一段时间内，这些地区应该充分利用资源禀赋的比较优势，专业化生产劳动力、土地、原材料等耗费量大，而资金、技术等比重小的产业，再通过对外"输出"，换取当地所需的资源，以实现工业化。比如近年广西的平果县利用当地丰富的铝矿发展电解铝加工业、南丹县利用当地丰富的锡矿发展锡加工业、大化县利用当地丰富的水资源发展水电产业，都极大地促进了当地经济的发展。

少数民族贫困地区运用劳动力资源和自然资源优势参与分工，是否会降低当地产品的持久竞争力，最后导致贫困化增长，这是少数民族贫困地区和经济理论界所担心的一个问题。因为从实践上看，二战之后实施这种比较优势战略的一些发展中国家并没有得到想象中的利益，相反，发展中国家在这样的国际贸易格局中受到了严重的经济伤害，而发达国家却从中获得了丰厚的利益；同样，从我国经济发展来看，一些单纯依靠资源发展经济的地区，不仅生态遭到严重破坏，而且也不能脱贫致富。

能否以比较优势作为经济发展战略？理论界亦有不同的观点，洪银兴（1997）认为，发展中国家以劳动力资源和自然资源参与国际分工，虽然在短期内可以获利，但这种贸易结构不能持久，并且会跌入"比较优势陷阱"。发展中国家应大力发展高科技产业，发展战略性产业，在国际竞争中占据优势[①]。但林毅夫等一些经济学家不同意这样的观点，他们认为，遵循比较优势，充分利用现有要素禀赋所决定的比较优势来选择产业、技术、生产活动，是企业和国家具有竞争力的前提，而且，也是不断积累更为"高级"的生产要素的必要条件。相反，如果企业的生产组织方式违背经济的比较优势，该企业就不可能创造足够的利润，甚至经营亏损或者失败。此时，积累经济剩余的能力就受到损害，其用于创造高级生产要素的投资数量也必然会减少[②]（林毅夫、蔡昉、李周，1999）。

本书认为少数民族贫困地区在经济发展过程中一定要充分利用当地已有的资源禀赋比较优势，理由如下：

第一，任何一个地区的经济发展都会受到其国内资源禀赋和比较成本的制约，这是无可争议的。少数民族贫困地区在选择发展产业时，必须充分利用该地

[①] 洪银兴. 从比较优势到竞争优势——兼论国际贸易的比较利益理论的缺陷 [J]. 经济研究, 1997 (6): 7.

[②] 林毅夫, 蔡昉, 李周. 比较优势与发展战略——对"东亚奇迹"的再解释 [J]. 中国社会科学, 1999 (5): 12.

区相对丰富的生产要素，才能降低成本，提高竞争力①。

第二，在少数民族贫困地区全力发展资本、技术密集型产业会受到要素投入的约束。这些要素包括资本、技术、人才等。只有继续发挥传统的以要素禀赋为核心的比较优势产业，才可以为新兴的、资本（或技术）密集型产业积累资金、技术，培养企业家才能，从而为技术创新、突破生产要素的投入瓶颈和促使传统的劳动密集型产业逐步升级打下基础②。

第三，继续发挥传统的比较优势有利于在少数民族贫困地区提高资源在宏观层次上的配置效率。宏观经济学的原理表明，宏观层次上的资源利用不足和利用过度都是经济缺乏效率的表现。居高不下的非自愿失业意味着实际 GDP 低于潜在的水平。目前桂滇黔少数民族贫困地区尚有大量的剩余劳动力亟待转移，发展劳动密集型产业有利于资源的合理配置。

当然，桂滇黔少数民族贫困地区利用当地资源禀赋这一比较优势发展某种产业，并不意味着该地区永远发展这种产业，事实上，从比较优势的内容来看，一国（地区）所拥有的一种比较优势不是永远不变的，而是可以变化和转换的。原来具有比较优势的产品，可能会转化为比较劣势，原来处于比较劣势的产品，也可能发展为新的比较优势。这说明比较优势具有动态转化的特性，绝没有一成不变的比较优势模式。比如，当一个国家（或地区）劳动资源相对丰裕，此时劳动力价格相对便宜，该国的比较优势就利于发展劳动密集型产业。如果这个国家（或地区）遵循比较优势，发展劳动密集型为主的产业，由于生产过程中使用较多廉价的劳动力，节约昂贵的资本，其产品相对来说成本就比较低，因而具有竞争力，从而利润可以作为资本积累的剩余量也就较大③。随着对劳动力需求的不断增加，工资水平将会不断提高；同时，随着资本积累的不断增加，资本开始变得相对丰裕时，资本的价格就会相对便宜。此时该国家（或地区）的比较优势就由劳动密集型产业转为资本密集型产业。

二、发挥少数民族山区的比较优势之二：充分利用后发优势

从长远来看，少数民族山区依靠自然资源所形成的比较优势的作用将会不断

---

① 林毅夫，李永军. 比较优势、竞争优势与发展中国家的经济发展 [J]. 管理世界，2003（8）：21-28.
② 林毅夫，蔡昉，李周. 中国的奇迹：发展战略与经济改革 [M]. 上海：上海人民出版社，1994：103.
③ 林毅夫，蔡昉，李周. 比较优势与发展战略——对"东亚奇迹"的再解释 [J]. 中国社会科学，1999（5）：18.

下降,而非自然因素的作用将会不断上升。因此,少数民族山区在经济发展过程中必须善于利用其拥有的另一种比较优势——后发优势,以便从发达地区已走过的经济发展道路中吸取经验教训,从而避免走发达地区已走过的"弯路",以更快的速度缩短自己与发达地区之间经济水平上的距离。

(一)后发优势的内涵

所谓后发优势,是指在先进国家或地区与后进国家或地区并存的情况下,后进国家或地区所具有的内在的、客观的有利条件,能使发展中国家或地区比发达国家或地区实现更快的发展速度,表现为一种势能优势。后发优势主要是从时间维度上来说的,即后进国家或地区之所以存在后发优势,就是因为它们在发展水平上比先进国家或地区落后,落后产生了一种势能优势[①]。

相对落后的国家(地区)在经济发展中具有相对的优势,这一思想最早源于英国古典经济学家大卫·李嘉图提出的"比较优势理论"。"后发优势"作为一个较为完整和独立的理论概念,是由美国经济学家亚历山大·格申克龙(Gerschenkron A.)在1962年提出的。格申克龙探讨了后进国家的经济增长,认为发展中国家具有一种得益于落后的后发优势,这种优势与一国人口规模、资源禀赋、国土面积等方面的差别无关,也与后发国后天的努力无关,完全是与其落后性共生的[②]。

格申克龙之后,列维(Lcvy M.,1966)在其《现代化与社会结构》一书中,通过后发外生型国家与早发内生型国家现代化的过程、模式的比较,提出了后发外生型国家现代化的条件及所具有的后发优势。列维认为,与早发内生型国家现代化相比,后发外生型国家所具有的后发优势(相对优势)主要包括:

一是对现代化认识上的优势。当后发国家开始自己现代化的进程时,先发国家的现代化已经有了相当长时间的历史。这样,后发国家在现代化开始时对现代化的认识,肯定要比先发国家在自己现代化的启动阶段对现代化的认识丰富得多,先发国家成功的历史缩短了后发国家在黑暗中摸索的时间。

二是学习、借鉴、效仿优势。当后发国家开始启动现代化的时候,先发国家已经形成许多比较成熟的技术、计划、设备、管理以及与之适应的组织结构等,这一切人类文明的成果,后发国家都可以拿来学习、借鉴、效仿。

三是由于科技的发展具有跳跃性,作为后发国家完全可以跳跃过某些先发国

---

① 何国勇. 比较优势、后发优势与中国新型工业化道路研究 [D]. 华中科技大学,2004:45.
② Gerschenkron A. Economic Backwardness in Historical Perspective: A Book of Essays [M]. Cambridge: Harvard University Press, 1962. 26.

家早期工业化必须经历的阶段。

四是由于后发国家在启动现代化时,先发国家的现代化已经达到较高水平,这就使后发国家在先行者那里看到自己现代化的美好前景,这一方面为后发国家发挥优势,实现赶超确立了一个生动的立体样本,另一方面有利于动员和鼓舞全部的力量投入到现代化的事业中来。

五是先发国家可以在资金和技术上对后发国家的现代化提供支持和帮助①。

然而,即使到了目前,经济学界对于后发优势也没有达成一致的同识,关于后发有无优势的争论仍然比较激烈,一些学者认为后发具有优势;而另外一些学者(如杨小凯)则认为,后发的优势远远小于劣势,所以,后发无优势。但是纵观历史,不论将第一个实现工业化的国家(英国)作为先发者,西欧其他国家以及美、俄、日等作为后发者赶超英国;还是将欧美发达国家作为先发者,拉美、东亚等发展中国家的追赶过程,后发优势一直是一些成功实现赶超的后起国充分利用的有利条件之一。所以格氏与列维的后发优势理论的意义在于为落后的发展中国家在经济发展过程中赶超发达国家提供了一种新的视角;后发国家的发展存在着比发达国家具有更高效率的可能性;强调了后发国家的工业化或者现代化完全具有赶超发达国家的可能性。从这个角度上说,后发优势理论对指导落后国家和地区的经济发展,具有非常积极的意义②。

(二)少数民族贫困地区后发优势的具体表现

从理论上分析,少数民族贫困地区所拥有的后发优势主要包括三方面:一是经济发展规律所形成的后发优势;二是学习和模仿创新上的优势;三是心理上的优势。

具体来讲,少数民族贫困地区所拥有的后发优势可细分为以下几个方面:

一是报酬递减方面的后发优势。主要是指资本报酬递减规律所产生的后发优势。发达地区的资本丰富,而少数民族贫困地区资本稀缺,因此,少数民族贫困地区的资本收益率要高于发达地区。如果资本自由流动,那么,资本将从发达地区向少数民族贫困地区流动,由此将会促使少数民族贫困地区经济增长得更快③。当然,由于资本报酬递减规律是在其他要素(特别是技术水平)不变的假设条件下得到的结论,因此现实经济中资本报酬递减规律是否存在尚有争论,少数民族

---

① Levy M. J.. Modernazation and the Structure of Societies [M]. Princeton: Princeton University Press, 1966. 48.
② 原永胜. 后发优势与跨越式发展 [D]. 华中科技大学博士论文, 2004: 48.
③ 方大春. 后发优势理论与后发优势转化 [J]. 生产力研究, 2008 (9): 21 - 23.

贫困地区是否拥有资本报酬递减方面的后发优势也还在争论之中。

二是结构转变方面的后发优势。一般来说，工业部门的生产率要高于农业部门，当一个经济体将其生产要素由农业部门转移到工业部门后，整个社会的资源配置效率会提高。两大部门间生产效率差距越大，生产要素转移的规模越大，社会资源配置效率提高越明显。少数民族贫困地区实现发展的过程也是其实现工业化、城市化的过程。与发达地区相比，少数民族贫困地区这方面的优势很大，相反发达地区通常是没有这方面的优势，因为在那里所有部门都现代化了，生产效率差异较小。不考虑其他因素，仅就结构转变而言，少数民族贫困地区的经济增长速度也要快于发达地区。

三是在科学技术方面模仿创新的后发优势。大多数先进的科学技术是由发达地区发明创造的。但由于一些先进科学技术知识是公共产品，具有溢出效应，少数民族贫困地区可以直接利用这部分科学技术知识。对于那些专利技术产品，少数民族贫困地区通过购买等方式加以引进的成本要大大低于原创成本，而且还有时间上的节约。这些会大大提高少数民族贫困地区的追赶速度，产生明显的优势[1]。

四是在组织制度和管理技术上模仿创新的后发优势。发达地区之所以发达，必定经过了一番艰苦的摸索和创造，积累了大量的知识和经验，如市场经济的运作机制与规则，发展战略与模式，管理的方式与方法等方面的经验以及片面的经济增长，贫富分化悬殊，环境污染严重等方面的教训。这些对于少数民族贫困地区的现代化建设来说，无疑具有重大的启发意义，少数民族贫困地区完全可以学习和借鉴，追则有目标，戒则有所鉴，能避免走许多弯路，从而减少制度成本。

五是在发展道路上模仿创新的后发优势。发达地区现代化在开始的时候，世界上还没有其他的现代化先例存在，既没有"既定的"前景，又没有现成的道路，无论是制度上，还是组织形式上，都需要探索和创造。因此，这种现代化就需要时间作保障。而少数民族贫困地区在现代化开始启动时，现代化已不是一块未被开垦的处女地，它可以在发达地区中间接地看到自己的现代化前景，可以在发达地区现代化的过程中找到一条较适合自己的道路和一些自己可以借鉴的措施。

六是人力资源的培育和开发方面的优势。经济建设与发展是靠人来进行的，现代型人力资源的培育与开发是经济发展有效推进的重要保证。如果缺乏大量的现代型人才，经济发展便成为一句空话，尤其在知识经济时代，更是如此。很难

---

[1] 何国勇．比较优势、后发优势与中国新型工业化道路研究［D］华中科技大学，2004：70.

想象，一个严重缺乏人才的地区能够实现经济的迅速发展。现代型人才包括现代型的劳动力、技术人员、管理人员、决策者以及教育者等等。就经济发展而言，少数民族贫困地区不仅缺乏必要的资金和技术，更缺乏现代型的人才。虽然少数民族贫困地区不能指望其全部人才皆由发达地区培养和提供，但是如果借助于某些适当方式，通过派出去、请进来的途径，还是能够培养出一定数量的现代型人才的①。

三、发挥少数民族山区的比较优势之三：通过专业化生产创造竞争优势

按照新兴古典经济学的贸易理论，比较优势既可以是分工前的自然形成的外生比较优势，也可以是分工后的后天获得的内生比较优势，更重要的是两者的综合。对贫困地区来说，新兴古典经济学的贸易理论为其提供了持续发展的现实可能性，在经济发展的过程中，不仅需要在符合资源禀赋的比较优势理论基础上发展产业，更需要在已有的资源禀赋的基础上，提高交易效率，促进专业化生产，以培养当地的动态比较优势，谋求在更高层次上的竞争优势，从而实现经济的可持续发展。这种在主体参与分工前已经具备某些优势，然后在已有的优势的基础上参与分工，再内生出某种优势的情况，其简单逻辑关系可表达为：

先天优势—分工—综合比较优势—取得"分工经济"

可以看出，综合比较优势是外生比较优势与内生比较优势的综合，即在先天具有比较优势的基础上，通过专业化生产，提高劳动生产率，创建更高层次上的竞争优势。综合比较优势说明贫困地区在经济发展过程中，必须首先利用好先天具有的比较优势，再通过专业化生产，创建出后天的比较优势和竞争优势，这对贫困地区的经济发展具有重要的指导意义。具体表现在以下几个方面。

①指出了经济发展的路径问题。新兴古典经济学的内生比较优势理论虽然说明了比较优势是可以在后天创造出来的，但由于其假设经济主体在事前是一样的，因此分工的选择具有一定的随机性，这就降低了其对贫困地区经济开发的指导意义。综合比较优势解决了这个问题，指出经济发展的最优路径是在已有的外生比较优势的基础上，通过提高交易效率，促进专业化生产，形成内生比较优势。因此，在经济发展上，既要"听天命"，充分利用外生比较优势，也要"尽人事"，在外生比较优势的基础上，致力于交易效率的提高和内生比较优势的形成。

---

① 何国勇. 比较优势、后发优势与中国新型工业化道路研究 [D]. 华中科技大学，2004：68-70.

②为没有先天比较优势的某些欠发达地区带来了希望。某些欠发达地区可能在某产品上的外生比较优势处于不利地位，但只要内生比较优势和交易效率足够高，它仍然可以选择生产该产品。例如以色列的农业，以色列处于沙漠地带，气候干旱，水资源短缺，其自然条件不利于农业生产，但就在这样一个地方，它建立了现代化农业，并大量出口农产品①。

③指出了地区竞争优势的来源。在多个国家或地区的竞争中，即使一国或地区具有某种禀赋优势，如果交易效率很低，在此禀赋优势基础上不能形成内生的比较优势，则该国或地区也不会形成竞争优势，它就有可能为其他国家或地区所取代，被排斥在国际或地区分工之外②。如西非的一些国家，虽然自然资源丰富，但目前仍然贫困落后，就是典型的例子。

第二节 明确政府在扶贫脱贫工作中的角色定位

在市场经济条件下，政府与市场的关系问题一直是理论界争论不休的话题。正如著名的经济学家诺斯（1992）所言："国家的存在对于经济增长来说是必不可少的，但国家又是人为的经济衰退的根源"③。从主流经济理论来看，一般认为政府干预越少越好，政府只需要提供基础设施、安全、法律等服务，充当"守夜人"的角色。世界银行经济学家在1991年世界发展报告中就指出，"经济发展的一般过程已经说明，政府干预不是越多越好，过多的干预取代市场的作用，使经济发展反而变得缓慢"。本书认为，政府充当"守夜人"这样的观点对市场经济高度成熟、经济发展处于均衡状态的发达国家而言是比较适合的，因为发达国家未来的技术发展方向是未知的，政府没有办法干预。但是对发展中国家而言，特别是对一个发展中大国的贫困地区而言，由于其市场体制还不完善，政府可以在经济和社会发展中扮演重要的角色。正如诺贝尔经济学奖获得者亚瑟·刘易斯（1955）在《经济增长理论》一书中所说：每一个成功的发展中国家背后都有一个非常明智的政府。

从前面的分析我们知道，交易效率低下是欠发达地区经济发展滞后的根源，因此，对政府来说，提高欠发达地区经济体的交易效率，为"经济人"自由进行经济活动创造良好"硬环境"和"软环境"，正是政府应该扮演的角色，也是

---

①② 向国成，韩绍凤．综合比较优势理论：比较优势理论的三大转变——超边际经济学的比较优势理论［J］．财贸经济，2005（6）：76-81．

③ 道格拉斯·诺思．制度、制度变迁与经济绩效［M］．上海：上海三联书店，1994：40-47．

"明智的政府"所应该做的事情。

一、政府在经济发展中角色定位的历史变迁

经济学很早就关注政府在经济中的角色问题。但是政府与市场究竟应如何组合，才能使市场机制在资源配置中发挥更大作用，始终没有定论。一些经济学家认为，如果强调市场机制的作用，那么政府的职能就要削弱；另一些经济学家则认为，政府应当干预经济，政府的职能应当加强[①]。综观西方经济学的发展历史，从重商主义到现在，关于自由经营与政府干预的两大经济思潮一直就此消彼长，在不同历史时期，产生了不同的理论和政策主张。大体来看，政府在经济中的定位问题可以划分为五个阶段：第一阶段，重商主义，主张政府干预经济。第二阶段，从亚当·斯密出版《国富论》的1776年到20世纪20年代，主张政府尽量少干预经济，认为管的最少的政府就是最好的政府。但这一时期不同经济学家亦有不同的主张。第三阶段，20世纪20年代至60年代初，以旧、新福利经济学和凯恩斯主义经济学为标志的政府干预理论进入鼎盛时期，经济学家给政府赋予了越来越多的经济职能。第四阶段，20世纪60年代以来，经济自由主义再度复兴，经济学家的视角转向了"政府失灵"，主张用市场机制作为资源配置的基本工具，减少政府对经济的干预。第五阶段，20世纪70年代以来，随着制度学派的兴起，许多经济学家认为政府会对一国的经济绩效产生重大的影响。

不同时期关于政府在经济中的职能的讨论为我们认识政府在经济中的角色定位提供了理论借鉴。正反两方面的充分论证能让我们更加谨慎地对待政府在经济发展过程中的作用。本书认为，在上述的各种观点中，新制度经济学认为"政府可以通过提供新的制度安排来降低交易费用，从而给专业化和劳动分工的发展提供更广阔的空间，进而推动经济的快速发展"的观点，对欠发达地区政府有重要的指导意义。在市场经济条件下，欠发达地区政府完全可以在发挥比较优势的条件下，为社会经济活动创造良好的"硬环境"和"软环境"，提高经济体的交易效率，进而推动经济的快速发展。

二、政府在少数民族山区扶贫脱贫工作中的角色定位

与发达地区经济体系相比较而言，贫困地区经济一般具有以下特征：一是没

[①] 赵红军. 交易效率与我国城市化进程中的政府角色定位 [J]. 城市发展研究, 2005 (5): 55-58.

能够把当地的比较优势转变为竞争优势，竞争优势不明显，很多时候是"守着金饭碗讨饭吃"；二是缺乏有效率的经济组织，交易效率低下，没有进行专业化生产。因此，在欠发达地区经济发展的过程中，政府除了发挥一般的职能以外，至少还可以在两方面起到作用：一是发挥当地比较优势，创造出竞争优势，二是提高经济体的交易效率水平，引导经济体进行专业化生产。

（一）发挥比较优势，创造竞争优势

第一，在外生比较优势基础上选择合适产业，形成地区竞争优势。少数民族贫困地区拥有丰富的劳动力资源和自然资源，但并不意味着其产品在市场上就有竞争优势。外生比较优势只是一种静态的优势，是竞争优势的基础，只有将比较优势转化为竞争优势，才能形成真正的市场竞争力，此时，政府恰当的产业选择就显得十分必要。根据克鲁格曼（1998）的观点，理想产业的选择有三个标准：高附加值、高工资、高技术。高附加值产业可以提高地区的收入，高工资产业能够吸引高素质的人才，从而提高地区的竞争力，而高技术产业可以成为地区经济发展的支柱产业。然而，在桂滇黔少数民族贫困地区，要素禀赋的结构特点是劳动力充裕、矿产资源丰富而资本不足、技术落后，根据传统的比较优势分工原则，这些地区应生产农业、原材料以及采掘业等方面的产品，而发达地区应专业化生产高附加值的加工型产品和服务产品，这样各地区就各得其所。但少数民族贫困地区如果照此原则行事，就很难打破和摆脱旧式分工格局的桎梏，容易跌入"比较优势陷阱"。因此，少数民族贫困地区不能单单按静态的所谓"比较优势"进行分工和专业化生产。政府在主导产业选择时，应在比较优势的基础上，尽可能发展高附加值、高技术、高工资的现代产业，从资源开发型为主的产业结构转变为深度加工型、技术和市场开拓型的产业结构，从而构建本地的竞争优势。在桂滇黔少数民族贫困地区，农业、原材料工业、采掘业等方面占有优势，因此，可以发展包括保健食品、新能源、新材料产业等在内的高技术产业。例如，在广西平果县，其比较优势体现在一是以铝土矿为主的资源优势，二是当地丰富的劳动力资源优势；但其劣势是资本相对短缺。依据传统的比较优势分工原则，平果县应该利用当地的劳动力优势，发展铝土矿为主的资源采掘业。过去平果县正是按照这样的思路发展经济，利用资源和劳动力优势，鼓励当地百姓到平果铝厂打工、在企业周围搞些第二产业等，经济没有得到很大的发展。2000年后，平果县改变了发展策略，决定发展铝深加工产业，但铝深加工产业是资本密集型产业，这并不是当地的比较优势。针对当地资本相对短缺的现状，政府最后通过招商引资来弥补资本的不足，近些年，围绕铝产业及相关配套产业进行招商，先后

引进了平果亚洲铝业公司、平果铝型材厂、铜铝板厂等铝深加工项目，引进了蓝天模具厂、英灿实业有限公司、七冶广西分公司金属构件项目等配套企业，形成了比较齐全的产业链、企业群。截至 2017 年，园区已实现年产铝土矿 600 万吨、氧化铝 245 万吨、电解铝 40 万吨的产能，已初步形成了铝产业主导，非铝企业以门业为主，糖业、生物科技、新能源、新建材、刚玉、木材加工等多产业齐头并进的工业发展新格局。当前园区已累计引进中国铝业广西分公司、广西华磊新材料有限公司等 97 家企业，项目共 113 个，投资总额 400 亿元以上，其中规模以上企业 32 家，从业人员 17000 多人。2017 年完成工业总产值达 284.62 亿元，实现利税 8.98 亿元，工业项目投资完成 21.93 亿元[①]。

可见，政府在比较的优势的基础是选择理想产业，并扶持其发展，对落后地区形成新的竞争优势，实现跨越式发展具有十分重要的意义。

第二，对相关产业进行资金扶持，形成内生比较优势。从前面的分析我们知道，先天相同的个人，可以通过后天的专业化分工导致人力资本与知识的积累，从而产生内生比较优势。专业化分工除了受交易效率、市场范围的制约以外，还会受到原始资本积累的制约。假设在一村庄里，有 1000 名村民，村民都以手工种粮为生，因为手工种粮效率低下，全体成员都一起种粮，才能生存下去，大家收入有限，都没有积蓄。如果有一台拖拉机，进行机械化生产，100 名村民种粮就可以足够 1000 人生活了，其余的 900 个村民就可以从事其他产业。但因没有积蓄，没办法买到拖拉机，只能在低效率下达到均衡，即人人需要种粮。此时，如果政府介入，为当地买一台拖拉机，或且贷款给当地的某个村民买一台拖拉机，分工与专业化生产就开始形成，从而也就可以促进当地经济发展。可见，在分工与专业化生产形成之前，政府可以对相关产业进行资金扶持，促进分工与专业化生产的形成，最终形成内生比较优势。

第三，利用后发优势，引进先进技术水平，提高当地生产效率。少数民族贫困地区与发达地区，富国与穷国的发展差距不仅在于拥有资本或产品的多少，还在于拥有技术和知识的多少。少数民族贫困地区由于投入不足，造成与发达地区在技术水平上差距巨大，如果少数民族贫困地区自己做研发，实现技术进步的成本往往较高。此时，少数民族贫困地区可以利用后发优势，通过引进、学习来获得发达地区的先进技术水平。例如，在 20 世纪 50 年代，加纳和韩国的人均收入几乎相等，但到了 90 年代，韩国的人均收入比加纳高 6 倍。研究表明，造成这种差异，有一半的因素是韩国在获取并利用知识方面取得了较大的成功。从这个

---

① 平果县工业园区官方网站：http://www.pingguo.gov.cn/www/zsyz/html/2012-11/20121129850218893.html。

意义上讲，少数民族贫困地区要想取得发展，缩短同发达地区的差距，首先要缩短它与发达地区在知识或技术方面的差距。因为知识和技术具有半公共物品的性质，需要政府在引进的过程中发挥相应的作用。

（二）提高当地交易效率水平，促进专业化生产

交易效率低下严重制约了桂滇黔少数民族贫困地区经济发展，在市场经济条件下，单纯依靠市场的力量，这些地区很难跳出"低水平循环陷阱"。这十几年来，世界上富国越富、穷国越穷；在我国内部，经济发展不均衡的日益加剧就充分说明了这一点。因此，桂滇黔少数民族贫困地区要冲破低水平均衡状态，就需要政府采取一定的措施来提高当地的交易效率，从而促进当地经济发展，以达到扶贫脱贫的目的。

第一，加强基础设施建设。桂滇黔少数民族贫困地区大多地处边远山区，交通、电力、邮电通信、水利等基础设施落后严重影响了当地交易效率水平。因此，要提高当地交易效率水平，就必须加快基础设施建设。但交通、通信、水利等基础设施在一定程度上属于公共产品，在没有政府干预的情况下，往往会供给不足，这就需要政府出资建设。

因为桂滇黔少数民族贫困地区经济实力有限，可能会无力承担基础设施建设的费用，此时，可以申请国家或其他发达地区通过直接投资、转移支付、税收优惠、低息开发性贷款等方式给这些地区予以扶持。

第二，建立并维持市场的良好运转。市场是商品交易的场所，没有市场，就没有交易，也就无所谓交易效率。因此，政府在经济发展中的首要职能是建立并维持市场的良好运转。

市场是否高效运转取决于市场法规、制度、环境以及各种交易技术、交易工具等因素。在桂滇黔少数民族贫困地区，完善的市场体系还没有完全建立。这就需要当地政府完善各项政策法规，引进交易技术，提供交易工具，明确并保护好私有产权，进一步健全和完善市场经济体制。

第三，制度供给。从交易效率的内涵看，一个地区交易效率的提高，不仅依赖于自然条件、地理环境、交通、通信基础设施、交通工具、交易技术水平等"硬条件"，而且还依赖于社会传统、产权、法规、政治、银行制度，以及教育、社会诚信等"软条件"。对于桂滇黔少数民族贫困地区政府来说，为了提高经济体交易效率，除了需要加强基础设施方面投入，以改变交通条件以外，还可以利用"后发优势"，通过模仿发达地区分工组织和制度安排、健全市场经济体制等方法，进行必要的制度供给。

但交易效率结构的特殊性告诉我们，交易效率硬条件的改进比较容易，而交易效率软条件的改进则比较缓慢。原因是交易效率硬条件改进主要依赖于技术、基础设施、交通工具、交易技术等。即使一国或一地不具备这些条件，但只要它认识到其重要性，就可通过国际贸易、技术设备引进等市场化形式来获得。相反，能够提高交易效率的各类制度措施的引进却并不那么容易，并且还会受文化、风俗、传统等多方面因素制约。这表明，在桂滇黔少数民族贫困地区经济发展的进程中，如何推进交易效率软条件的改进将成为推动经济发展问题的关键。如在桂滇黔少数民族贫困地区，文教、卫生等事关提高交易效率的重要公共服务产品普遍落后，政府就完全可以在这一领域大有作为。

第三节　基于专业化生产的少数民族山区农户反贫困路径选择

发挥比较优势，找准专业化生产的切入点，以及提高当地的交易效率，都只是为专业化生产创造出了外部条件，从恭城县的成功经验我们发现，经济发展要取得成功，还需要经济主体的热情参与。因此，在桂滇黔少数民族贫困地区脱贫致富过程中，当地农户积极参与是取得成功的关键，从现实情况来看，当地农户要脱贫致富，可从三个方面进行专业化生产：一是在农业方面进行专业化生产，二是在当地从事非农产业专业化生产，三是转移到城镇从事专业化生产。

一、农户在当地从事农业专业化生产

农业是立国之本，也是国民经济的基础。桂滇黔少数民族山区农户长期从事农业生产，可以说从事农业生产是当地人的"强项"。但从事农业专业化生产，与从事传统的农业生产大有不同，传统的农业生产是"大而全"的生产，表现为自给自足的方式，而农业专业化生产是农业生产分工，是融入社会化大生产的一种生产方式。主要包括三种：一是地区专业化，二是生产单位专业化，三是工艺专业化。

对于桂滇黔少数民族山区农户而言，由于他们居住比较分散，当前进行工艺专业化生产比较困难，但他们可以进行地区专业化和生产单位专业化，这不仅可以充分利用当地自然条件，形成规模经济，获得比较高的经济效益，更重要的是会使资源禀赋发生改变，从而产生新的比较优势和竞争优势。

以广西龙胜县龙脊梯田为例，龙脊梯田位于广西龙胜各族自治县龙脊镇平安村龙脊山，距县城22千米，距桂林市80千米，地处偏僻山区，生产、生活条件极其恶劣。早在2300多年前，当地居民为了生存，开始在海拔300~1100米，最大坡度达50度的山体上，凿山造田，种植粮食（表现为传统的农业生产），但由于土地贫瘠，收获的粮食很少，人们长期生活在贫困之中。经过漫长的岁月积淀以后，凿山造田越来越多，据资料记载，在秦汉时期，梯田耕作方式在龙胜已经形成，唐宋时期龙胜梯田得到大规模开发，明清时期基本达到现有规模，到了现代以后，由于政府有意识地开发，当地资源禀赋由此发生了"惊险的一跃"，龙脊梯田变成了一个闻名中外的旅游景点，在政府完善了基础设施以后，每年都有源源不断的游客到这里旅游，给当地带来了可观的收入，当地4000多居民，80%以上都是从事与旅游业相关的工作，这时龙脊上的梯田，其主要功能已经不是种植及为当地居民带来粮食，而变成了供游客观光的景点。笔者在调研过程中，发现龙脊梯田风景如画，想着2300多年前，第一批到达龙脊的人和在面对横亘在面前的深山时，是如何咬紧牙关，依靠最原始的刀耕火种，开垦出一块又一块的梯田，不禁为古人在大自然中求生存的坚强意志，在认识自然和建设家园中所表现的智慧和力量所折服。

其实，在桂滇黔少数民族地区，类似的具有丰富资源禀赋的地方还有很多，但并非每一个地方都能完成那"惊险地一跃"，农户要在当地进行农业专业化生产，除了长久地持之以恒，以达到规模经济以外，还需要政府加强人才队伍及农业基础设施建设。

（一）加强人才队伍建设

少数民族地区山区的人才队伍建设是加快山区农户专业化农业生产的关键因素。较中部和东部地区而言，少数民族地区存在经济基础薄弱、劳动力素质低、思想较为保守等特点，严重制约山区农户的收入，对农业生产规模的扩大产生了一定的阻碍作用。通过加强少数民族地区人才队伍建设以提升山区自身"造血"功能，可以加快山区农户走向专业化生产的道路，最终实现山区脱贫的目标。

人才队伍建设的首要突破口就是从思想上加强认识。山区农户由于自然环境的束缚与外界沟通较少，部分农户的价值观念中存在安贫守旧和消极无为等思想，这不利于农户扩大再生产。地方政府可以组织社会力量为山区农户在思想上注入新的精神活力，通过文化精神、现代理念的渗透、外界信息的流入，重新帮农户建立积极向上、不甘落后的价值观念，使山区农户思想得以转变，素质得以提升，形成一种内在的发展动力。再结合地区实际情况，健全各级文化网络，建立乡镇文化站和文化馆等文化活动场所，对扶持投入较大的文化事业，使更多民众参与文化活动并从中获益，改变山区农户的价值观念，使其转变安贫认命的现状，走向自我发展、精益求精的专业化农业生产道路。其次，加强农村基础教育。少数民族地区改变落后的农业生产面貌，基础教育是需重视的环节，农户自身素质的高低在很大程度上影响着农业生产决策的走向。对于山区而言，农村九年义务教育的普及程度对农民文化水平提升的影响最为直接，因此，地方政府对于基础教育经费短缺的区域需加大资金投入力度，做到专款专用，也可鼓励组织社会力量进行办学，为山区农村的基础教育奠定坚实的物质基础，让农村儿童均能学习现代文化知识，让文盲、半文盲的成人有进入夜校扫盲的机会，从整体上提升农户的识字率。同时，为确保基础教育顺利展开，地方政府在逐步完善农村基础教育设施的基础上，可适当提升农村教师的工资福利待遇，吸引更多的教育资源流入少数民族地区，为农村基础教育注入新鲜血液，但对教师资格认定工作也不可松懈，要严格遵循国家要求的标准对山区教师学历及能力进行把关，遇到业务水平较低的教师需做好在职培训工作。再次，加强对农户的技术培训。农户技术培训既要结合地区发展的大环境要求，又要符合自身生产种植的需求，即技术培训要因人、因环境而异，农户要根据自身条件和需要进行培训，通过"干中学"和集中培训等方式逐步提升自身的劳动力素质。如对农户的户主进行技术培训，可以以村为单位展开农作物种植培训或通过合作组织向农户提供有针对性的技术培训，以提高农户的种植技术水平，使农户短期内获取生产所需的技能。最后，加强培育新型农民。政府在对农户教育培训的过程中，需明确具体培养目标，培育一批高素质、懂技术、擅经营的新型农民。充分发挥不同部门的作用，扩大培训的规模，通过培养农村发展带头人、村干部等为农业生产技能服务的人才，做到为农户生产经营进行较为全面的技术指导。在培育新型职业农民的过程中，可依托各种农业技术推广机构或农业院校开展技术培训，培养农户成为具备专业技能的农业生产经营和管理人员，推动农户向职业化的方向发展。同时，培训内容要与实际密切结合，做到农科教结合，以农业结构调整及市场需求为导向，改进教材内容及课程设置，从学识方面提高农户专业化生产的技能。

　　通过上述分析，农户开展专业化的农业生产，首要的突破口就是农户思想的转变，帮助农户形成积极向上的价值观念；加之基础教育的普及，提高农户的识字率；最终再对农户进行农业生产技能培训，将农户培育成新型职业化的农民。搞好基础教育是提升农户整体素质、将人口负担转化为劳动力资源优势的重要途径，是促进农业现代化发展的奠基工程。

（二）加强农业基础设施建设

现阶段桂滇黔少数民族山区在交通、能源、通信及水利等方面的基础设施均较为落后，已极大限制少数民族山区农产品在市场上的竞争力，也使山区农户在农作物种植过程中难以将优势资源转化为实际生产力。因此，加强山区基础设施建设，改善农业生产条件是山区进行专业化生产的关键所在。少数民族山区多是处于远离城市中心和交通运输干线的地带，交通不便使得山区与外界进行沟通交流的频率大幅度降低，资金、技术及信息等生产要素的获取概率受到极大地限制，导致山区处于一种封闭且孤立的状态。基于此种现状，山区农户如对农业进行专业化生产，首先需发展通信、交通等基础设施，以增强山区与临近地区的信息沟通及运输便捷性，为专业化农业生产提供硬件基础。对于道路闭塞、通电困难的地区，可以采取民办公助等方式，即集聚社会的力量再辅之以政府的作用，组织社会的人力和物力，逐步改善山区隔绝封闭的环境。

根据少数民族山区基础设施的现状，再结合农户专业化生产的近况，完善山区基础设施建设可以从以下几方面着手。

首先，完善相关农业水利设施建设。从专业化生产的角度来看，桂滇黔地区农户进行专业化生产存在一定的困难，原因在于有关农作物生产的水利设施同其他省份相比较为落后，不能发挥现有水资源的最大优势。加之区域间降水量分布不均匀，水库的数量及容量均存在差异，因而给农户的农业生产造成极大困难，致使农户蒙受一定的损失，所以水是推进专业化生产的首要制约因素。针对桂滇黔地区水利设施的实际状况，也鉴于山区水利设施存在配套不全且老化较为严重等问题，一方面，建议政府加大对农业水利设施建设的资金投入力度，通过水利基金、以工代赈及扶贫等多种渠道筹集与农业水利相关的资金，建设一批规模较大且功能齐全的水利设施，改善山区农田在水利基础设施方面的落后面貌。另一方面，地方政府可将国家用于"三农"的资金多向农业水利设施建设方面倾斜，再根据地区具体的自然环境条件，因地制宜发展水利设施，如自然环境较为恶劣的地区，可结合自身需求建设一些实用性较强的微型水利设施，通过小水坝、小水塘等水利工程储蓄降水，做好"小水大用"的准备。将微型水利和规模较大的水利设施有效结合起来，再在山区整体连片地推进水利工程配套设施建设，利用山区的坡面发展滴灌、喷灌及暗管浸润灌等水利设施，逐步改进农田的灌溉条件，从而达到提升水资源利用效率的目的。

其次，重视交通基础设施建设。便利的交通基础设施能在很大程度上缩短交易的时间与空间距离，在降低交易成本的同时，极大地增强了生产要素的流动性，对于地区间开展专业化分工和资源的优化配置均有积极的作用。基础设施的产业关联效应较强，完善的基础设施可以带动区域内其他产业的发展，基础设施的数量及质量直接影响到农业专业化生产的展开。而桂滇黔少数民族山区因交通运输水平较低，导致优势资源难以进行大规模开发，已开发的资源因受运输能力影响也不能充分发挥其经济效益，随着资源开发规模的扩大及农业生产的发展，对于交通运输能力的要求逐渐严苛，因此完善交通基础设施建设迫在眉睫。对于山区而言，农村公路需求量大且要求覆盖面广，而现实状况是建设、管理和养护农村公路的资金出现短缺，多数公路等级较低，如泥结碎石路，导致晴通雨阻现象时有发生。由此可知，公路是农村发展经济的重要"桥梁"之一，在把农村县道公路做大的同时，也需确保村到镇、镇到县之间线路的畅通性，形成助力山区经济发展的交通运输网络。山区公路在建设过程中应做到因地制宜，要抓好地区之间处于边界处的交通运输，对大到商品集聚地、小到乡镇集市所在地的交通运输均需完善，全面配合山区资源开发、市场建设及地方特色农业产业基地的建设，逐步解决山区农业生产要素输入和农副土特产品输出的难题。在公路运输路线日益完善的基础上，可适当辅之以铁路运输，虽然铁路建设相较于公路建设存在投资大、周期长且工程艰巨等特点，但铁路运输线路具有重复建设率低、运输量大等特征，交通运输网的完善在缓解山区运输压力的同时，也提升了交易效率，为农户专业化生产奠定了物质基础。

最后，推进信息基础设施建设。随着市场经济的不断发展，信息在交易活动中扮演着越来越重要的角色，农户对信息的需求也日益强烈，加强少数民族山区对市场信息的开发利用成为亟须解决的问题。对于山区农户而言，其获取生产及销售信息的渠道多样，但信息多源自于商贩，这种信息在很大程度上具有不对称性，通过大众媒体获取的信息又存在一定的延时性，但科学决策又离不开准确并且及时的信息，因此，网络基础设施的完善显得极其重要。针对我国山区信息基础薄弱和闭塞的现状，一方面，政府需要加大对农村网络信息建设的投入力度，致力于实现农村网络的全覆盖，及时将各地有关农产品供求、资金、技术等经济信息传递给山区农户，以实现信息的共享。另一方面，进一步对网络服务资源加以整合，减少农户网络使用费的负担，让更多农户因信息基础设施的普及而受益。

基于上述分析可知，农业水利设施、交通运输设施及信息基础设施的建设对农户收入及专业化农业生产具有重要作用。水利设施直接影响农作物的生产及规模；交通运输影响生产要素的获取和农产品的销售；信息基础设施的覆盖程度影响着农户对生产信息的获取。因此，山区农业在获取国家扶持的同时，地方政府也应积极招商引资，加快完善山区基础设施建设，促进当地农户专业化生产的发展。

二、农户在当地从事非农业专业化生产

农业是一个产业链很长的产业，除了传统的种、养以外，产前还有育种、农业设施建设，产后还有运输、加工、销售等环节。山区农户可以在当地专业化于产业链上的某一点，比如专业于做运输、加工、销售等，做到"离田不离乡"，这既可以提供更多的就业岗位，同时也保证农民整体收入水平的提高。

（一）加快非农产业发展

对于非农产业的发展可从以下几方面着手：首先，对传统农业进行改造，以其为中心延伸出更多类似于加工业等产业的发展，形成一整条生产链。传统农业的改造具体是指应用高新技术或先进适宜的技术对诸如种植业、养殖业等传统产业加以改造，重点发展地区相对具有比较优势的产业，如云南的中成药，以其为基础发展地区药材加工及医药制造等产业。对于桂滇黔少数民族地区，应借助当地农产品种植的特点进一步发展棉纺、麻纺、饮料及食品等农副产品的深加工，逐步建成以当地主要农产品为中心的植物纤维生产及加工基地，对已有的加工基地进行改组改造，延长农产品加工业的产业链条，通过创新能力及技术水平的提升来改进企业产品的品种和品质，加速农产品加工业的转型升级，培育一批少数民族独具特色的优势企业及品牌。少数民族地区加工业等非农产业的发展在很大程度上解决了农村剩余劳动力转移就业的问题，为农户专业化非农生产提供了契机。其次，发展具有地区特色的优势产业，以市场导向为原则，利用地区具有比较优势的资源，凭借特色产品及产业迅速占领市场份额，从而形成地区特色经济。对于桂滇黔地区而言其特色资源较为丰富，外部环境为特色产业的发展提供了得天独厚的条件，如桂滇黔地区的旅游业，其发展具备了少数民族特色，原因在于地区旅游业在其发展过程中结合了少数民族的社会风情、自然风光、宗教文化及历史古迹等资源。一方面，可依据分布开发、突出特色、综合利用的原则开展民俗风情、避暑度假及科学考察等旅游活动，将自然景观与人文景观融为一体，形成以观光游览为主，吃、住、购、行、娱为辅的旅游模式。另一方面，可根据当地农产品生产种植的模式加快促进生态农业品牌的形成，在此基础上逐步推出农村度假休闲、生态园观光、农村生态农产品体验等农村旅游项目，以此推动地区旅游业的发展。山区特色产业化战略是在现有的区域资源和产业基础上制

定的,因此,发展区域特色产品及产业具备一定优势。最后,培育新兴产业,通过技术创新提高资源的综合使用效率。少数民族山区的产业一般较为单一,即以农业为主,多数发展是以牺牲环境作为代价,而非农产业的发展处于止步不前的状态,在技术方面也不具备优势,整体上导致农村生产力水平低下,且存在大量剩余劳动力。新兴产业的培育及发展弥补了传统产业存在的缺陷,同时可对资源进行综合利用,延长现有的产业链,为山区产业的发展注入新的活力。地方政府在新兴产业的培育过程中应处于主导地位,通过政府引导、企业自主发展及社会力量扶持等多种渠道为新兴产业发展提供技术和资金方面的支持。

基于上述分析可知,稳定农户收入的重要途径之一就是转移农村剩余劳动力从事非农生产,而前提条件是需大力发展非农产业。一方面,非农产业的发展可以减少人力及财力的浪费,提高各种资源的利用率;另一方面,有利于拓宽农民增收渠道,提升农户收入水平。因此,可从农产品延伸进行产业转型升级、培育地区特色优势产业及新兴产业入手,鼓励非农产业发展,对高能耗、高污染产业做到坚决取缔及抵制,加快调整地区的产业结构,从而全面提升桂滇黔少数民族地区整体的综合实力。

(二) 加快形成非农产业集聚

非农产业是指农业之外的第二产业和第三产业,非农产业的发展能够有效地吸纳农村富余劳动力,为农户增加稳定收入的渠道。在所有非农产业促进经济增长的活动中,第二产业中的加工制造业是对扩大就业贡献最大的非农产业部门,原因在于当市场对某种产品产生需求时,则生产该产品的上下游企业就会扩大再生产,随之对提供产前及产后服务的企业产生影响,这些企业为满足生产所需也会扩大规模,此时,对非农劳动力的需求量会增加,并且劳动力的收入水平也会得到提升。

要实现上述非农产业的发展需具备以下两方面的前提:一是需要吸引企业在少数民族地区投资建厂,二是在新建企业的基础上促进产业的集聚。对于少数民族地区发展非农产业而言,其资金主要来源于地方、国家及国外这三方面的投资。单从地方投资来看,地方资金主要来自政府、企业及农户自身,地方政府多数时候较为中意对地方优势资源的开发和重点加工制造业的发展,在这些方面会加大投资力度;地方企业具备投资能力的一般是大中型企业,其在山区进行投资多数是由于山区具备特定的生产资源,通过在山区投资办厂的方式,一方面为其生产提供稳定的原材料来源,另一方面降低企业使用土地、劳动力及原料等生产要素的成本;于农户而言,其投资的方式主要是以个体或合伙经营的方式筹办私营企业或村队企业，然而农户受到收入水平的限制，其资金积累程度较低，自己投资创办的私营企业规模一般较小，多数企业以当地优势农产品加工业为主，产品市场规模较小，大多局限于区域内部。就国家投资而言，其在少数民族地区的非农产业发展中具有重要作用，如国家投资在桂滇黔地区的工业发展中具有奠基作用。值得一提的是，一些私营企业的投资者来自国有企业中的下岗或退休人员，由此可知，私营企业在生产工艺过程、原材料、技术人才等方面与国有企业存在直接或间接的关系，即国家投资建成的国有企业为地区企业的创办起到一定的示范效应及带动作用。就外来投资而言，其在少数民族地区投资的主要目的是利用当地土地、劳动力及自然资源优势进行生产，在节约生产成本的同时，利用地区优势特色资源生产特色产品，以便在市场上获取竞争优势或占据某种产品的空白市场，从而提高企业整体的收益水平。从整体投资状况来看，由于少数民族地区经济基础薄弱，在现有环境条件基础上进行优势资源的开发利用需要大量资金的投入，而地方资本的注入非常有限，因此，非地方资本的投资对少数民族地区非农产业的发展具有重要作用。

通过上述分析可知，吸引资本进入少数民族地区为非农产业发展提供了物质基础，但非农产业的集聚程度对资本流入产生了影响。在少数民族地区农户居住得较为分散，基础设施条件较为落后，信息的获取也存在一定的时差，这在一定程度上影响投资者决策，但若将村庄集聚，即把传统、零散的村庄按照产业化发展的需求进行适度合理的集中，形成与非农产业发展相适应的居民点，则会促进农村生产方式的转变，产业趋于集聚发展，劳动生产率得到提升，这为社会资本流入提供参考。总而言之，从企业投资建厂的诱因来看，产业集聚的形成是地区特定供给因素和需求因素共同作用的结果，企业会以追求利益最大化为目标决定在某地投资建设。第一个企业建设成功并发展良好，就有可能带动与此类产品互补或相关联的企业进入该地投资设厂，或吸引同类企业来此地投资，进而互补、关联或同类企业在某地的聚集达到一定程度，就促进产业聚集的雏形得以形成。产业集聚效应在降低企业交易费用的同时，也有助于企业技术创新和外部经济的获取，进而吸引更多企业前来投资，产业集聚规模会不断扩大，集群效应也进一步加强。

产业集群的形成受以下几方面因素影响，首先是独具特色的自然资源和人文资源，尤其是具有不可替代性与转移性、不能进行模仿与复制的文化资源，其对区域产业集聚的形成具有至关重要的作用；其次是市场条件，非农产业的发展离不开市场的支持，市场的建设与完善能确保非农生产所需的各种生产要素的供给和产品的流通，即市场条件是影响企业在某地投资建厂并聚集形成产业集聚的主要诱因；再次是配套公共服务设施和基础设施的完善度，配套设施越完善的地区，可减少企业生产成本，从而降低企业经营压力，有助于企业发展；最后是政府的支持力度，产业集聚的形成及发展均离不开政府的支持，如政府可以通过财税政策减免企业税赋，支持或直接投资相关技术的推广等途径培育或扩大地区的产业集聚。因此，把握住影响产业集聚形成的条件对吸引社会资本流入和产业集聚具有重要作用，非农产业的集聚及发展在吸纳大量农村剩余劳动力的同时，也提升了农户专业化生产水平。

三、农户迁移到城镇从事专业化生产

城镇化是人们为节约时间将政治、经济、文化等社会活动向特定空间聚集的过程，在该过程中，农业人口比重将会不断下降，而工业、服务业等非农产业人口比重将不断上升，人口及产业逐渐向城镇集聚，生产及交换方式逐步向规模化、集约化和市场化的方向转变。由产业变化规律来看，桂滇黔少数民族地区居民必然会有一部分从山区迁移出来，到城镇专门从事某一项工作，城镇化道路也是该地区居民脱贫致富的一个突破口。

（一）加快小城镇建设

现阶段少数民族地区在推进城镇化建设过程中面临城镇辐射能力较弱的问题，这会导致在发展经济时城镇的吸纳能力不足。而城镇化的目的在于城镇发挥行政作用时，利用城镇扩散功能带动邻近区域的发展，这就需要政府利用城镇聚集效应向社会成员多提供就业及产业发展等服务，吸引生产要素向城镇聚集，推进产业结构调整及资源的有效配置。因此，加快小城镇建设是农村向城镇转型的主要路径，是实现城镇化的关键所在。小城镇建设有助于农业人口向非农人口转变，有利于农村富余劳动力转移，是推动城乡经济协调发展的重要途径。通过小城镇建设可以拓展经济发展空间，有助于推动农村经济发展，促进乡村工业集聚，加快乡村工业化进程，带动城乡经济社会协调发展。小城镇是乡镇企业的载体，是城乡物质信息交流的枢纽站，是大中型城市功能向农村地区辐射的接收站，同时也是具有较强带动能力的乡村地区政治、经济与文化的中心。在发展小城镇的过程中，要注意以下几点发展事项：一是完善乡镇、城镇的规划和管理工作，促进乡镇、城镇的可持续发展。少数民族地区在建设小城镇过程中要根据自身的外部优势及经济基础，坚持因地制宜的原则选择具有地区优势特色的发展模式，从地区经济的整体发展情况出发考虑小城镇的发展方向，做到将全局发展与局部发展有机结合，对类型各异的小城镇提出不同发展标准，促进特色小城镇的形成。在小城镇规划方面要注重科学性、超前性及长期性，布局要尽可能与其他城市布局相结合，做到规模适当，重点有所突出。二是通过小城镇建设为从农村向城镇转型提供服务的第三产业提供更多发展机会。对与乡村工业发展存在较多联系的第三产业如电信、金融、保险等服务业要优先发展，优化乡镇工业发展的引资环境，为中小企业搭建技术服务平台，推广新技术运用，最终推动现代产业体系的建设与发展。三是要充分发挥小城镇的枢纽作用。小城镇是实现乡村与城市紧密联系、协调发展的连接点，小城镇建设规划要因地制宜，通过严格审批的方式完善小城镇发展，体现出小城镇特色。对于交通运输与通信网络设备等基础设施建设要注重质量，让小城镇更便捷地接收周边地区的辐射，提升其经济功能，带动附近乡村生产方式向城镇化转型。

通过上述分析可知，将发展小城镇作为城镇化的增长极，增强城镇的辐射带动作用，强化城镇综合承载力建设，让其发展成为具有一定规模效应与集聚效应的中小城市。再借助特色产业及专业市场等实体经济的纽带作用，促进资源、资金、技术及农村剩余劳动力向城镇的流动，形成产业集聚，从而有助于农户在城镇从事专业化生产。

（二）加快推进户籍制度改革

城镇化的发展会驱使农村富余劳动力向城镇转移，一方面是因为城镇非农产业能提升农户收入水平，这是农村剩余劳动力向城镇迁移的主要原因，另一方面是农户迫于生存压力而必须向城镇非农产业转移，原因在于桂滇黔少数民族地区存在部分生存环境较为恶劣且不适宜农户居住的地方。农户在迁出的过程中面临着迁出成本、迁入费用等问题，还存在一定的风险代价，如农户从事非农生产要求其具备一定生产体能，同时，还需要掌握相关行业的知识及技能，即使具备上述要求，但进城后也不一定能（尽快）获取到相应的雇佣信息，最终导致农村剩余劳动力进城就业存在一定的风险。

针对以上情形，为加快城镇化的建设，政府可根据地区实际情况对户籍管理进行适宜的变动，吸引农村剩余劳动力向城镇转移。户籍管理是对社会群体进行制度性的划分，决定不同身份的社会群体获得、使用与支配资源的情况，其实质是身份的管理，户籍制度已对农村劳动力流动产生了一定的影响。现有的户籍制度已极大限制城镇化的进程，部分地区尝试对户籍制度进行改革，但只处于放开户籍层面，并未进行深层次改革，反之，若降低户籍制度对劳动力的束缚，将会对经济发展产生极大的促进作用。对户籍制度进行改革，需做到以下几方面：首先得抓住户籍改革的实质,其是对农户和市民间利益格局的调整。因此,在改革过程中需做到增加双方利益的同时,创造新的平衡。城镇要按照中国特色城镇化道路的战略方针进行发展,增强城镇综合承载力,提升城镇规模与品质,为农户转移进城提供足够的空间。其次,对不同规模的城市实行有差别的户籍改革措施。在桂滇黔地区,各地城镇化水平较不均衡,户籍改革可根据不同地区城镇化布局的需要进行适当改动,即在政府引导下实行有规划的差别化改革。对于中小城镇因建设需要可依据宽进标准吸引富余劳动力进城落户;对于大城市可按照有选择、有限制地对不同类型及层次的人员进行吸收,防止因城市居民爆发式增长导致城市的衰落。再次,将附加户籍制度上的福利进行剥离,如此,人们也不会对户籍过度重视,有助于人员的流动,但在实施此项改革的过程中,需充分考虑城市的承受能力。最后,牢固树立产业是发展城镇化根本动力的理念,现代产业的产生与发展促进了现代城市文明的形成与扩张,脱离现代产业发展强调城镇化建设是与现实不符的,进而户籍改革也无法实现。

通过户籍制度改革,加强了城乡劳动生产力这种生产要素的流动性,优化了地区间的资源配置,从整体来看,对产业生产效率的提升具有积极作用。并且,现有的户籍制度不能对社会人员进行有效的管理,随着城镇化进程的加快,城乡人口流动较为频繁,从业结构的复杂性日益提升,农业与非农业的户口性质已不能准确反映居民身份,同时,该管理制度还给人们生产生活带来了诸多不便。因此,加快户籍制度改革有助于人员流动,为农户迁移到城镇从事专业化生产提供了便利。

附录：样本原始数据表

附表1　　　　2015年广西60个县（市）经济数据

指标	乐业	德保	那坡	凌云	巴马	龙州
行政区域土地面积/平方千米	2636	2580	2223	2057	1976	2311
年末总人口/万人	17.34	33.5	21.46	20.77	26.11	26.67
城镇人口/万人	3.21	8.56	3.99	5.96	4.1	6.92
乡村人口/万人	14.13	24.94	17.47	14.81	22.01	19.75
地区生产总值/亿元	208856	723953	226868	279010	338318	926037
人均生产总值/元	13642	23697	14413	14616	14754	41332
2014年城乡居民储蓄存款/万元	143346	320393	197279	194909	253618	403411
2015年城乡居民储蓄存款/万元	173304	346484	226254	235727	297153	456882
年末金融机构各项贷款余额/万元	166037	472897	173613	220358	209483	434662
全社会固定资产投资/亿元	280835	880178	280162	301705	286112	887756
境内公路里程/千米	1280	1064	1109	1210	924	956
民用汽车拥有量/辆	6924	12602	7321	8674	7132	2469
本地电话年末用户数/户	6738	18980	9066	10396	16563	14649
年末移动电话用户数/户	96138	185861	105780	116436	150263	110130
国际互联网用户数/户	6842	21332	8534	9202	23869	21959
社会消费品零售总额/万元	61580	107242	122346	56806	118961	174160
城镇居民人均可支配收入/元	24254	27552	19658	23679	19294	22582
农民人均纯收入/元	5428	6159	4962	5391	5214	7378
普通中学专任教师/人	632	827	516	613	748	541
小学专任教师/人	1091	1373	992	910	1340	980
医院卫生院床位数/床	351	1113	762	521	639	1102
卫生技术人员数/人	490	1191	1226	780	981	1238
从业人员数/人	39959.6	72729	46732.4	66528.3	97787.9	94215.3

续表

指标	平果	大化	马山	田林	忻城	隆安
行政区域土地面积/平方千米	2457	2750	2345	5526	2541	2306
年末总人口/万人	45.25	37.13	40.39	26.26	32.18	31.01
城镇人口/万人	16.76	6.76	10.7	3.76	7.98	10.01
乡村人口/万人	28.49	30.37	29.69	22.5	24.2	21
地区生产总值/亿元	1407700	539882	467871	402774	559112	616536
人均生产总值/元	31164	14595	11624	17535	17445	19978
2014年城乡居民储蓄存款/万元	699543	327554	452591	265168	326828	557336
2015年城乡居民储蓄存款/万元	748816	378103	490114	273822	366502	637510
年末金融机构各项贷款余额/万元	1223816	393283	398573	315644	252159	407951
全社会固定资产投资/亿元	1680834	200151	343906	261043	385563	686388
境内公路里程/千米	1353	1324	853	1742	1238	569
民用汽车拥有量/辆	19176	8634	1201	37421	28668	1000
本地电话年末用户数/户	28929	26647	28368	15560	9596	33379
年末移动电话用户数/户	310665	190061	304000	148538	200551	243406
国际互联网用户数/户	44964	34438	36367	15184	20197	21874
社会消费品零售总额/万元	259235	153511	210183	94974	203830	47101
城镇居民人均可支配收入/元	28057	18531	22295	23713	26042	22445
农民人均纯收入/元	7345	5546	6664	6331	7259	7277
普通中学专任教师/人	1351	1382	1405	608	947	742
小学专任教师/人	1923	2115	2373	1163	1566	1176
医院卫生院床位数/床	1981	1648	1388	444	1841	1323
卫生技术人员数/人	2256	1633	1758	1429	1045	1337
从业人员数/人	177122.5	162130.7	79072.1	95381.4	63036.2	119655.9

续表

指标	田东	融水	南丹	三江	金秀	环江
行政区域土地面积/平方千米	2813	4638	3905	2417	2469	4553
年末总人口/万人	38.37	43.71	30.71	39.23	12.77	27.92
城镇人口/万人	10.29	10.45	8.91	4.65	3.62	5.07
乡村人口/万人	28.08	33.26	21.8	34.58	9.15	22.85
地区生产总值/亿元	1312473	758575	838661	427199	274999	431124
人均生产总值/元	35501	18419	29227	13984	21619	15497
2014年城乡居民储蓄存款/万元	606817	600602	482049	379789	202281	411868
2015年城乡居民储蓄存款/万元	666989	680588	550941	427090	229493	448747
年末金融机构各项贷款余额/万元	855879	552862	551353	335766	205370	337868
全社会固定资产投资/亿元	1681346	891488	102285	583476	181033	290040
境内公路里程/千米	1357	1765	1154	1071	906	1155
民用汽车拥有量/辆	64540	19051	16217	37459	8789	13582
本地电话年末用户数/户	26314	13539	19947	13630	19255	8600
年末移动电话用户数/户	252159	324251	269175	224268	146550	184868
国际互联网用户数/户	29995	32291	13827	24938	14480	41290
社会消费品零售总额/万元	196183	279615	247215	189638	77312	192685
城镇居民人均可支配收入/元	28078	24939	27576	23776	26549	20362
农民人均纯收入/元	9234	6586	7757	6672	5941	6668
普通中学专任教师/人	1277	1308	926	1031	401	1113
小学专任教师/人	1659	2004	1986	1451	797	1542
医院卫生院床位数/床	1898	1606	873	1065	613	801
卫生技术人员数/人	1871	1766	1047	1140	672	1196
从业人员数/人	129177.3	122387.9	70724.9	72221.7	38984.3	119262.8

续表

指标	东兰	西林	天等	都安	隆林	天峨
行政区域土地面积/平方千米	2437	2997	2159	4116	3518	3184
年末总人口/万人	22.86	15.89	33.16	69.16	42.03	18.019
城镇人口/万人	3.87	2.58	7.14	19.54	7.65	2.74
乡村人口/万人	18.99	13.31	26.02	49.62	34.38	15.279
地区生产总值/亿元	237640	211243	519448	403642	457532	558969
人均生产总值/元	10836	14752	15750	7593	12969	35144
2014年城乡居民储蓄存款/万元	250203	142221	437718	463400	346379	192774
2015年城乡居民储蓄存款/万元	298335	171016	491664	529961	407226	209775
年末金融机构各项贷款余额/万元	233841	169105	329980	371496	323644	388534
全社会固定资产投资/亿元	291859	251667	634883	371108	330515	20716
境内公路里程/千米	1322	820	909	1690	2000	1234
民用汽车拥有量/辆	7656	5909	3699	7450	11284	934
本地电话年末用户数/户	11538	10089	19201	42120	15561	8302
年末移动电话用户数/户	136782	98134	167020	277680	197277	104156
国际互联网用户数/户	24486	7646	16310	47736	14359	4269
社会消费品零售总额/万元	129905	56356	99918	195880	136563	110241
城镇居民人均可支配收入/元	18626	20728	25504	19385	25381	20327
农民人均纯收入/元	5192	5997	7193	5496	5565	6100
普通中学专任教师/人	722	466	654	1899	1521	572
小学专任教师/人	1334	769	1533	3364	1617	821
医院卫生院床位数/床	928	601	1358	1830	1234	557
卫生技术人员数/人	864	740	1198	1856	1266	690
从业人员数/人	96274.4	39060.1	190329.4	127125.4	118508.7	39580.21

续表

指标	龙胜	罗城	靖西	凤山	上思	东兴
行政区域土地面积/平方千米	2538	2692	3326	1738	2814	589
年末总人口/万人	15.8	38.13	65.4	20.32	25.1	15.54
城镇人口/万人	2.75	11.57	13.84	3.82	5.31	7.52
乡村人口/万人	13.05	26.56	51.56	16.5	19.79	8.02
地区生产总值/亿元	565922	406198	12744851	196289	697503	854351
人均生产总值/元	35818	13236	24745	11832	33302	55441
2014年城乡居民储蓄存款/万元	299820	454313	562716	175990	298243	852416
2015年城乡居民储蓄存款/万元	340100	495895	642497	204039	296665	928933
年末金融机构各项贷款余额/万元	318100	294645	563804	194186	288918	732004
全社会固定资产投资/亿元	494898	282795	1481809	210003	532408	1167794
境内公路里程/千米	886	809	1683	833	1251	302
民用汽车拥有量/辆	10648	50065	21327	5141	704	207
本地电话年末用户数/户	7063	9779	25608	7063	10790	34775
年末移动电话用户数/户	146954	171837	283244	104156	228502	199510
国际互联网用户数/户	16631	23458	28947	13855	11407	22821
社会消费品零售总额/万元	80735	157507	255126	74877	182513	223692
城镇居民人均可支配收入/元	27642	18210	21503	18174	18347	33558
农民人均纯收入/元	6637	5323	5927	5078	8486	12904
普通中学专任教师/人	587	940	1556	763	646	494
小学专任教师/人	760	1600	2267	1145	1103	851
医院卫生院床位数/床	574	1016	1742	752	750	438
卫生技术人员数/人	810	1290	1532	758	773	965
从业人员数/人	38350	158799.7	237570	40951.8	56754	47279.6

续表

指标	凭祥	上林	扶绥	大新	宁明	象州
行政区域土地面积/平方千米	645	1871	2841	2748	3704	1856
年末总人口/万人	11.65	45.57	43.12	30.38	34.76	32.21
城镇人口/万人	4.57	10.66	13.06	8.21	8.53	8.31
乡村人口/万人	7.08	34.91	30.06	22.17	26.23	23.9
地区生产总值/亿元	569269	496058	1328188	994395	1083364	957522
人均生产总值/元	49330	13999	33757	32775	31270	32602
2014年城乡居民储蓄存款/万元	539792	532524	676937	491199	488043	405923
2015年城乡居民储蓄存款/万元	573159	603814	731993	558850	550332	475304
年末金融机构各项贷款余额/万元	332842	412966	558128	395213	380085	396489
全社会固定资产投资/亿元	927237	343906	1422542	980098	966406	767981
境内公路里程/千米	430	1238	1381	934	1435	933
民用汽车拥有量/辆	8791	28668	12349	7755	11887	14203
本地电话年末用户数/户	15058	28368	19794	23508	13165	32986
年末移动电话用户数/户	111432	304000	51854	212657	257252	181459
国际互联网用户数/户	27723	36367	24546	27850	24891	27451
社会消费品零售总额/万元	209911	210183	204123	117868	139016	212405
城镇居民人均可支配收入/元	27455	21788	25446	25504	25504	27686
农民人均纯收入/元	8346	6980	9297	8668	8668	8828
普通中学专任教师/人	318	1401	1401	859	859	970
小学专任教师/人	677	2056	1777	1616	1616	1309
医院卫生院床位数/床	281	1325	1052	1196	1196	1560
卫生技术人员数/人	702	1518	1104	1283	1283	1258
从业人员数/人	55859.5	87376.3	112999.8	74130.2	112229.4	110116.9

续表

指标	融安	灌阳	资源	恭城	昭平	蒙山
行政区域土地面积/平方千米	2900	1835	1954	2139	3273	1280
年末总人口/万人	33.78	24.72	16.7	25.6	35.22	19.93
城镇人口/万人	10.04	7.71	4.05	7.10	5.81	5.65
乡村人口/万人	23.74	17.01	12.65	18.5	29.41	14.28
地区生产总值/亿元	582413	685750	492239	789644	598287	589542
人均生产总值/元	19834	28765	32599	30906	17060	29677
2014年城乡居民储蓄存款/万元	443329	472617	322613	439723	388269	282229
2015年城乡居民储蓄存款/万元	498729	451694	367853	480130	449572	318651
年末金融机构各项贷款余额/万元	376168	374328	336580	383220	344533	284669
全社会固定资产投资/亿元	885452	540961	537486	872579	794012	547160
境内公路里程/千米	900	783	662	877	367	389
民用汽车拥有量/辆	18540	12336	21719	17717	8609	458
本地电话年末用户数/户	13514	18000	7000	16449	16834	11062
年末移动电话用户数/户	220168	162255	92638	210729	194611	124794
国际互联网用户数/户	31062	20589	13860	28794	32922	19560
社会消费品零售总额/万元	247631	167170	105650	236417	218261	144015
城镇居民人均可支配收入/元	24110	24692	25076	25391	24277	23050
农民人均纯收入/元	9245	6849	8140	8890	7719	7354
普通中学专任教师/人	904	883	459	874	1116	765
小学专任教师/人	1215	1286	663	1367	1641	914
医院卫生院床位数/床	1326	1040	451	839	1320	913
卫生技术人员数/人	1371	798	551	1212	965	939
从业人员数/人	66847.2	70175.8	33975	70797	113641.8	81153.7

续表

指标	富川	武鸣	田阳	苍梧	宜州	宾阳
行政区域土地面积/平方千米	1572	3389	2373	2758	3857	2298
年末总人口/万人	26.6	55.10	33.91	37.98	65.89	105.91
城镇人口/万人	5.12	21.06	10.94	11.91	10.00	33.81
乡村人口/万人	21.48	34.04	22.97	26.07	55.89	72.1
地区生产总值/亿元	622595	2922601	1192347	338781	1106750	1798103
人均生产总值/元	23516	52376	37093	10418	19229	22284
2014年城乡居民储蓄存款/万元	438880	1200532	500709	798982	926554	1238376
2015年城乡居民储蓄存款/万元	508378	1307333	538401	950831	998811	1406760
年末金融机构各项贷款余额/万元	354837	1126188	683494	1001500	819475	968701
全社会固定资产投资/亿元	813466	3117287	1381890	278688	582720	2149009
境内公路里程/千米	121	2297	1296	1235	1417	1009
民用汽车拥有量/辆	11000	26364	18454	17148	36291	14900
本地电话年末用户数/户	13000	161200	24849	16400	23145	434610
年末移动电话用户数/户	342500	513856	218472	278800	159020	552266
国际互联网用户数/户	69265	61225	29851	22800	467108	78828
社会消费品零售总额/万元	143075	721724	224341	197200	448326	929505
城镇居民人均可支配收入/元	23527	27872	25449	18148	24114	27295
农民人均纯收入/元	7544	11210	8161	6534	8172	9916
普通中学专任教师/人	1070	2150	654	952	1601	3196
小学专任教师/人	1518	2502	1039	1827	2238	3494
医院卫生院床位数/床	942	2580	1171	885	3244	3411
卫生技术人员数/人	1331	3020	1507	1321	6424	3497
从业人员数/人	97774	127503	117925.9	228189.2	230715.1	476665.9

续表

项目	横县	柳江	柳城	全州	兴安	永福
行政区域土地面积/平方千米	3448	2577	2114	3875	2333	2795
年末总人口/万人	119.91	59.82	37.64	82.58	34.13	24.15
城镇人口/万人	38.63	16.29	16.19	10.82	8.93	6.13
乡村人口/万人	81.28	43.53	21.45	71.76	25.2	18.02
地区生产总值/亿元	2550911	2005163	1142063	1618908	1461214	1108789
人均生产总值/元	28628	33714	31401	24771	43104	46094
2014年城乡居民储蓄存款/万元	1524167	948131	531650	1141358	944836	436271
2015年城乡居民储蓄存款/万元	1682551	1018173	607908	1274848	983676	467663
年末金融机构各项贷款余额/万元	1233015	1311772	484382	843401	1020150	500677
全社会固定资产投资/亿元	2182009	2178809	1105836	1509479	1820601	1028248
境内公路里程/千米	1864	1224	1362	1897	1128	723
民用汽车拥有量/辆	16626	54747	7200	30987	22165	14853
本地电话年末用户数/户	48570	214095	15400	20074	20641	21489
年末移动电话用户数/户	568427	332750	295863	248612	228841	139942
国际互联网用户数/户	69810	50873	35578	24293	30474	25214
社会消费品零售总额/万元	838212	414747	317271	286076	385503	261475
城镇居民人均可支配收入/元	27189	26906	24071	24400	29318	29516
农民人均纯收入/元	9727	11253	10954	10553	12852	9591
普通中学专任教师/人	3220	1622	1132	2389	1153	760
小学专任教师/人	3504	2382	1619	2553	1301	978
医院卫生院床位数/床	3076	1655	1534	1630	1414	1001
卫生技术人员数/人	3517	1639	1685	2109	1553	1215
从业人员数/人	457714.9	196229.8	103955.6	251734.2	80803.7	59012.5

续表

指标	藤县	合浦	临桂	灵川	合山	鹿寨
行政区域土地面积/平方千米	3946	2762	2247	2302	366	2975
年末总人口/万人	86.86	91.68	50.86	38.73	11.7	35.61
城镇人口/万人	42.38	19.76	6.11	9.32	5.30	14.25
乡村人口/万人	44.48	71.92	44.75	29.41	6.40	21.36
地区生产总值/亿元	2065760	2011547	2360911	1386131	299029	1245295
人均生产总值/元	23890	22037	50750	38249	25668	36116
2014年城乡居民储蓄存款/万元	1070424	1544790	941515	976479	227272	785030
2015年城乡居民储蓄存款/万元	1209944	1712659	1123845	1126346	240338	873999
年末金融机构各项贷款余额/万元	959874	1128597	1756261	1167934	149036	1027938
全社会固定资产投资/亿元	2229139	1833287	2658540	1723326	222626	1667373
境内公路里程/千米	1776	1857	693	888	275	1472
民用汽车拥有量/辆	3784	58545	25245	27852	8315	10158
本地电话年末用户数/户	40800	74033	22507	25525	15173	28158
年末移动电话用户数/户	532840	860681	344490	354265	57432	221367
国际互联网用户数/户	71639	98709	50611	62547	14357	54632
社会消费品零售总额/万元	739120	720562	368229	445747	99632	334237
城镇居民人均可支配收入/元	23879	27041	34547	30442	25077	27111
农民人均纯收入/元	8729	9698	12542	11045	8078	10394
普通中学专任教师/人	3333	3310	1564	1172	338	1043
小学专任教师/人	5109	3953	1836	1549	605	1639
医院卫生院床位数/床	2214	4824	1157	1622	640	1642
卫生技术人员数/人	2985	3596	2213	2546	560	1970
从业人员数/人	405553.4	404898.2	184972.4	102180.7	34619	107280.9

资料来源：《广西统计年鉴》（2016）。

附表2　　2005年广西60个县（市）专业化水平及综合交易效率指标

县/市	专业化水平	交易技术效率		交易制度效率			综合交易效率指数
		交通交易效率	信息交易效率	公共服务交易效率	信贷交易效率	教育交易效率	
乐业	0.494	0.941	0.590	0.626	0.248	1.292	0.739
德保	0.295	0.839	0.751	0.898	0.767	0.857	0.822
那坡	0.899	0.892	0.574	1.189	0.264	0.904	0.765
凌云	0.315	1.068	0.659	0.806	0.330	0.968	0.766
巴马	0.791	0.786	0.887	0.798	0.348	1.036	0.771
龙州	0.701	0.535	0.735	1.143	0.825	0.738	0.795
平果	0.411	1.035	0.973	1.219	1.770	0.959	1.191
大化	0.631	0.757	0.895	1.157	0.609	1.239	0.932
马山	0.527	0.415	1.003	1.010	0.581	1.219	0.845
田林	0.426	1.862	0.748	0.893	0.475	0.868	0.969
忻城	0.593	1.470	0.665	1.201	0.489	1.020	0.969
隆安	0.158	0.295	1.116	1.123	0.658	0.811	0.801
田东	0.402	2.315	0.906	1.287	1.389	1.024	1.384
融水	0.700	0.869	0.769	1.006	0.856	0.997	0.900
南丹	0.715	0.879	0.889	0.812	0.892	1.206	0.935
三江	0.645	1.492	0.663	0.734	0.504	0.840	0.847
金秀	0.627	1.126	1.639	1.312	0.315	1.202	1.119
环江	0.881	0.790	0.981	0.921	0.508	1.264	0.893
东兰	1.060	0.931	0.895	1.029	0.324	1.161	0.868
西林	0.539	0.688	0.760	1.095	0.252	1.015	0.762
天等	0.317	0.564	0.681	1.014	0.542	0.832	0.727
都安	0.335	0.548	0.710	0.697	0.526	0.987	0.694
隆林	0.421	0.887	0.520	0.778	0.507	1.021	0.743
天峨	0.836	0.464	0.580	0.898	0.614	1.024	0.716
龙胜	0.660	1.430	1.034	1.130	0.552	1.142	1.058
罗城	0.507	2.450	0.554	0.784	0.457	0.867	1.022
靖西	0.487	2.302	0.546	0.659	6.398	0.773	2.136
凤山	0.598	0.791	0.649	0.973	0.268	1.238	0.784
上思	0.684	0.689	0.811	0.793	0.586	0.907	0.757
东兴	0.801	0.272	2.143	1.145	1.064	1.125	1.150

续表

县/市	专业化水平	交易技术效率		交易制度效率			综合交易效率指数
		交通交易效率	信息交易效率	公共服务交易效率	信贷交易效率	教育交易效率	
凭祥	1.388	1.513	1.873	1.065	0.567	1.087	1.221
上林	0.519	1.373	0.889	0.812	0.607	1.003	0.937
扶绥	0.367	0.820	0.458	0.653	1.124	0.989	0.809
大新	0.353	0.632	1.013	1.065	0.821	1.050	0.916
宁明	0.363	0.776	0.791	0.931	0.848	0.918	0.853
象州	0.571	1.003	1.030	1.156	0.805	0.943	0.988
融安	0.610	0.916	0.825	1.044	0.613	0.837	0.847
灌阳	0.510	0.986	0.941	0.984	0.659	1.161	0.946
资源	0.663	1.754	0.753	0.779	0.535	0.890	0.942
恭城	0.777	1.175	1.089	1.033	0.715	1.149	1.032
昭平	0.711	0.381	0.813	0.860	0.591	1.034	0.736
蒙山	0.724	0.345	0.901	1.215	0.533	1.138	0.826
富川	0.672	0.525	1.767	1.103	0.612	1.291	1.059
武鸣	0.837	1.228	2.143	1.322	2.379	1.143	1.643
田阳	0.524	1.160	0.954	1.023	1.176	0.655	0.993
苍梧	0.840	0.957	0.772	0.748	1.073	0.941	0.898
宜州	0.717	0.979	2.708	1.868	1.261	0.774	1.518
宾阳	0.633	0.614	2.323	0.853	1.716	0.861	1.274
横县	0.498	0.719	0.620	0.716	2.306	0.765	1.025
柳江	0.483	1.483	2.147	0.721	2.126	0.885	1.472
柳城	0.579	0.884	0.906	1.115	0.970	0.969	0.969
全州	0.322	0.919	0.362	0.586	1.519	0.818	0.841
兴安	0.705	1.207	0.915	1.134	1.608	0.977	1.168
永福	0.811	0.933	1.045	1.192	0.970	0.964	1.021
藤县	0.586	0.521	0.803	0.774	1.832	1.279	1.042
合浦	0.677	1.394	1.205	1.217	1.961	1.070	1.369
临桂	0.624	0.858	0.882	0.845	2.697	0.904	1.237
灵川	0.972	1.179	1.312	1.383	1.708	0.939	1.304
合山	0.581	1.555	1.241	1.350	0.274	1.044	1.093
鹿寨	0.644	0.828	1.191	1.318	1.515	0.989	1.168

注：(1) 无量纲化处理方法是：每组数据除以该组数据平均数；
(2) 资料来源：根据附表1数据整理。

参考文献

[1] 阿玛蒂亚·森. 衡量贫困的社会学 [M]. 北京：改革出版社，1981：18.

[2] 阿玛蒂亚·森. 贫困与饥饿 [M]. 北京：商务印书馆，2000：49-68.

[3] 阿瑟·刘易斯. 劳动力无限供给条件下的经济发展——二元经济论 [M]. 北京：北京经济学院出版社，1989：1-46.

[4] 艾伯特·赫希曼. 经济发展战略 [M]. 北京：经济科学出版社，1992：31-56.

[5] 巴泽尔. 产权的经济分析 [M]. 上海：上海人民出版社，1997：2-3.

[6] 柏拉图. 理想国 [M]. 北京：商务印书馆中译本，1986：201.

[7] 保罗·克鲁格曼. 发展、地理学与经济理论 [M]. 北京：北京大学出版社，2000：33-40.

[8] 保罗·克鲁格曼. 克鲁格曼国际贸易新理论 [M]. 北京：中国社会科学出版社，2001：30-38.

[9] 边雅静，沈利生. 人力资本对我国东西部经济增长影响的实证分析 [J]. 数量经济技术经济研究，2004（12）：19-24.

[10] 蔡昉. 二元劳动力市场条件下的就业体制转换 [J]. 中国社会科学，1998（2）：4-14.

[11] 蔡运龙，蒙吉军. 退化土地的生态重建：社会工程途径 [J]. 地理科学，1999（3）：7-13.

[12] 曾露，俞力佳. 农户收入来源多样化及增收途径 [J]. 东方企业文化，2010（7）：202.

[13] 陈微. 走近城市贫困者 [J]. 观察与思考，1999（8）：12-14.

[14] 陈银娥. 中国转型期的城市贫困与社会福利制度改革 [J]. 经济评论，2008（1）：40-44，54.

[15] 陈云. 城市新贫困治理问题研究 [J]. 理论探索，2015（2）：94-98.

[16] 陈泽军. 广西县域经济发展问题研究 [D]. 广西大学，2003：36.

[17] 程宝良, 高丽. 西部脆弱环境分布与贫困关系的研究 [J]. 环境科学与技术, 2009 (2): 198-202.

[18] 程名望, 史清华, Jin Yanhong. 农户收入水平、结构及其影响因素——基于全国农村固定观察点微观数据的实证分析 [J]. 数量经济技术经济研究, 2014, 31 (5): 3-19.

[19] 道格拉斯·诺思. 制度、制度变迁与经济绩效 [M]. 上海: 上海三联书店, 1994: 40-47.

[20] 道格拉斯·诺思. 经济史中的结构与变迁 [M]. 上海: 上海三联书店, 1995: 18-25.

[21] 道格拉斯·诺思. 西方世界的兴起 [M]. 北京: 华夏出版社, 1999: 5-8.

[22] 丁晓良. 西南少数民族贫困山区发展支柱产业的组织形式研究 [J]. 系统工程理论与实践, 1994 (10): 49-52.

[23] 董辅礽. 中国经济纵横谈 [M]. 北京: 经济科学出版社, 1996: 21.

[24] 都阳. 贫困地区农户参与非农工作的决定因素研究 [J]. 农业技术经济, 1999 (4): 33-37.

[25] 杜能. 孤立国: 对农业和国民经济的关系 [M]. 北京: 商务印书馆, 1986: 25.

[26] 方大春. 后发优势理论与后发优势转化 [J]. 生产力研究, 2008 (9): 21-23.

[27] 福山. 信任: 道德和繁荣的创造 [M]. 北京: 远方出版社出版, 1998: 20.

[28] 冈纳·缪尔达. 世界贫困的挑战——世界反贫困大纲 [M]. 北京: 北京经济学院出版社, 1991: 58-66.

[29] 高帆. 过渡小农: 中国农户的经济性质及其政策含义 [J]. 学术研究, 2008 (8): 80-85.

[30] 高帆. 交易效率、分工演进与二元经济结构转化 [M]. 上海: 上海三联书店, 2007: 82-122.

[31] 高梦滔, 姚洋. 农户收入差距的微观基础: 物质资本还是人力资本 [J]. 经济研究, 2006 (12): 71-80.

[32] 高新才, 闫磊. 西部民族经济区特色优势产业发展问题研究 [J]. 地域研究与开发, 2010, 29 (2): 34-39.

[33] 郭景福, 解柠羽. 生态视角下民族地区特色产业发展路径研究 [J].

云南民族大学学报（哲学社会科学版），2016，33（1）：151-154.

[34] 郭熙保. 论贫困概念的内涵 [J]. 山东社会科学，2005（12）：49-54.

[35] 韩俊. 制约农民收入增长的制度性因素 [J]. 求是，2009（5）：35-36.

[36] 何国勇. 比较优势、后发优势与中国新型工业化道路研究 [D]. 华中科技大学，2004：45.

[37] 洪银兴. 从比较优势到竞争优势——兼论国际贸易的比较利益理论的缺陷 [J]. 经济研究，1997（6）：7.

[38] 侯英，陈希敏. 声誉、借贷可得性、经济及个体特征与农户借贷行为——基于结构方程模型（SEM）的实证研究 [J]. 农业技术经济，2014（9）：61-71.

[39] 胡安，温旭昌. 浅析贫困山区农村市场经济发育问题及前景 [J]. 农村经济，1996（3）：20-22.

[40] 胡鞍钢，常志霄. 城镇贫困与综合性反贫困政策框架 [J]. 经济学家，2000（6）：97-103.

[41] 黄承伟. 中国反贫困理论、方法、战略 [M]. 中国财政经济出版社，2002：85-97.

[42] 黄国勇，张敏，秦波. 社会发展、地理条件与边疆农村贫困 [J]. 中国人口·资源与环境，2014（12）：138-146.

[43] 惠献波. 农户土地承包经营权抵押贷款潜在需求及其影响因素研究——基于河南省四个试点县的实证分析 [J]. 农业经济问题，2013（2）：9-15，110.

[44] 霍利斯，钱纳里. 发展的格局1950~1970 [M]. 北京：中国财政经济出版社，1989：22-76.

[45] 贾杉. 灌溉、水可获性和反贫困——以泾史杭灌区为例 [J]. 内蒙古社会科学（汉文版），2009（1）：94-98.

[46] 贾银忠. 少数民族高海拔贫困山区"新农村建设"的创新思路 [J]. 西南民族大学学报（人文社科版），2006（12）：64-66.

[47] 江亮演. 社会救助的理论与实务 [M]. 台北：桂冠图书公司，1990：3.

[48] 姜会明，孙雨，王健，等. 中国农民收入区域差异及影响因素分析 [J]. 地理科学，2017（10）：1546-1551.

[49] 蒋凯峰. 我国农村贫困、收入分配和反贫困政策研究 [D]. 武汉：华中科技大学，2009.

[50] 康晓光. 中国贫困与反贫困理论 [M]. 南宁：广西人民出版社，1995：

1-10.

[51] 孔祥智,涂圣伟.新农村建设中农户对公共物品的需求偏好及影响因素研究——以农田水利设施为例 [J].农业经济问题,2006 (10): 10-16, 79.

[52] 雷娜,赵邦宏,杨金深,等.农户对农业信息的支付意愿及影响因素分析——以河北省为例 [J].农业技术经济,2007 (3): 108-112.

[53] 雷诺兹.微观经济学 [M].北京:商务印书馆,1993: 25-30.

[54] 李斌.经济发展与贸易区域化:一个新兴古典理论框架及其启示 [D].西安:西北大学,2002: 34-35.

[55] 李春林,任博雅.基于面板数据的中国农民收入影响因素分析 [J].经济与管理,2009, 23 (4): 26-28, 41.

[56] 李飞.多维贫困测量的概念、方法和实证分析——基于我国9村调研数据的分析 [J].广东农业科学,2012 (9): 203-206.

[57] 李嘉图.政治经济学及赋税原理 [M].北京:华夏出版社,2005: 1-43.

[58] 李进江.人力资本对经济增长影响的动态分析 [J].华东交通大学学报,2012 (3): 111-115.

[59] 李晶.贫困地区文化"内生性重构"研究 [J].图书馆论坛,2016 (6): 27-33.

[60] 李小云,叶敬忠,张雪梅,等.中国农村贫困状况报告 [J].中国农业大学学报 (社会科学版),2004 (1): 1-8.

[61] 李晓嘉.教育能促进脱贫吗——基于CFPS农户数据的实证研究 [J].北京大学教育评论,2015, 13 (4): 110-122, 187.

[62] 李晓明,尹梦丽.现阶段主产区种粮大户经营状况与发展对策——基于安徽省种粮大户的调查分析 [J].农业经济问题,2008 (10): 21-26, 110.

[63] 李晓翼.农民思维方式与价值观念的现代化 [J].经济研究导刊,2008 (9): 31-32.

[64] 李兴绪,刘曼莉,葛珺沂.西南边疆民族地区农户收入的地理影响因素分析 [J].地理学报,2010, 65 (2): 235-243.

[65] 梁琦,陈强远,王如玉.户籍改革、劳动力流动与城市层级体系优化 [J].中国社会科学,2013 (12): 36-59, 205.

[66] 林福美,向黎明,陈全功.山区少数民族贫困代际传递研究——以宣恩县为例 [J].民族论坛,2014 (2): 52-55.

[67] 林卡,范晓光.贫困和反贫困——对中国贫困类型变迁及反贫困政策

的研究 [J]. 社会科学战线, 2006 (1): 187-194.

[68] 林卡, 吴昊. 官办慈善与民间慈善: 中国慈善事业发展的关键问题 [J]. 浙江大学学报 (人文社会科学版), 2012 (4): 132-142.

[69] 林毅夫, 蔡昉, 李周. 比较优势与发展战略——对"东亚奇迹"的再解释 [J]. 中国社会科学, 1999 (5): 4-21.

[70] 林毅夫, 蔡昉, 李周. 中国的奇迹: 发展战略与经济改革 [M]. 上海: 上海人民出版社, 1994: 101-137.

[71] 林毅夫, 李永军. 比较优势、竞争优势与发展中国家的经济发展 [J]. 管理世界, 2003 (8): 21-28.

[72] 刘宝臣, 韩克庆. 中国反贫困政策的分裂与整合: 对社会救助与扶贫开发的思考 [J]. 广东社会科学, 2016 (6): 5-13.

[73] 刘凡. 民俗的生产与消费——民俗变迁的经济学视角 [J]. 中央社会主义学院学报, 2011 (3): 105-108.

[74] 刘军辉, 张古. 户籍制度改革对农村劳动力流动影响模拟研究——基于新经济地理学视角 [J]. 财经研究, 2016, 42 (10): 80-93.

[75] 刘生龙, 周绍杰. 基础设施的可获得性与中国农村居民收入增长——基于静态和动态非平衡面板的回归结果 [J]. 中国农村经济, 2011 (1): 27-36.

[76] 刘晓昀, 辛贤, 毛学峰. 贫困地区农村基础设施投资对农户收入和支出的影响 [J]. 中国农村观察, 2003 (1): 31-36, 80.

[77] 刘一伟, 汪润泉. 收入差距、社会资本与居民贫困 [J]. 数量经济技术经济研究, 2017 (9): 75-92.

[78] 刘易斯. 劳动力无限供给条件下的经济发展 [M]. 载于《现代国外经济学论文集》第 8 集. 北京: 商务印书馆, 1984: 52-87.

[79] 龙翠红. 教育、配置效应与农户收入增长 [J]. 中国农村经济, 2008 (9): 35-43, 62.

[80] 陆德明. 中国经济发展的动因分析 [M]. 太原: 山西经济出版社, 1999: 153-168.

[81] 罗必良. 交易费用的测量: 难点、进展与方向 [J]. 学术研究, 2006, (9): 32-37.

[82] 罗楚亮. 经济增长、收入差距与农村贫困 [J]. 经济研究, 2012 (2): 15-27.

[83] 罗明忠, 刘恺. 农业生产的专业化与横向分工: 比较与分析 [J]. 财贸研究, 2015, 26 (2): 9-17.

[84] 罗蓉, 陈彧, 谢宝剑. 西部民族地区农民增收的现状分析——贵州省农民增收的实证研究之一[J]. 农村经济, 2006 (7): 61-62.

[85] 罗斯托. 从起飞进入持续增长的经济学[M]. 成都: 四川人民出版社, 1988: 96-105.

[86] 罗斯托. 经济增长的阶段[M]. 北京: 中国社会科学出版社, 2001: 4-13.

[87] 马尔萨斯. 人口原理[M]. 北京: 商务印书馆, 1992: 24-56.

[88] 马九杰, 曾雅婷, 吴本健. 贫困地区农户家庭劳动力禀赋与生产经营决策[J]. 中国人口·资源与环境, 2013, 23 (5): 135-142.

[89] 马克思, 恩格斯. 马克思恩格斯选集 (第一卷) [M]. 北京: 人民出版社, 1972: 25.

[90] 马楠. 民族地区特色产业精准扶贫研究——以中药材开发产业为例[J]. 中南民族大学学报 (人文社会科学版), 2016, 36 (1): 128-132.

[91] 马歇尔. 经济学原理 (上) [M]. 北京: 商务印书馆, 1981: 282.

[92] 马正义. 农民工政治参与中的制度供给问题探析[J]. 理论导刊, 2018 (4): 48-53.

[93] 毛学峰, 辛贤. 贫困形成机制——分工理论视角的经济学解释[J]. 农业经济问题, 2004 (2): 34-39.

[94] 毛彦. 自然资源禀赋与俄罗斯经济增长[D]. 吉林: 吉林大学, 2010.

[95] 蒙永亨, 秦夏冰, 叶存军. 农户专业化生产对反贫困作用机理的研究[J]. 经济研究导刊, 2018 (16): 26-27, 37.

[96] 蒙永亨. 对促进欠发达地区经济发展的再思考——基于新兴古典经济学的启示[J]. 特区经济, 2009 (11): 124-125.

[97] 缪尔达尔. 世界贫困的挑战——世界反贫困大纲[M]. 北京: 北京经济学院出版社, 1991.

[98] 莫泰基. 香港贫困与社会保障[M]. 香港: 中华书局, 1993.

[99] 纳克斯. 不发达国家的资本形成问题[M]. 北京: 商务印书馆, 1966 (1953年在英国牛津大学出版社出版).

[100] 牛喜霞. 社会资本在农户土地承包经营权交易中的运作功效探讨——以宁夏T县杨村农户土地交易为例[J]. 社会科学战线, 2007 (4): 190-195.

[101] 欧共体委员会. 向贫困开战的共同体特别行动计划的中期报告[R]. 英国: 欧共体委员会, 1989.

[102] 潘海英. 经济发达地区农村非正规金融的实地调查[J]. 经济纵横,

2009 (10): 65 - 68.

[103] 庞丽媛, 马晓钰. 贫困地区人均收入与其影响因素分析——以新疆南疆三地州地区为例 [J]. 西北人口, 2018 (1): 119 - 126.

[104] 祁新华, 林荣平, 程煜, 等. 贫困与生态环境相互关系研究述评 [J]. 地理科学, 2013 (12): 1498 - 1505.

[105] 沈西林, 尹平. 关于贫困山区建设社会主义新农村的思考 [J]. 云南民族大学学报 (哲学社会科学版), 2006 (3): 63 - 67.

[106] 盛洪. 分工与交易 [M]. 上海: 上海三联书店、上海人民出版社, 1995: 3.

[107] 史月兰, 周超. 恭城模式: 一种农业循环经济的阐释和运用 [J]. 梧州学院学报, 2007 (10): 4 - 7.

[108] 世界银行. 1975 年世界发展报告 [R]. 北京: 中国财政经济出版社, 1990: 25.

[109] 世界银行. 1990 年世界发展报告 [R]. 北京: 中国财政经济出版社, 1990: 38.

[110] 舒尔茨. 报酬递增的源泉 [M]. 北京: 北京大学出版社, 2001: 165 - 196.

[111] 舒尔茨. 改造传统农业 [M]. 北京: 商务印书馆, 1987: 29.

[112] 舒小林. 民族地区旅游产业集群发展模式研究 [J]. 贵州财经学院学报, 2011 (2): 73 - 77.

[113] 舒小林. 新时期民族地区旅游引领产业群精准扶贫机制与政策研究 [J]. 西南民族大学学报 (人文社科版), 2016, 37 (8): 130 - 136.

[114] 苏群, 陈杰. 农民专业合作社对稻农增收效果分析——以江苏省海安县水稻合作社为例 [J]. 农业技术经济, 2014 (8): 93 - 99.

[115] 速水佑次郎. 发展经济学 [M]. 北京: 社会科学文献出版社, 2003: 326 - 330.

[116] 孙敬水, 董亚娟. 人力资本、物质资本与经济增长——基于中国数据的经验研究 [J]. 山西财经大学学报, 2007 (4): 37 - 43.

[117] 孙浦阳, 韩帅, 许启钦. 产业集聚对劳动生产率的动态影响 [J]. 世界经济, 2013, 36 (3): 33 - 53.

[118] 孙文凯, 白重恩, 谢沛初. 户籍制度改革对中国农村劳动力流动的影响 [J]. 经济研究, 2011, 46 (1): 28 - 41.

[119] 孙志祥. 美国的贫困问题与反贫困政策述评 [J]. 国家行政学院学

报，2007（3）：94-97.

[120] 覃守贵. 贫困山区农户采用旱稻的影响因素研究——以广西忻城县为例 [D]. 北京：中国农业大学，2005.

[121] 唐均. 中国城市居民贫困线研究 [M]. 上海：上海社会科学出版社，2000：35.

[122] 唐钧. 确定中国城镇贫困线方法的探讨 [J]. 社会学研究，1997（2）：62-73.

[123] 唐睿，肖唐镖. 农村扶贫中的政府行为分析 [J]. 中国行政管理，2009（3）：115-121.

[124] 唐玉凤，黄如兰，吴娜. 我国农村弱势群体非农业就业的现状、问题与对策——以湖南省16个贫困县（市）为例 [J]. 经济地理，2008（1）：973-977.

[125] 陶军锋. 劳动分工、专业化人力资本积累与收益递增——内生增长理论研究 [D]. 北京：中国社会科学院，2003：73-75.

[126] 童星，林闽钢. 我国农村贫困标准线研究 [J]. 中国社会科学，1994，(3)：86-98.

[127] 汪三贵. 中国特色反贫困之路与政策取向 [J]. 毛泽东邓小平理论研究，2010（4）：17-21，85.

[128] 王帮灿. 边远贫困山区农业市场化发展的难点及对策 [J]. 中国贫困地区，2000（9）：37-39.

[129] 王春超，叶琴. 中国农民工多维贫困的演进——基于收入与教育维度的考察 [J]. 经济研究，2014（12）：159-174.

[130] 王慧英，季任钧. 中小企业集群与推进我国小城镇经济发展的路径选择 [J]. 人文地理，2006（3）：96-98.

[131] 王俊文. 我国农村贫困状况的成因及反贫困战略选择 [J]. 农村考古，2007（3）：295-299.

[132] 王思斌. 农村反贫困的制度—能力整合模式刍议——兼论社会工作的参与作用 [J]. 江苏社会科学，2016（3）：48-54.

[133] 王小龙，李斌. 经济发展、地区分工与地方贸易保护 [J]. 经济学（季刊），2002（4）：625-638.

[134] 王亚静，陈诗波，毕于运，等. 基于农户视角的循环农业外部环境分析 [J]. 中国农业资源与区划，2009，30（5）：54-59.

[135] 王延中，王俊霞. 更好发挥社会救助制度反贫困兜底作用 [J]. 国家行政学院学报，2015（6）：67-71.

[136] 威廉姆森. 资本主义经济制度——论企业签约与市场签约 [M]. 北京: 商务印书馆中译本, 1986: 201.

[137] 温涛, 王小华, 杨丹, 等. 新形势下农户参与合作经济组织的行为特征、利益机制及决策效果 [J]. 管理世界, 2015 (7): 82-97.

[138] 吴成亮, 苏印泉, 孙长霞, 等. 西部山区混农林业发展社会性影响因子的研究 [J]. 西北林学院学报, 2005 (4): 186-188.

[139] 吴官林. 试论少数民族贫困山区发展商品经济的特点和途径 [J]. 贵州民族研究, 1986 (3): 40-43, 49.

[140] 吴连成. 山区农民的传统习俗与现实变革 [J]. 开放时代, 2001 (4): 86-90.

[141] 吴向鹏. 分工、市场分割与统一市场建设 [J]. 重庆邮电学院学报 (社会科学版), 2006 (1): 38-41.

[142] 夏莲, 石晓平, 冯淑怡, 等. 涉农企业介入对农户参与小型农田水利设施投资的影响分析——以甘肃省民乐县研究为例 [J]. 南京农业大学学报 (社会科学版), 2013, 13 (4): 54-61.

[143] 鲜祖德, 王萍萍, 吴伟. 中国农村贫困标准与贫困监测 [J]. 统计研究, 2016 (9): 3-12.

[144] 向国成, 韩绍凤. 综合比较优势理论: 比较优势理论的三大转变——超边际经济学的比较优势理论 [J]. 财贸经济, 2005 (6): 76-81.

[145] 肖慈方. 中外欠发达地区经济开发的比较研究 [D]. 四川大学, 2003: 25.

[146] 辛耀. 欠发达地区农村金融的资源配置效率与产业组织政策 [J]. 贵州社会科学, 2007 (6): 126-130.

[147] 邢成举, 李小云. 精英俘获与财政扶贫项目目标偏离的研究 [J]. 中国行政管理, 2013 (9): 109-113.

[148] 徐现祥, 舒元. 物质资本、人力资本与中国地区双峰趋同 [J]. 世界经济, 2005 (1): 47-57.

[149] 许汉泽. 扶贫瞄准困境与乡村治理转型 [J]. 农村经济, 2015 (9): 80-84.

[150] 许经勇. 城乡一体化视野下的小城镇发展战略研究 [J]. 东南学术, 2018 (2): 105-111.

[151] 亚当·斯密. 国民财富的性质和原因的研究 (上、下卷) [M]. 北京: 商务印书馆, 1972: 1-18.

[152] 杨国涛. 地理区位、农户特征与贫困分布——基于西海固720个农户的分析 [J]. 财贸研究, 2007 (2): 19-24.

[153] 杨龙, 汪三贵. 贫困地区农户脆弱性及其影响因素分析 [J]. 中国人口·资源与环境, 2015 (10): 150-156.

[154] 杨小凯, 黄有光. 专业化与经济组织 [M]. 北京: 经济科学出版社, 1999: 169-195.

[155] 杨小凯, 张永生. 新兴古典经济学和超边际分析 [M]. 北京: 社会科学文献出版社, 2003: 90-110.

[156] 杨小凯. 发展经济学——超边际与边际分析 [M]. 北京: 社会科学文献出版社, 2003: 34-35.

[157] 杨小凯. 经济学: 新兴古典与新古典框架 [M]. 北京: 社会科学文献出版社, 2003: 436-460.

[158] 杨小凯. 经济学原理 [M]. 北京: 社会科学文献出版社, 1998: 25-31.

[159] 杨智. 全民小康目标下甘肃农村反贫困研究 [D]. 兰州: 兰州大学, 2016.

[160] 姚建平. 养老社会保险制度的反贫困分析——美国的实践及对我国的启示 [J]. 公共管理学报, 2008 (3): 100-108, 127.

[161] 姚洋. 自由可以这样来追求——阿玛蒂亚·森新著《作为自由的发展》评价 [J]. 经济学 (季刊), 2001 (1): 207-218.

[162] 易小兰, 宋玮楠. 我国农户借贷需求及其满足程度的调查研究 [J]. 经济纵横, 2013 (4): 86-89.

[163] 银平均, 黄文林. 社会排斥与中国农村贫困在生产机制关系探析 [J]. 延边大学学报 (社会科学版), 2007 (8): 101-108.

[164] 尹海浩. 城市贫困人口的经济支持网研究 [M]. 哈尔滨: 哈尔滨工业大学出版社, 2008.

[165] 尹希果, 梁彭勇. 我国工业集聚与非农产业就业关系的实证研究 [J]. 山西财经大学学报, 2007 (3): 51-56.

[166] 俞文扬, 周代娣. 中国农村贫困残疾人脱贫研究 [J]. 劳动保障世界, 2018 (2): 77.

[167] 原永胜. 后发优势与跨越式发展 [D]. 华中科技大学博士论文, 2004: 48.

[168] 岳艳斐, 杨威. 我国农村信用社治理制度的历史变迁及展望 [J]. 内蒙古农业大学学报 (社会科学版), 2012 (4): 381-383.

[169] 张定胜. 经济发展、贸易模式和收入分配. [D]. 武汉: 武汉大学, 1999.

[170] 张帆. 中国的物质资本和人力资本估算 [J]. 经济研究, 2000 (8): 65-71.

[171] 张凤凉, 蒲海燕. 反贫困治理结构中政府功能的缺陷及完善对策 [J]. 理论探讨, 2001 (6): 40-42.

[172] 张林. 人力资本、物质资本对西部地区经济增长的贡献——基于1995~2010年西部地区数据的索洛模型检验 [J]. 湖南社会科学, 2012 (3): 132-135.

[173] 张五常. 经济解释. [M]. 北京: 商务印书馆, 2003: 520.

[174] 张务伟, 张福明, 杨学成. 农村劳动力就业状况的微观影响因素及其作用机理——基于入户调查数据的实证分析 [J]. 中国农村经济, 2011 (11): 62-73, 81.

[175] 张秀艳, 潘云. 贫困理论与反贫困政策研究进展 [J]. 经济问题, 2017 (3): 1-5.

[176] 赵红军. 交易效率、城市化与经济发展 [M]. 上海: 上海人民出版社, 2005: 292-308.

[177] 赵红军. 交易效率与我国城市化进程中的政府角色定位 [J]. 城市发展研究, 2005 (5): 55-58.

[178] 赵慧珠. 如何突破中国农村反贫困政策的瓶颈 [J]. 北京行政学院学报, 2007 (4): 78-81.

[179] 赵双成, 于凌云. 关于我国农村反贫困的研究: 一个文献回顾 [J]. 农业经济, 2018 (2): 75-77.

[180] 赵武, 王姣玥. 新常态下"精准扶贫"的包容性创新机制研究 [J]. 中国人口·资源与环境, 2015 (12): 170-173.

[181] 赵之枫. 城市化加速时期村庄结构的变化 [J]. 规划师, 2003 (1): 71-73.

[182] 周爱萍. 合作型反贫困视角下贫困成因及治理——以重庆市武陵山区为例 [J]. 云南民族大学学报 (哲学社会科学版), 2013 (2): 81-87.

[183] 周婧. 贫困山区农户生计多样化与宅基地流转决策研究——以重庆市云阳县为例 [D]. 重庆: 西南大学, 2011.

[184] 周文, 赵方, 杨飞, 等. 土地流转、户籍制度改革与中国城市化: 理论与模拟 [J]. 经济研究, 2017, 52 (6): 183-197.

[185] 朱强. 论传统农业改造与新农村建设 [J]. 经济纵横, 2010 (9): 97-100.

[186] 朱喜, 李子奈. 我国农村正式金融机构对农户的信贷配给——一个联立离散选择模型的实证分析 [J]. 数量经济技术经济研究, 2006 (3): 37-49.

[187] 朱晓媚. 村级生态经济综合开发的运作模式探讨——基于广西恭城瑶族自治县红岩村的考察 [J]. 农业经济, 2007 (8): 48-50.

[188] Allyn A. Young. Gold into Base Metals: Productivity Growth in the People's Republic of China During the Reform Period [J]. NBER Working Paper, 2000: 7856.

[189] Allyn A. Young. Increasing Returns and Economic Progress [J]. The Economic Journal, 1928, (38): 527-542.

[190] Arrow K. J.. The Analysis and Evaluation of Public Expenditure, Washington, D. S. US [J]. Government Printing Office, 1969: 59-73.

[191] Baratz, M. S., Grigsby, W. G.. Thoughts on Poverty and its Elimination [J]. Journal of Social Policy, 1971.

[192] Chan, Kam Wing and Li Zhang. The hukou System and Rural-Urban Migration in China: Processes and Changes [J]. The China Quarterly, 1999 (160): 818-855.

[193] Cheng W., Sachs J., and Yang X.. A Inframarginal Analysis of the Ricardian Model [J]. Review of International Economics, 2000 (8): 208-220.

[194] Coase R.. The Nature of the Firm [M]. Economics. 1937 (4): 386-405.

[195] Coase R.. The Problem of Social Cost [M]. Journal of Law and Economics, 1960 (3): 1-44.

[196] Dahlman C. J.. The Problem of Externality [J]. Journal of Legal Studies, 1979, (22): 141-162.

[197] Dasgupta S., Deichmann U., Meisner C. et al. Where is the Poverty-environment Nexus? Evidence from Cambodia, Lao PDR, and Vietnam [J]. World Development, 2005 (4): 617-638.

[198] Duraiappah A. K.. Poverty and Environmental Degradation: A Review and Analysis of the Nexus [J]. World Development, 1998 (12): 2166-2179.

[199] Gerschenkron A. Economic Backwardness in Historical Perspective: A Book of Essays [M]. Cambridge: Harvard University Press, 1962. 5-30.

[200] Jalan J., Ravallion M.. Behavioral Responses to Risk in Rural China [J].

Journal of Development Economics, 2001 (5): 23 - 49.

[201] Levy M. J.. Modernazation and the Structure of Societies [M]. Princeton: Princeton University Press, 1966: 48.

[202] Meng X., Wu H. X.. Household Income Determination and Regional Income Differential in Rural China [J]. Asian Economic Journal, 1998, 12 (1): 65 - 88.

[203] Mingione E.. Urban Poverty in the Advanced Industrial World: Concepts, Analysis and Debates [C]. Poverty & the Underclass A Reader. Blackwell Publishers Ltd, 2012: 1 - 40.

[204] Nurkse R.. Problems of Capital Formation in Underdeveloped Countries [M]. Oxford: Oxford University Press, 1953: 12 - 96.

[205] Ohlin B.. Interregional and International Trade [M]. Cambridge: Harvard University Press, 1933: 59 - 75.

[206] Oppenheim. Poverty: the Facts [M]. London: Child Poverty Action Group. 1993: 67.

[207] Ownsend. Poverty in the United Kingdom: A Survey of Household Resources and Standards of Living [M]. Ewing, NJ: University of California Press, 1979: 38.

[208] Ravallion M., Datt G.. Why Has Economic Growth Been More Pro-poor in Some States of India than Others? [J]. Journal of Development Economics, 2002 (2): 381 - 400.

[209] Raymond Vernon. International Investment and International Trade in the Product Cycle [J]. The Quarterly Journal of Economics, 1966 (5): 190 - 207.

[210] Seebohm Rowntree. Poverty: A Study of Town Life [M]. London: Thomas Nelson and Sons, 1902: 169 - 172.

[211] Spence M.. Job Market Signalingt [J]. Quarterly Journal of Economics, 1973 (87): 355 - 374.

[212] Spicker P.. Poverty and Social Security: Concepts and Principles [J]. Paul Spicker, 2013.

[213] Stigler G. J.. The Division of Labor is Limited by the Extent of the Market [J]. The Journal of Political Economy, 1951, 59 (3): 185 - 193.

[214] Townsend P.. The International Analysis of Poverty [M]. The International Analysis of Poverty. Harvester Wheatsheaf, 1993: 345 - 353.

[215] Williamson O. E.. The Economic Institutions of Capitalism [M]. Free

Press, New York, 1985: 80 – 135.

[216] World bank. World Development Report: Attacking Poverty [M]. New York: Oxford University Press, 2000.

[217] Yang X. , Borland J. . A Microeconomic Mechanism for Economic Growth [J]. Journal of Political Economy, 1991 (99): 460 – 482.